대원동서문화총서 • 23

MONGOL ARDYN DOMOG ÜLGER

몽골 민간 신화

체렌소드놈 지음 / 이평래 옮김

 대원사

MONGOL ARDYN DOMOG ÜLGER
(원제: МОНГОЛЫН АРДЫН ДОМОГ ҮЛГЭР)
by Dalantain Tserensodnom

초원과 신의 나라, 몽골

이동하는 게르(몽골의 전통 가옥) 수십 마리 소떼가 대형 게르를 실은 수레를 끌고 어디론가 이동하고 있다. 1253년 몽골에 온 프랑스시파 수도승 윌리엄 루브룩은 22마리의 소가 이끄는 대형 게르 테렉(게르-수레)를 목격했다는 기록을 남겼다. 위 사진은 그의 증언을 토대로 제작된 상상도(想像圖)이다./왼쪽 위

휴식하고 있는 탁발승 요즈음은 흔히 않지만 예전에 몽골 승려들은 이런 모습을 하고, 칭하이(靑海)의 쿰붐사(寺)나 라싸까지 순례 여행을 떠났다고 한다. 위 사진은 108억가의 순례를 끝내고 울란바타르로 돌아가는 승려들이다./오른쪽 위

몽골 불교의 본산 간단테그칠링사(寺) 사회주의 시절 개폐(開閉)를 거듭한 이 사원은 승가대학과 불교미술대학을 갖춘 몽골 불교를 대표하는 사원 복합체. 티베트 불교(겔룩파)의 상징색인 노란색 지붕이 이채롭다./오른쪽 아래

몽골 북부 **홉**스굴 아이막의 차탕(순록인) 이들의 출자는 몽골과 다른 투르크계이고, 18세기에 몽골 북쪽 투바에서 현재의 거주지로 이주해 왔다고 한다. 비공식 집계에 의하면 현재의 인구는 약 500명 정도이고, 그중 일부는 위와 같이 순록에 의지하여 살아가고 있다./위

동몽골 우젬친족 여자의 머리 장식 은과 보석으로 단장한 머리 장식이 이채롭다. 몽골족의 인구 구성을 보면 크게 20여 계통으로 나뉘고, 집단마다 옷과 머리 장식에 차이가 있다./옆

게르의 내부구조 출입문에서 찍은 사진으로 정면으로 보이는 사진이 걸린 곳이 상석인 북쪽이고, 왼편이 남자의 공간, 오른편이 여자의 공간이다./위

게르를 조립하는 과정 위와 같이 뼈대를 세우고 그 위에 펠트를 씌워 천막을 완성한다. 조립과 해체가 간편하여 이동생활에 안성맞춤이다. 원형 집이기 때문에 추운 겨울에 강한 북서풍의 영향을 덜 받는다고 한다./아래

골인점을 향하여 질주하는 소년 기수들 모리 오랄당(말 경주)은 몽골의 대표적인 스포츠의 하나이자 나담 축제(7월11일~13일)의 하이라이트다. 기수의 나이는 보통 6~8살 또는 6~13살이고, 코스 길이는 말의 나이에 따라 10~30km 이상으로 각양각색이다./위

짐을 나르는 야크 야크는 티베트, 몽골 등 주로 고산지대에서 사는 가축으로, 산악지대에서는 위와 같이 낙타나 말 대신 야크가 운반용으로 이용된다./옆면 왼쪽

패배를 시인하고 있는 몽골 장사 씨름 역시 나담 축제에서 거행되는 남자 3종 경기의 하나다. 시합에 진 장사는 사진과 같이 상대방 어깨 밑으로 들어가 패배를 시인한다./옆면 오른쪽

초원의 낙타 사막의 짐승으로 알려진 낙타는 몽골의 모든 지역에서 서식한다. 몽골 지역 낙타는 위와 같이 혹이 두 개인 쌍봉낙타이다./위

충성심과 인내심으로 유명한 몽골 말 말은 몽골 유목민들의 발이자 친구로서 예부터 가축의 으뜸으로 여겨져 왔다. 죽은 애마(愛馬)를 그리워 한 나머지, 그 울음소리를 담기 위해 마두금(馬頭琴)을 만들었다는 마두금 기원 설화는 몽골인들과 말의 관계를 보여 주는 상징적인 이야기다./아래

나지막한 산비탈에 누워 있는 장라이삭 보르항(관세음보살) 몽골 동부 도르노드 아이막 할흐골솜에 있는 위 와불(臥佛)은 19세기 중엽에 불상군으로 만들어진 후, 여러 가지 이유로 파괴되었다가 최근에 복원되었다. 처음 불상군을 만들 당시 그 지역에 재해가 들어, 그 해결책으로 부처님을 봉안하게 되었다고 한다.

초원의 오보와 산림지대의 오보 지역신의 거주처로 알려지고 있는 오보는 현재 몽골에서 가장 보편적으로 확인되는 민간신앙 대상물이다. 가장 일반적인 구조는 위 사진처럼 돌+버드나무+천조각이지만 산림지대에서는 아래 사진처럼 나무를 쌓아 오보를 만들고, 돌이나 나무가 없는 곳에서는 모래를 쌓아 만들기도 한다./위·아래

수목숭배의 상징인 몽골의 신목(神木) 몽골인들은 예부터 외딴 곳에 서 있는 한 그루 나무, 잎이 무성한 나무, 고사(枯死)한 나무 등을 특별한 곳으로 치급키며 위아 간이 갖가지 장식을 했다. 특히 버드나무, 자작나무, 노간주나무를 신성시했으며 지금도 이런 나무 위에 여러 가지 천조각이 걸려 있는 것을 볼 수 있다./옆면

몽골 샤먼의 웅곤(神主) 13세기에 마르코폴로도 보았다고 하는 웅곤은 샤먼이 큰 북과 함께 손에 쥐고 영혼을 부르는 도구다. 16세기 말 티베트 불교 전래 이후 라마승들은 샤머니즘을 박멸하기 위하여 그 상징인 웅곤을 불태웠다. 그 당시 웅곤 파괴는 티베트 교단의 지시하에 조직적으로 이루어졌으며, 동몽골 호르친 지역(내몽골)에서는 한꺼번에 수천 개의 웅곤을 불태웠다는 기록도 남아 있다. 위 웅곤은 16세기의 것으로 현재 부리야트박물관에 소장되어 있다./왼쪽 위

무복(巫服)과 무구(巫具)를 갖춘 샤먼(마네킹) 옷에는 천조각으로 끈과 구리 거울이 달려 있고, 깃털(?) 모자를 쓰고, 북을 들고 있는 전형적인 몽골 샤먼 모습이다. 끈은 보통 뱀 모양을 하고 있고, 구리 거울 또한 지역에 따라 개수가 다르다. 몽골예술박물관에서 촬영한 것이다./위

몽골 최고의 조각품 시야마타라 초대 몽골 라마교 수장(1635~1723)이 만들었으며 1994년 우리나라에서도 전시되었다. 청동으로 주조한 이 조각품은 신체적 아름다움뿐 아니라 이마에서 보좌에 이르기까지 모든 장식이 매우 정교하게 표현된 수작으로 평가 받고 있다. 시야마타라는 중생을 물과 불과 야수의 위험에서 구제하는 관음의 화신(綠觀音)이다. 현재 울란바타르 소재 보그트칸박물관에 소장되어 있다./옆면

몽골 민간 신화

■ 저자 서문

신화는 인류기 창조한 언어 예술의 최초의 장르이다. 그런 까닭에 학지들은 신화 연구에 주목해 왔고, 단지 구비문학이나 문학 연구 방면에서뿐 아니라 철학, 역사, 고대학, 예술 등 여러 측면에서 폭넓은 관심을 갖게 되었다. 바로 이 민간 구비문학의 최초의 장르를 소개하기 위해 『몽골 민간 신화(МОНГОЛЫН АРДЫН ДОМОГ УЛГЭР)』라는 본서를 출간한다. 이 책에는 몽골 신화의 여러 형태를 망라한 약 161개〔이본異本 제외〕의 원 자료가 해설과 함께 수록되어 있다. 필자는 몽골 신화의 내용을 가능한 한 완전하게 소개하기 위해 20여 년간 수집한 자료뿐 아니라 그동안 몽골과 외국의 몽골학 연구자들이 출판 소개한 자료까지 폭넓게 활용했다.

또한 필자는 최근 10여 년 동안 몽골의 신화 자료를 수집하는 작업을 더욱 가속화하기 위해 신화 내용을 주제별로 정리한 설문지를 만들고, 이들을 민간 구비문학에 관심이 있는 사람들에게 배포하여 많은 성과를 거두었다. 먼저 이러한 작업이 필자의 연구에 큰 도움이 되었다는 것을 지적해 둔다. 즉 몽골과학아카데미 역사연구소의 선임연구원 나왕 선생님(현재 몽골국립대학교 인류학과), 국립사범대학의 다시도르지 선생님, 국립호브드사범대학의 카토 선생님 등 여러 동료 학자들이 매우 흥미로운 자료를 채록해 보내 주었는데, 필자는 이 자료들을 본서의 표제 자료로 소개하거나 해설 부분에서 적극 활용했다.

몽골 신화의 주제는 우주, 별과 천체, 동물과 식물의 기원에서부터, 인간사회 발전의 문화와 문명에 이르기까지 다방면에 걸쳐 수많은 내용을 포괄하고 있다. 신화는 현재 비록 단편적인 상태로 남아 있지만, 옛사람들의 순박한 사고의 발자취를 왕성한 생명력으로 간직해 왔다는 점에서 다시는 반복될 수 없는 독특한 특징을 지니고 있다. 이와 함께 신화는 언어 예술의 다른 장르와 마찬가지로 인간사회의 여러 시기의 다양한 사고 방식과 관념을 반영하여 왔다는 점 또한 부인할 수 없다. 예컨대 몽골 신화 가운데는 태고太古의 순박한 믿음에서 시작하여 샤머니즘, 마니교Manichaeism, 불교 등 여러 시기 여러 관념을 담고 있는 것도 드물지 않다. 즉 '부리야트(바이칼호 주변의 몽골족 거주지)에서 붜(남샤먼)와 오드강(여샤먼)의 후손이 끊기지 않는 이유' 라는 신화는 먼 옛날에 (불교도들이) 눈이 먼 오드강을 속임수를 써서 죽이려고 한 교활한 계략 때문에 부리야트에서 붜와 오드강이 끊이지 않고 나오게 되었다는 식으로 기술하고 있다. 실제로 부리야트 지역은 할하(몽골족의 중심지인 몽골국, 즉 외몽골과 거기에 거주하는 몽골족) 등 여타 몽골족 거주지보다 불교가 뒤늦게 전파되었거나 상대적으로 덜 번창했다. 그 때문에 고대 샤머니즘의 흔적이 강고한 생명력을 갖고 보존되어 왔다.

먼 옛날 원시인들이 과학처럼 확실하게 믿고 진실이라고 생각한 이러한 순진한 관념은, 이제 현대적 교양을 갖춘 독자 여러분의 입장에서 보면 우스꽝스러운 농담처럼 보일 수도 있다. 바로 그렇기 때문에 현대의 독자들은 신화 속에 담긴 여러 가지 관념을 더욱 과학적으로 접근하고 그 속에 담긴 내용을 정당하고 올바르게 이해하려고 노력해야 할 것이다.

VIII 씨족 부족의 기원 ——————— 216

☞ 일러 두기

1. 이 책은 1989년 몽골 울란바타르Ulanbaatar에서 출간된 『MONGOL ARDYN DOMOG ÜLGER(원제: МОНГОЛЫН АРДЫН ДОМОГ ҮЛГЭР)』의 한국어 번역을 위한 저자의 수정본을 대본으로 했다(단, 원서에 있는 서론인 일반 신화론 부분은 저자의 요청으로 번역에서 제외했다).

2. 독자들의 이해를 돕기 위해 번역자가 원서에 없는 설명을 추가했다. 저자의 주는 따로 〈저자 주〉라고 표기하였다.

3. 신의 이름 등 몽골어에서 사용되는 고유 명칭은 원어를 그대로 사용하고, 그 뜻을 ( ) 안에 풀이해 놓았다.

4. 일부 고유명사의 영문 표기는 몽골과학아카데미에서 편집한 'Information Mongolia' (1990)의 전사 체계에 따랐다.

5. 몽골어의 우리말 표기는 아직 확정된 기준이 없기 때문에 극히 일부를 제외하고는 몽골 중부 방언의 발음에 따랐다.

6. 한자를 포함한 ( ) 안의 설명은 모두 역자가 붙인 것이다. 다만 원서에 ( )로 되어 있는 부분은 〔 〕 표시로 바꿨다.

I 우주의 기원

1. 대지의 형성 ①

이 세상은 처음에 전체가 물로 뒤덮여 있었다. 그래서 호르마스트 텡게르[1]가 가룽빈가[2]라는 새를 이 세상으로 보냈다. 그 새는 수명이 3만 년이고, 1만 년이 되어 알 하나를 낳는다고 한다. 그 새는 알 낳을 마른 땅을 찾지 못하고, 물로 뒤덮인 둥근 세상 위로 계속 날아가다가 결국 자신의 깃털을 뽑아 물 위에 둥지를 틀고 알을 낳았다. 새로 지은 둥지 위로 가느다란 먼지가 내려앉기 시작했고, 이것이 쌓이고 쌓여 차츰 흙이 생겨났다. 그로부터 시간이 흘러 3만 년이 되던 때 가룽빈가가 낳은 알에서 여러 가지 생명체가 태어났는데 마지막에 사람이 생겨났다. 이렇게 해서 오늘날의 흙으로 덮인 세상이 생겨나게 되었다.

---

1)호르마스트 텡게르(Hurmast tenger): 몽골 샤먼이 믿는 서방(西方), 즉 선행의 55텡게르(천신)의 우두머리, 또는 33텡게르의 수장을 말함. 호르마스트는 고대 페르시아의 아우라마즈다(Ahuramazda)의 몽골어 번역으로 16세기 이후 산스크리트어 · 티베트어 불전을 몽골어로 번역하는 과정에서 인도의 인드라신을 호르마스트라 옮겼다. 따라서 선행의 55텡게르의 최고 신으로서 호르마스트는 선행의 신 아우라마즈다의 영향이고, 33텡게르의 수장으로서 호르마스트는 불교 관념의 33천(天)의 영향으로 볼 수 있다. 또한 호르마스트 텡게르는 몽골 샤머니즘의 99텡게르의 수장으로 인식되기도 하고 불의 기원과 관련해 언급되기도 한다. 참고로 아우라마즈다는 만물을 창조하고, 선의 친구이고, 악의 적이라 인식되었는데 호르마스트 텡게르 역시 똑같은 역할을 했던 것으로 보인다.(中國各民族宗敎與神話大詞典編審委員會, 1990, 『中國各民族宗敎與神話大詞典』, 學苑出版社, 北京, p.451; W. Heissig, 1900, The Religions of Mongolia(English translation), London, pp.49~50)

2)산스크리트어(kalvinka) 기원의 5색 무지갯빛을 띠고, 턱 아래 나선형 무늬가 있는 가르디(신화상의 不死鳥)와 유사한 설화 속의 새. 도덕과 현명함, 깨끗함을 상징한다.(O. Sühbaatar, 1999, Mongol Helnii Har' Ügiin tol'(몽골어 외래어 사전), Ulaanbaatar, p.67) 몽골어로는 갈빙가(Galbinga)라 한다.

2. 대지의 형성②

태초에 세상은 온통 불과 물, 그리고 바람뿐이었다. 어느날 보르항 박시[3]가 흙을 가져다가 물에 뿌리자 대지가 생겨나고 풀과 식물, 나무가 자라나 번성했다고 한다. 그뒤 보르항 박시는 사람을 창조하고 일곱 보르항(일곱 신불=북두칠성) 중 하나가 되었다고 한다.

3. 대지의 형성③

샤지투브 보르항(석가여래)이 대지를 만들기 전까지 세상은 온통 물바다였는데 보르항(즉 샤지투브 보르항)이 하늘에서 한 줌의 흙을 가져와 지상에 뿌려서 오늘날 우리가 살고 있는 대지를 만들었다. 그러자 대지 위에 온갖 풀과 여러 가지 나무와 꽃이 자라고 동물이 태어났으며 마지막으로 사람이 생겨났다. 최초의 인간은 온몸이 털투성이였다. 보르항께서 이를 못마땅하게 여겨 머리, 눈썹, 턱, 뺨, 겨드랑이, 사타구니 부분의 털을 제외한 나머지 부분의 털은 모두 없애 버렸다. 그 다음 샤지투브는 여자와 아이를 데리고 왔다. 그후 사람이 생겨나게 되었다.

최초의 인간은 샤지투브 보르항의 말씀을 따르지 않고 죄를 범한 대가로 벌을 받게 되었다. 원래 인간은 무릎을 뒤로 구부리고 지상의 어떤 동물보다 빨리 달릴 수 있었다. 그러나 이 형벌로 인하여 지금처럼 다리를 뒤로 구부리게 되고, 차츰 움직임의 속도가 느려지게 되었다. 또한 최초의 인간은 오늘날의 인간보다 키가 엄청나게 크고 수명도 매우 길었다. 그러나 뼈가 퇴화되고, 몸집도

---

3)보르항 박시(Burhan bagsh): '보르항'은 ①신 ②붓다 ③불상 등의 뜻이고 '박시'는 선생의 뜻. 그리고 두 단어의 합성어 보르항 박시의 사전상의 뜻은 붓다이다. 그러나 몽골 설화가 16세기 불교 수용 후 전반적으로 불교적 색채가 덧칠해졌다는 점을 고려하면, 이를 신 혹은 신격으로 해석해도 큰 문제는 없을 듯하다. 이하 보르항과 보르항 박시를 일일이 구분하지 않고 원어 그대로 표기한다.

작아지고, 수명 또한 짧아졌다. 인간의 수명이 점점 짧아져 마침내 7년이 되어 어제 태어난 아이가 다음날이면 어른이 되고, 그가 타는 말은 토끼만큼 작아지고 사람의 몸 역시 팔꿈치에서 손끝 길이에도 못 미치게 된다고 한다. 그때가 되면 하늘에는 세 개의 태양이 나타나 세상을 폭염으로 뒤덮고 지상에는 오직 산과 산맥만이 남는다. 화염이 지나간 다음 하늘에서는 납이 섞인 비가 내리고, 산과 산맥은 평평해지고 세상은 온통 뜨거운 재로 뒤덮이게 된다고 한다. 그뒤 세찬 바람이 불어 모든 것을 쓸어 버리면 땅밑에 남아 있던 고래 두 마리와 거북이 한 마리가 자유의 몸이 되고, 지상에는 아무 생명체도 없이 텅 비게 된다. 이러한 시기가 얼마나 계속될지는 아무도 모른다. 다만 이 시기의 마지막에 마이다르 보르항(미륵불)이 왕림하여 새로이 대지를 창조할 때 지금 세상을 떠받치고 있는 고래와 거북의 등 위에 다시 세상을 만들 것이라고 한다.

4. 산과 물의 기원

옛날에 에멕테이 보르항(여자 신불, 즉 여신)이 아들을 잃고 깊은 슬픔에 빠져 울고 있었다. 어찌나 눈물을 흘렸던지 그녀의 눈물은 강물이 되어 흘러내렸다. 그때 마침 다른 보르항이 세상을 여행하고 있었다. 에멕테이 보르항이 만든 강물이 그의 여행을 방해하였다. 그러자 그는 에멕테이 보르항을 앉은 채로 산으로 바꿔 버렸다. 그리하여 산에서 자라는 식물과 나무는 에멕테이 보르항의 머리카락이고, 물과 강은 그녀의 눈물이라고 한다.

5. 우주와 사람의 기원①

먼 옛날 황금세계[4]에 사람은 없고 단 한 가지 색의 매끄러운 물체만이 있었다. 그때 하늘에는 오직 해와 달 두 자매가 있었다고 한다. 어느 날 해가 달에게 말했다.

"내가 밤에 돌아다닐 테니 너는 낮에 돌아다녀라."

달이 이에 반대하며 말했다.

"싫어. 낮에는 사람이 너무 많아서 돌아다니기가 부끄러워."

"좋아. 그렇다면 내가 낮에 돌아다니고, 네가 밤에 돌아다니기로 하자."

그후로 하늘에는 낮이면 해가 나타나게 되고, 밤이면 달이 나타나게 되었다. 하지만 내시에는 물 한방울도 없고, 식물이나 나무, 아무런 봉우리도 없었기 때문에 그들은 매우 외로웠다. 그리하여 샤지투브 보르항(석가여래)이 남자와 여자 두 사람을 만들었다. 그리고 여자는 위(胃) 모양의 어떤 물체를 낳았다고 한다. 샤지투브 보르항이 그 물체를 여러 조각으로 나누어 여러 명의 조그마한 아이를 만들어 사방으로 보냈다.

어느 날 샤지투브 보르항과 마이다르 보르항(미륵불)이 누구의 그릇에 꽃이 자라는지 내기를 했다. 그런데 샤지투브의 그릇에 먼저 꽃이 피자, 마이다르가 샤지투브의 꽃을 몰래 자기 그릇에 옮겨 먼저 꽃이 피었다고 주장했다. 온순하고 관대한 보르항 샤지투브는 모든 것을 알면서도 모르는 척 하고는 마이다르 보르항에게 말했다.

"잘된 일이구나. 다가오는 시대는 너의 시대가 될 것이다. 그러나 네 시대에 사람들은 거짓말쟁이, 도둑이 될 것이다."

6. 우주와 사람의 기원②

태초에 이 세상에는 공기와 물 두 가지만 있었다. 하늘에 있던 오치르바니 보

---

4)황금세계(Altan delhii): 이 세상 가운데 혹은 이 세상이라는 뜻. 구비문학이나 시가(詩歌)에 주로 등장하는 문학적 표현이다.

르항(금강불)이 한번은 아래를 바라보고 물 대신 대지를 만들었으면 좋겠다고 생각했다. 그러나 누군가 도와 줄 친구가 필요했다. 그리하여 동무가 될 만한 친구를 찾아 헤매다가 차강 슈헤르트[5]를 동무로 택했다. 그들은 물 가까이 이르러 바다 한가운데 있는 큰 거북이 한 마리를 발견했다. 오치르바니가 차강 슈헤르트에게 말했다.

"네가 물밑으로 들어가 그놈을 물 위로 끌고 와 거꾸로 뒤집어 놓으면 나는 그 녀석의 배 위에 앉아 있겠다. 그동안 너는 바다 밑으로 들어가 흙을 가져와라. 그러나 너는 늘 나를 생각하며 가거라. 그러면 모든 것이 생각한 대로 될 것이다."

차강 슈헤르트는 바다 밑바닥에 이르러 진흙탕에서 흙을 집으려고 했지만, 그때마다 단단하고 이상한 물체에 부딪혔다. 그는 생각했다.

"내가 얻으려고 한 것이 아니다. 오치르바니가 가져오라고 한 것이다."

그 순간 한손 가득히 진흙이 쥐어졌다. 차강 슈헤르트가 가져온 흙을 거북 위에 놓자, 대지가 생겨났다. 둘은 그 위에 앉아 쉬다가 깜박 잠이 들었다. 그전까지는 잠을 자거나 휴식한다는 것을 알지 못했다. 그때 숄마스[6]가 땅 위에 내려왔다. 그러나 두 사람이 누워 있는 곳 말고는 빈 자리가 없었다. 숄마스는 둘을 잠자는 채로 대지와 함께 물속에 던져 버리려고 했지만 그 순간 물이 사라지고 말았다. 숄마스는 할 수 없이 오치르바니와 차강 슈헤르트를 대지의 끝으로 끌고 가서 물속에 던져 버리기 위해, 그들을 움켜쥐고 달렸다. 그러나 아무리 달려도 물은 보이지 않았다. 지친 숄마스는 결국 두 보르항을 벌판에 내팽개쳐 버렸다.

숄마스가 가고 난 뒤 오치르바니가 잠에서 깨어나 친구를 깨웠다.

---

5) 차강 슈헤르트(Tsagaan shühert): 불신명(佛神名)으로 직역하면 '흰 일산(日傘)을 가진 자'라는 뜻으로 티베트 불교의 도가르(gdugs dkar)에 해당된다.

6) 숄마스(Shulmas): 숄람(shulam)의 복수형. 몽골 구비문학에 나오는 악(惡)의 대명사로서 남성을 망가스, 여성을 숄마스라 한다. 이들 악마의 특징은 언제나 영웅이나 현자에 의해 박멸되는 운명을 갖는다.(蓮見治雄 譯註, 1981, 『モンゴル民話研究』, 開明書院, p.568)

"추트구르(유령)[7]가 우리 둘을 물속에 처넣어 죽이려고 했는데, 대지가 우리를 구해 주었다."

눌은 생명을 구해 준 대지를 위해 생명체를 만들어 주기로 했다. 이렇게 하여 진흙으로 사람을 만들고, 생명을 넣어 줄 차례가 되었다. 오치르바니가 말했다.

"우리가 생명을 얻으러 떠난 사이에, 추트구르가 와서 사람을 해칠지도 모른다. 그러므로 아무도 접근하지 못하도록 훌륭한 파수꾼을 만들어 놓아야 한다."

그리하여 차강 슈헤르트가 개를 만들어 사람을 지키도록 했다. 그때까지 개의 몸은 털이 없는 벌거숭이 상태였다. 그리하여 그들이 사람에게 생명을, 개에게는 털을 가져다 주기 위해 대지를 떠난 뒤 얼마 지나지 않아 추트구르가 나타났다. 개는 추트구르를 위협하면서 사람에게 접근하지 못하게 했다.

그러자 추트구르가 말했다.

"네가 짖어 대지 않는다면 내가 너에게 털과 음식을 주겠다."

개가 조용히 하자 그는 개에게 약속대로 털을 주었다. 그러나 이번에는 개가 먹을 것을 요구했다. 다시 추트구르는 말했다.

"이 사람이 네 주인이 될 것이다. 그리고 너에게 먹을 것을 줄 것이다."

사람에게 가까이 다가간 추트구르는 실을 태워 그 연기를 사람의 콧속으로 불어넣었다. 그러자 사람이 바로 움직이기 시작했고 추트구르는 어디론가 사라져 버렸다. 오치르바니가 친구와 함께 돌아와 보니, 사람이 이미 생명을 얻어 돌아다니고 있었다. 이를 보고 오치르바니가 다그쳤다.

"우리가 너를 만들었다. 이제 너에게 생명을 얻어다 주려고 했는데, 네가 벌써 생명을 얻어 이렇게 돌아다니고 있구나. 도대체 누가 너에게 생명을 주었느냐?"

그러자 사람이 자신은 아무것도 모른다고 했다. 이렇게 하여 사람 외에 가축도 만들었다. 그리고 나서 오치르바니가 차강 슈헤르트에게 말했다.

---

7)창조자의 창조 행위에 적대적인 존재를 위에서는 숄마스라고 하다가 갑자기 추트구르(chötgör)가 등장한다. 이 둘은 모든 것을 저주하고 해악을 가져오는 사악한 기(氣)라는 점에서 동일하지만, 구술 과정에서 문제가 있었던 것만은 분명하다. 여기서는 편의상 숄마스를 악령, 추트구르를 유령으로 구분하였다.

"이제 사람과 동물의 지도자가 필요하다. 그러나 너는 지도자 될 자격이 없다."

그러자 차강 슈헤르트가 투덜거리며 대답했다.

"내가 없으면 너는 아무 일도 할 수 없어."

이윽고 둘 사이에 말다툼이 시작되고 결국 틀어잡고 싸우게 되었다. 둘 사이의 싸움이 끝나지 않자 오치르바니가 차강 슈헤르트에게 제안했다.

"자, 이러지 말고 우리 둘이서 그릇에 물을 붓고 누구의 그릇에서 꽃이 피어나는가를 보고, 그 쪽이 이 세상의 주인 노릇을 하도록 하자!"

사실 이렇게 둘 사이를 갈라놓고 분란을 일으킨 것은 추트구르였다. 그렇게 앉아 있는데, 오치르바니의 그릇에서 먼저 꽃이 피어났다. 한쪽 눈만 뜬 채 이 광경을 몰래 보고 있던 차강 슈헤르트는 오치르바니의 꽃을 자기 그릇에 몰래 옮겨 놓았다. 이 사실을 알게 된 오치르바니는 차강 슈헤르트에게 말했다.

"이 세상 사람들은 서로가 서로를 속이는 사기꾼, 거짓말쟁이가 될 것이다."

그리고 오치르바니는 하늘로 올라가 버렸다.

7. 우주와 사람의 기원③

아주 오랜 옛날, 이 세상에는 대지는 없고 전체가 큰 물로 덮여 있었다. 식그무니 보르항(석가모니불), 마이다르 보르항(미륵불), 에첵 보르항(아버지 부처 또는 아버지 신불)이 합심하여 세상을 만들려고 물 위를 가고 있었다. 그때 마침 앙가트[8]가 새끼 열두 마리와 물 위를 날고 있었다. 세 보르항은 앙가트에게 물 밑바닥으로 들어가 그곳에서 검은 흙, 빨간 흙, 모래를 가져오라고 했다. 앙가트는 세 보르항의 말에 따라 물 밑바닥으로 들어가 검은 흙과 빨간 흙, 모래

---

8)앙가트(Angat): '앙가드' 라고도 표기한다. 보통 '오리' 로 번역되고 있지만 우리가 흔히 알고 있는 오리는 아니다. 일설에 의하면 앙기르(angir), 즉 원앙새의 복수형이라고 하지만 확실하지 않다. 어쨌든 이 새는 '세상을 형성할 때'에 창조 영웅의 지시로 대해(大海)의 밑바닥에서 한 움큼의 흙을 물고 온 새로 등장한다. 일부 이본에는 원앙새가 등장하기도 한다.(S.Dulan, 1989, 『몽골 신화학의 모습』, p.102)

를 가져다 주었다. 세 보르항이 흙과 모래를 물 위에 뿌려서 땅을 만들고, 그 위에 나무와 여러 가지 식물이 자라나게 했다. 그런 다음 인간을 만들었다. 빨간 진흙으로 몸뚱이를 만들고, 하얀 돌로 뼈를 만들고, 물로 인간의 피를 만들었다. 이런 식으로 세 보르항은 남자와 여자를 만들고 두 사람에게 어떻게 생명을 불어넣어 살아가게 하고, 누가 이들을 보살필 것인지(즉 주재할 것인지)를 의논했다. 그리하여 세 보르항은 각각 자기 앞에 그릇을 놓아 두고, 누구의 그릇에서 빛이 발하는가를 보고, 그 보르항이 사람을 보살피기로 결정하고 잠이 들었다. 다음날 아침 식그무니 보르항이 맨 먼저 일어나 그릇을 살펴보니, 마이다르 보르항 앞에 놓인 그릇에서 빛이 발하고 꽃이 피어났다고 한다. 식그무니 보르항은 마이다르 보르항 앞의 그릇을 자기 그릇과 바꿔 놓고, 다시 잠을 잤다. 그 뒤에 세 명이 모두 잠에서 깨어나 그릇을 살펴보니, 식그무니 보르항 앞에 놓인 그릇에서 꽃이 피어나고 빛이 났다. 그리하여 식그무니 보르항이 사람들을 보살피게 되었다. 그러나 식그무니 보르항이 속임수를 써서 그릇을 바꾸어 놓았다는 사실을 알게 된 마이다르 보르항이 말했다.

"네가 나를 교활하게 속였기 때문에, 네가 보살필 사람들 역시 서로가 서로에게 거짓말을 하고, 속이고, 도둑질하며 살게 될 것이다."

그리하여 마이다르 보르항과 에첵 보르항은 하늘로 가고, 식그무니 보르항은 자신이 창조한 두 사람과 함께 지상에 남게 되었다.

세 보르항이 맨 처음 사람을 만들었을 때 추위에 떨지 않고 얼지 않도록 털을 주었지만 개는 벌거숭이 상태였다. 식그무니 보르항은 두 사람이 잠자는 사이에 개에게 그들을 지키게 하고 하늘로 올라갔다. 그 사이에 추트구르(유령)가 나타났다. 그러자 개가 으르렁거리며 잠자는 사람에게 접근하지 못하게 했다.

추트구르가 개에게 말했다.

"네가 으르렁거리지 않는다면 너에게 먹을 것을 주고, 사람처럼 털도 갖게 해주겠다. 그러면 너는 더 이상 추위에 떨지 않고 따뜻하게 지낼 수 있을 것이다."

추트구르의 말에 따라 개는 더 이상 으르렁대지 않고 온순해졌다. 추트구르는 개에게 먹을 것을 주고 털도 주었다. 이 때문에 사람들은 개의 털을 더럽다고들 한다(즉 유령이 먹을 것을 주고 털을 주었기 때문이다). 추트구르는 자고 있는 사람에게 다가가더니 사방에서 침을 뱉고 사라져 버렸다. 식그무니 보르항이 하늘에서 내려와 추트구르에게 더럽혀진 사람들과 털을 얻은 개를 보고 노발대발하며 개에게 말했다.

"앞으로 너는 항상 굶주림에 시달리리라! 뼈나 갉아먹고, 추위에 떨면서 사람이 쓰고 남은 더러운 물이나 핥고, 사람에게 두들겨 맞고 살게 될 것이다."

그런 다음 식그무니 보르항은 사람의 더럽혀진 털을 뽑아 깨끗하게 해 주고, 단지 머리와 다른 곳의 깨끗한 털만 남겨 놓았다. 사람이 자면서 손으로 머리를 감싸고 있었기 때문에 머리카락은 추트구르의 침에 더럽혀지지 않았다. 이렇게 하여 최초의 사람은 몸에 털이 없는 벌거숭이가 되었다.

8. 천둥이 치게 된 사연

큰 물 가운데에 물고기 두 마리가 서로 상대방 꼬리를 물고 둥근 모양을 하고 있었다. 두 마리 물고기 사이에 쌓인 모래와 흙에서 숨베르산[9]이 생겨났다. 사람들은 이들 두 마리 물고기의 몸으로 이루어진 4주 대륙(수미산 사방에 있는 네 개의 대주大洲) 울타리 밖에서 살아가고 있다. 숨베르산에는 산기슭에서 꼭대기까지 자라난 위풍당당한 큰 나무 한 그루가 있었다. 숨베르산 위쪽에서 여러 텡게르(천신)들이 나뉘어 살면서, 그 나무의 열매를 따먹고 지냈다. 천신들이 이리저리 움직이고 나무에서 열매를 딸 때마다, 하늘에서 천둥이 친다고 한다.

---

9)숨베르(Sümber): 산스크리트어(sumeru)에서 기원하는 말로서 주위에 일곱 개의 산과 여덟 개의 바다가 있는 4주세계(四洲世界)로 둘러싸인 인도인들의 상상 속의 우주 공간의 중앙을 말한다. 한역은 수미산(須彌山).(耘虛龍夏, 1987, 『佛敎辭典』(16판), 東國譯經院, p.488)

9. 여름과 겨울이 바뀌는 이유

젖바다乳海가 아직 진흙탕이고, 숨베르산이 아직 조그마한 봉우리였을 때[10]추위 노인과 더위 노인이 누구의 힘이 더 센지 내기를 했다. 추위 노인이 먼저 말했다.

"내가 9일 안에 세상을 완전히 얼려 버리겠다. 너, 그것을 녹일 수 있느냐?"

더위의 노인도 지지 않고 맞섰다.

"나는 단 8일 만에 눈과 얼음을 녹여 물바다를 만들 수 있다. 그러나 너는 나의 더위를 막을 수 없을 것이다."

그리하여 두 노인은 누구든 내기에 이기면 상대방의 수하가 되기로 약조하고 서로 힘을 겨루었다. 추위 노인이 9일 밤낮으로 눈보라를 일으키고, 엄청난 추위로 세상을 완전히 얼음바다로 만들고, 어마어마하게 큰 황소를 만들어 추위의 세상을 지키도록 두었다. 이에 더위 노인은 8일 안에 태양을 만들어, 8일 밤낮으로 팔방에서 세상을 태우기 시작하여 8일 만에 온 세상을 큰 물바다로 만들어 버렸다. 내기가 끝난 뒤 두 노인은 아직 얼음이 남아 있는지 살펴보았다. 그런데 엄청나게 큰 황소의 꽉 막힌 네 발굽 아래에 아직 얼음이 남아 있었다. 앞쪽의 두 발 밑에 있던 얼음 때문에 얼음으로 뒤덮인 극지極地가 생겨났다고 한다. 내기에 진 더위 노인은 화가 치밀어 황소의 꽉 막힌 네 발굽을 갈기갈기 잘라 버렸다. 그로 인하여 소의 발굽이 지금처럼 갈퀴같이 갈라지게 되었다고 한다. 그러나 두 노인의 힘은 결국 우열을 가릴 수 없어서, 일년을 똑같이 나누어 여름과 겨울이 교대하게 되었다고 한다.

---

10)먼 옛날이라는 뜻으로 몽골 구비문학에서 자주 인용되는 전형적인 표현이다.('Ⅴ 인간과 인간 관련 동물' 텍스트 참고)

II 별과 천체

1. 해의 기원

해와 달이 없던 시절, 사람들은 몸에서 불꽃을 일으켜 하늘을 날아다녔다. 그러던 중 한 사람이 앓아 눕게 되었다. 이에 보르항이 오토치[11]겔렝[12]에게 약을 구해 오도록 심부름을 보냈다. 겔렝은 1만 발이나 되는 길고 가느다란 지팡이를 짚고, 잠바티브[13] 저편 바깥바다外海(구비문학에 나오는 상상 속의 바다)까지 가서, 약을 얻어 하늘로 돌아왔다. 오토치 겔렝이 병든 사람을 찾아가는 것을 돕기 위하여, 보르항은 하늘에서 황금색 거울을 비춰 주었다[어떤 이본異本에서는 금강석金剛石으로 반사했다고 한다]. 그 거울은 오늘날 하늘의 해가 되었다. 그후 사람들은 더 이상 불꽃을 내지 않고, 햇빛에 의지하여 살아가게 되었다.

2. 해와 사람

먼 옛날에 사람들은 저마다 빛을 지니고 태어났다. 그리고 한 사람이 태어날

---

11)오토치(Otoch): 위구르어에서 기원하는 말로서 몽골 구비문학에서는 의술의 신으로 쓰인니.
12)겔렝(Gelen): 티베트어(dge slong)의 차용어로서 고급 승려를 총칭하는 말이다.
13)잠바티브(Zambativ): 산스크리트어(Jambudvipa)에서 기원하는 수미사주(須彌四洲)의 하나로서 수미산 남쪽 산을 가리킨다. 한역(漢譯)은 섬부주(贍部洲) 또는 염부제(閻浮提)이다.(『中國各民族宗敎與神話大詞典』, p.427) 보통 이 세상으로 번역된다.

때면, 과일나무 한 그루도 함께 자라났다고 한다. 그래서 사람들은 각각 자기 과일을 따 먹고 살아갔다. 그러던 어느 날 누군가 다른 사람의 과일을 몰래 따 먹은 일이 발생했다. 그것은 인류 최초의 도둑질이라는 추악한 행위였다. 그로 인하여 많은 나무에 과일이 없어지고, 사람들은 결국 빛을 잃게 되었다. 그래서 보르항이 많은 사람들의 빛을 한데 모아 해와 달을 만들어 주었다.

이처럼 모든 사람들의 빛을 자기 몸에 담았기 때문에, 해는 지상의 모든 사람에게 자기의 빛을 공평하게 나누어 준다고 한다. 사람 역시 해에게 자신의 빛을 주었기 때문에 해를 신봉하고, 또한 햇빛과 광명의 보살핌을 받고 살아가게 되었다고 한다.

3. 해와 달①

오랜 옛날 이 세상에 무시무시하게 크고 뚱뚱한 망가스[14]라는 괴물이 있었다. 망가스는 큰 입으로 산속에 사는 동물과 들판의 동물들을 닥치는 대로 잡아먹고 살았다. 나중에는 동물뿐 아니라 아이든 어른이든 가리지 않고, 사람까지도 보이는 대로 잡아먹기 시작했다. 사람들은 위험한 하르 망가스[15] 때문에 단 하루도 마음 편히 살 수가 없었으므로 자나깨나 망가스를 퇴치할 방법을 생각하게 되었다. 수많은 용사들이 망가스와 싸우다 목숨을 잃었다. 사람들은 다른 방법이 없어 어떻게 해야 할지 텡게르들에게 물어보았다.

그러자 텡게르들이 방법을 가르쳐 주었다.

"하이르항 높은 산[16]에 노인과 노파 두 사람이 외아들과 살고 있다. 비록 가난하기는 하지만 그들만이 너희를 도와 줄 수 있을 것이다."

---

14)망가스(Mangas): 몽골 구비문학에 나오는 인면수신(人面獸身)의 괴물.
15)하르 망가스(Har mangas): 직역은 검은 괴물. 구비문학에서 '하르' (黑), '차강' (白) 등은 '사악하다' (하르), '선하다' (차강)라는 뜻으로 사용된다.

이 말을 들은 사람들은 너무나 기뻐서 황급히 하이르항 높은 산으로 달려가 노부부를 만나 그동안 있었던 일을 자세히 들려주고 도움을 청했다. 그러자 노부부의 아들은 찾아온 사람들에게 한 달 걸리는 거리를 거침없이 달리고, 이마에 달처럼 하얀 반점이 있는 잘생긴 흑마黑馬와, 다가오는 적의 머리를 순식간에 쳐내릴 수 있는 날카로운 칼을 구해 달라고 했다. 사람들은 그의 말대로 빠른 말과 날카로운 칼을 구해다 주었다. 한편 망가스는 사람들에게 방법을 가르쳐 준 해에게 원한을 품고 해를 한입에 삼켜 버렸다. 그와 동시에 세상은 한치 앞도 제대로 볼 수 없을 정도로 어두워졌다.

노부부의 아들은 달 같은 하얀 반점이 있는 잘생긴 흑마를 타고 망가스와 싸우러 길을 떠났지만 길이 너무 어두워 어느 쪽으로 가야 할지 도무지 방향을 알 수 없었다. 할 수 없이 그는 별빛에 의지해 간신히 방향을 찾아 망가스가 있는 곳에 이르렀다. 아들은 하루 밤낮을 꼬박 망가스와 싸웠지만, 망가스를 이기지 못하고 망가스 역시 아들을 이기지 못했다. 그러나 새벽이 밝아올 무렵 자비로운 별[17] 하나가 빛을 비춰 주어 주변의 물체를 똑똑히 볼 수 있었다. 이때를 놓치지 않고, 아들은 재빨리 망가스의 급소를 찔러 죽였다. 무시무시한 검은 망가스가 숨을 거두자, 해가 떠올라 세상을 밝게 비추어 주었다. 사람들은 감격에 겨워 하이르항산의 아들을 영웅으로 추대했다. 그러나 망가스의 어머니가 아들의 죽음을 알고, 그 원수를 갚으려고 하이르항산으로 올라갔다. 그녀는 아무도 모르게 음료수에 독을 넣어 두었다. 아무것도 모르는 아들은 음료수를 마신 후 그 자리에서 죽고 말았다. 사람들은 괴물을 없애 준 아들에게 은혜를 갚고자 그를 극락에 환생시키려고 했다. 그러나 아들은 이를 거절하며 말했다.

---

16) 하이르항(Hairhan): '자비롭다', '우화하다'는 뜻으로 이름을 부르는 것이 터부시된 것에 붙이는 말. 통솔 룩루 타이가 시내에서 '차빙'이니는 순록 유목민은 곰을 숭배하기 때문에 그곳을 기칭할 때 바우가이(곰)라 하지 않고 하이르항이라 하는데, 이는 신성한 존재에 대한 일종의 존경의 표시다.(이평래 외 역, 1998, 「홉스굴 지역 차탕 사람들의 생활상태 개요」, 『고고와 민속 I』, 한남대박물관, p.223; The Religions of Mongolia, p.102)

17) 원문은 보르항 오드(Burhan od), 즉 부처 또는 신의 별이다. 그 의미를 감안하여 자비로운 별로 번역했다.

"나는 극락에 환생하지 않겠습니다. 내가 망가스와 싸울 때 어둠을 밝혀 준 그 조그마한 별이 나를 크게 도왔습니다. 그러므로 많은 사람들에게 도움이 될 수 있도록, 나도 별이 되어 태어나겠습니다."

그리고 나서 그는 하늘로 올라가 달이 되었다. 아들은 기꺼이 남을 돕는 고운 마음씨를 가졌으므로 별보다 밝고 우유처럼 하얀색을 띤 달이 되었다고 한다. 해는 매우 강렬한 빛을 가지고 있지만 유독한 망가스의 입에 들어갔다 나왔기 때문에 더럽혀졌다. 그 때문에 해를 자세히 보면 군데군데 검은 반점이 보이는데, 이 반점들은 망가스의 녹에 의한 흔적이라고 한다. 또한 사람들은 일식日食 현상을 망가스가 해를 삼키는 행위라고도 한다.

4. 해와 달②

해와 달은 원래 큰 부잣집의 미모가 빼어난 따님들이었다. 두 자매는 지상에서 함께 살 만한 어울리는 남자를 구하지 못하고, 하늘로 올라가 해와 달이 되어서 사람들에게 밝은 빛을 주며 살아가게 되었다. 처음에 언니가 달이 되려고 했지만, 동생이 낮에 많은 사람이 자기를 쳐다보는 것이 부끄럽다고 하여 언니에게 낮에 돌아다니라고 하고, 자신은 달이 되어 밤에 돌아다니게 되었다.

5. 해와 달과 좀생이별[18]

아주 먼 옛날에 보르항 박시(석가)가 제자에게 법회 때 사용하는 종鐘의 오치

---

18)좀생이별(Michid): 황소자리에 있는 산개(散開) 성단. 눈으로 볼 수 있는 일곱 개 별을 일곱 자매별이라고도 한다. 한국과 중국에서는 예로부터 이십팔수(二十八宿)의 여덟 번째인 묘성(昴星)으로 알려져 있다.

르[19]를 주고 그것으로 바다를 두 번 젓고 오라고 보냈다. 그리하여 제자가 바다를 한 번 젓자 해가 나타나고, 두 번 젓자 달이 나타났다. 그는 한 번 더 저으면 무엇이 나타날까 궁금해서 다시 한 번 저었는데, 이번에는 좀생이별이 나타났다. 그런데 그는 다시 한 번 저으면 무엇이 나타나는가 보려고, 또 한 번 저었다. 그러자 이번에는 세상 전체를 삼켜 버리는 라호[20]라는 무시무시한 동물이 나타났다. 해와 달에게 세상을 삼키는 라호라는 동물을 붙잡고 있으라고 했다. 그러자 해가 말했다.

"내가 붙잡고 있다가 세상의 모든 생명체를 태워 버릴 수 있다. 네가 붙잡고 있어라."

그리하여 해는 달에게 라호를 맡겼다. 오늘날 달 위에 있는 검은 반점은 라호라는 동물이라고 한다. 라호는 삼 년에 한 번씩 달을 삼키려고 싸움을 한다. 이를 '라호가 달을 삼켰다月食'고 한다. 이처럼 라호가 달을 삼킬 때, 즉 월식이 일어날 때, 세 살 난 남자아이를 울게 하고, 반점이 있는 네눈박이 개[21]를 짖어 대게 하고, 밖에서 시끄러운 소리를 낸다고 한다. 또한 월식 때는 임신한 여자가 방뇨하는 것을 금한다.

뿐만 아니라 좀생이별이 하늘에 나타나면 날씨가 매우 추워진다고 한다. 그래서 좀생이별이 하늘에 올라가지 못하게 말로 하여금 짓밟게 하여 그들을 없애 버리려고 했다. 그러자 이때 소가 나서서, '뜨거운 여름에 내가 꼬리를 치켜 세우고 질주하여 좀생이별을 없애 버리겠다' 고 하고는, 앞장서 달려가 좀생이

---

19) 원래 령(鈴)과 오치르(Ochir, 金剛杵)는 티베트 불교(일명 라마교) 법회에서 한 쌍을 이루어 사용되는 별개의 법기(法器)를 가리킨다. 그런데 이 텍스트에서 종의 오치르라고 한 이유는 종의 손잡이 부분이 오치르를 반으로 갈라 놓은 모양을 하고 있기 때문에 이를 그냥 종의 금강저(즉 손잡이)라고 한 듯하다.

20) 라호(rahu): 산스크리트어(rāhu)에서 기원하는 별 이름으로 라흐(rah, raah)라고도 한다. 인도 신화에 등장하는 싸우기 좋아하는 신인 아수라(asuri)의 하나이고, 몽골 구비문학에서는 해와 달의 적으로 등장한다. 즉 일식과 월식을 구비문학에서는 라흐(라호)가 해와 달을 붙잡거나 삼키는 것으로 해석하고 있다.

21) 몽골의 토종개를 가리킨다. 이 개는 눈언저리(눈 위)에 눈과 비슷한 둥근 반점이 있다. 그래서 몽골 사람들은 몽골 토종개를 눈이 네 개라고 한다. 실제로 전형적인 토종개는 검은색 털에 눈 위에 누런 반점이 있다.

별을 짓밟아 뭉개 버렸다. 그러나 좀생이별은 소의 발굽의 틈새를 통해 하늘로 올라갔다. 좀생이별은 소에게 상을 주었는데, 그리하여 소의 발굽에는 갈퀴 모양의 누런 지방질이 생겼다고 한다. 이처럼 좀생이별이 하늘로 올라감으로써 날씨가 추워지고 일년에 사계절이 생기게 되었다.

6. 달과 토끼

달 위에 토끼가 있다고 한다. 그것은 한 마리 수컷이다. 지상에는 수토끼가 없다고 한다. 매년 봄 중간 달[22] 열다섯 날에 지상의 토끼(암토끼)가 달을 쳐다보고 수컷을 그리워한다고 들었다. 또한 달 위의 토끼는 약을 찧고 있다고 한다. 그래서 그런지 옛날 우리 고장에서 의사들은 약을 빻는 맷돌을 깨끗하게 할 때 토끼의 앞다리를 사용했다. 일반적으로 티베트 약[23]은 토끼날에 지어 닭날에 먹기 시작한다.

7. 달

옛날에 한 여인이 물을 길어 오라고 하면서 아이에게 통 하나를 주어 보냈다. 그런데 달이 그 아이를 데려가 버렸다. 그래서 지금 사람들은 통을 든 아이의

---

22) 몽골인들의 전통적인 절기 표시의 하나이다. 예로부터 몽골인들은 1년 12달을 봄, 여름, 가을, 겨울로 4등분한 다음, 이 중 음력 1~3월을 봄, 4~6월을 여름, 7~9월을 가을, 10~12월을 겨울로 치고, 절기를 무슨 계절의 첫 달, 중간 달, 끝 달이라 불렀다. 따라서 음력 1월은 봄 첫달, 2월은 봄 중간 달, 3월은 봄 끝달이 되고, 여름, 가을, 겨울도 같은 식으로 부른다.

23) 흔히 라마교라 부르는 티베트 불교는 단지 종교적 측면에서뿐 아니라 정치, 경제, 문화, 의학 등 전 부문에 걸쳐 몽골 사회에 큰 영향을 미쳤다. 티베트 불교의 전래와 함께 티베트 의학이 소개되고 이를 근간으로 몽골의 전통 의학이 체계화되었다. 따라서 본문의 티베트 약은 티베트에서 가져온 약이 아니고 티베트 의학으로 처방한 약을 말한다.

모습이 달 위에 있다고 말한다. 또 그 때문에 달 밝은 밤중에 아이를 물 뜨러 보내는 것을 꺼린다. 그리고 사람들은 물 뜨러 간 아이에게 빨리 돌아오라고 부를 때 다음과 같이 당부한다.

"개의 목이 막혀 캑캑거릴라, 빨리 물 떠오너라."

개는 어지간해서는 목이 막혀 캑캑거리지 않는다. 목이 막혀 캑캑거린다고 해도 죽는 경우는 좀처럼 드물다. 그래서 사람들은 개의 목이 막혀 캑캑거리면 부자가 될 징조라고 기뻐하게 되었다.[24] 또 사람들은 물 뜨러 가서 시간이 지체된 아이들이 이처럼 부자가 되기를 기원하면서 다음과 같이 부른다.

"개의 목이 막혀 캑캑거릴라."

8. 에르히 메르겡[25] ①

먼 옛날에 일곱 개의 해가 나타나 세상에 온통 지독한 가뭄이 찾아온 적이 있었다. 땅은 벌겋게 달아오르고, 냇물과 강물은 바닥을 드러내고, 지상의 온갖 식물과 나무들은 말라 비틀어지고, 사람들 또한 지독한 더위 때문에 아무것도 할 수 없었으며, 말을 비롯한 가축들은 허기와 갈증에 시달려 잠시도 살아갈 수 없었다. 어느 마을에 에르히 메르겡이라는 유능한 명사수가 있었다. 그는 눈에 보이는 어떤 것이든 명중시킬 수 있었다. 그래서 사람들은 그에게 가서 하늘에 떠 있는 일곱 개의 해를 없애 달라고 간청했다. 명사수 에르히 메르겡은 용감한 사내답게 사람들의 부탁을 기꺼이 받아들였다. 에르히 메르겡은 정말 엄지손가락에 힘이 있고, 용감한 사람이었다.

---

24)부자는 상대적으로 개에게 많은 먹이를 줄 수 있다. 따라서 많이 먹는 개가 상대적으로 목이 막힐 가능성이 더 많다. 그래서 위와 같이 표현한 듯하다.

25)에르히 메르겡(Erhii mergen): 에르히는 엄지손가락, 메르겡은 최우수 사수에게 부여된 칭호, 즉 명사수. 현명하다는 뜻이다.

그는 자신의 활쏘는 능력을 과신하고 말했다.

"맹세컨대 내가 화살 일곱 개로 일곱 개의 해를 없애 버리겠소. 만약 그렇게 하지 못하면 엄지손가락을 자르고, 더 이상 남자이기를 그만두겠소. 그리고 한 방울의 물도 마시지 않고, 마른 풀을 먹지 않는 동물[타르바가][26]이 되어 어두컴컴한 굴에서 살아가겠소."

그리하여 동쪽에서 서쪽까지 하늘에 길게 늘어선 일곱 개의 해를 향해 화살을 쏘기 시작했다. 그가 여섯 개의 해를 떨어뜨리고, 막 일곱 번째의 해를 향해 화살을 겨누고 숨을 고르고 있을 때, 갑자기 어디선가 제비가 끼어들어 해를 가로막아 버렸다. 시위를 떠난 화살은 마지막 하나 남은 해를 맞추지 못하고 그 대신 제비의 꽁지를 맞추었다. 그 때문에 황금제비의 꼬리는 두 갈래가 되었다고 한다. 에르히 메르겡의 화살을 피한 마지막 해는 재빨리 서쪽 산 뒤로 숨어 버렸다. 에르히 메르겡 명사수는 제비가 자신의 일을 방해했기 때문에, 매처럼 빠른 자신의 얼룩말에게 제비를 쫓아가 죽이고 오라고 했다.

그러자 말이 주인에게 다짐했다.

"맹세컨대 내가 만약 새벽까지 제비를 따라잡지 못하면, 내 다리를 자르고 외딴 곳에 버려도 좋습니다. 그러면 나는 안장을 찬 말(승용마)이기를 그만두고, 굽이굽이 구릉진 곳에서 외롭게 살아가겠습니다."

얼룩말이 제비를 쫓아 붙잡으려 했지만 제비는 얼룩말이 따라잡지 못할 정도로 도망갔다. 그러다가 결국 새벽이 밝아왔다. 화가 난 에르히 메르겡은 얼룩말의 앞다리 두 개를 잘라서 외딴 곳에 버렸다. 그 말은 얼룩 망아지가 되었다. 얼룩 망아지의 앞 두 다리가 짧은 이유는 이 때문이라고 한다. 또한 제비가 황혼

---

26)타르바가(Tarvaga): 영어로 'marmot'로 번역되는 몽골, 시베리아 초원에 서식하는 설치류 동물로서 땅굴에서 산다. 실제로 이 동물은 물을 먹지 않고 먹이(풀)를 통해 수분을 섭취하는데 새 풀이 자라날 때까지 겨울잠을 자기 때문에 마른 풀 또한 먹지 않는다고 한다. 이미 칭기스칸 시대(1162~1227년)부터 식용으로 상용될 정도로 몽골인들의 주요 사냥감이었고 특히 당뇨, 관절염, 요통, 화분증(花粉症) 등의 치료제로도 이용되었다. 그러나 타르바가에 기생하는 벼룩은 지금도 타할(tahal)이라는 선(腺) 페스트를 퍼뜨려 재앙을 불러오기도 한다.(이평래 외 역, 1999, 『몽골 유목문화』, 경기도 박물관, p.104) 학명은 *Marmota bobak*.

녘에 말 탄 사람의 앞뒤를 마치 조롱하는 것처럼 빙빙 도는 것도 그 때문이다.

에르히 메르겡은 맹세에 따라, 엄지손가락을 잘라 버리고, 남자이기를 그만두고, 물을 마시지 않고, 마른 풀을 먹지 않고, 컴컴한 굴에서 살아가게 되었다. 타르바가의 발톱이 네 개인 것은 여기에서 비롯되었다고 한다. 또한 에르히 메르겡 명사수는 자신이 타르바가가 되었다는 사실을 잊어버리고, 활로 해를 맞추어 떨어뜨리려고 아침과 저녁에 해가 뜨고 질 때면 동굴 밖으로 나온다. 특히 타르바가에는 사람 고기라 하여 먹을 수 없는 부위가 있는데, 이는 그 고기가 에르히 메르겡의 몸이기 때문이라고 한다.[27] 한편 하늘에 남은 단 하나의 해가 에르히 메르겡을 피해 산 저편으로 숨은 다음부터 이 세상에는 낮과 밤이 교대하게 되었다고 한다.

9. 에르히 메르겡②

옛날에 해 세 개와 달 세 개가 나타나자 에르히 메르겡이라는 명사수가 이들을 쏘아 세상을 암흑으로 만들겠다고 했다.

이에 보르항 박시가 그에게 물었다.

"만약 네가 세상을 암흑으로 만들지 못하면 어떻게 하겠느냐?"

그러자 에르히 메르겡은 다음과 같이 맹세했다.

맹물을 마시지 않고

마른 풀을 먹지 않고

둔덕에 굴을 파고 들어가리라

남자에게 턱이 뚫린 채 간자가에 매달리리라[88]

---

27)몽골인들의 설명에 따르면 지금도 타르바가를 잡아 내장을 꺼낸 다음 겨드랑이와 어깨 부근에서 사람 고기라는 부위를 떼어낸다고 한다.

엄지손가락을 잘라 버리리라

보르항 박시는 해와 달 앞에 종과 오치르金剛杵 두 가지 물건을 놓고 앉아 있었다. 그런데 종과 오치르에 막혀 한 개의 해와 한 개의 달이 남았다. 이렇게 하여 에르히 메르겡은 자신의 맹세에 따라 타르바가가 되었다.

10. 에르히 메르겡③

옛날 일곱 개의 좀생이별이 있었다. 이 일곱 별이 세상을 춥게 하고, 사람들을 추위에 떨게 했다. 그러자 에르히 메르겡 명사수가 공언했다.

"한 개의 화살로 일곱 별을 산산조각내 무시무시한 추위를 멈추게 하겠다. 만약 그렇게 하지 못하면, 나는 엄지손가락을 잘라 버리고, 맹물을 마시지 않고, 마른 풀을 먹지 않고, 해와 바람이 있는 바깥 세상을 돌아다니지 않고, 컴컴한 굴에서 부끄러워하고, 뿌리와 풀로 배고픔과 갈증을 달래며 사는 타르바가로 태어나, 남아의 획득물(사냥감)이 되어 살아가겠다."

그러나 에르히 메르겡은 일곱 개 가운데 단 하나만을 떨어뜨렸다. 그래서 지금 하늘에는 좀생이별의 일곱 개 별 중 여섯 개가 남아 있다고 한다. 또한 에르히 메르겡은 맹세에 따라 타르바가로 태어났다고 한다.

11. 오리온자리의 세 별①

먼 옛날에 후흐데이 메르겡이라는 사람이 솜처럼 흰 말을 타고, 가죽끈처럼

---

28)간자가(Ganzaga): 말 등에 짐을 싣기 위해 말 안장 양쪽에 매는 가죽끈. 따라서 턱이 뚫린 채 간자가에 매달린다는 뜻은 남자들의 사냥감, 즉 타르바가가 되겠다는 말이다.

흰 활과 화살통을 메고, 아사르, 바사르라는 개 두 마리를 데리고 사냥을 떠났다. 도중에 그는 새끼 세 마리를 데리고 다니는 암사슴 세 마리[29]를 만나, 그들을 계속 쫓아갔지만, 모두 하늘로 올라가 버렸다. 그리하여 하늘에 늘어선 세 개의 별을 세 마리 암사슴이라 하게 되고, 그 아래에 있는 약간 흐릿하고 비스듬한 세 별을 가리켜 암사슴의 새끼라고 한다. 사람들은 저녁 무렵에 반짝반짝 빛나는 별(샛별)을 가리켜 세 마리 사슴을 쫓아가는 후흐데이 메르겡이라고 한다. 어떤 사람들은 또한 이들을 하늘의 흰 사냥꾼이라고도 한다.

12. 오리온자리의 세 별②

오리온자리의 세 별을 둘러싸고 있는 몇 개의 별은 후흐데이 메르겡 때문에 생긴 별이다. 오리온자리의 세 개의 별, 즉 세 마리의 암사슴 아래에 있는 세 개의 비스듬한 별은 후흐데이 메르겡의 세 마리 개다. 또한 후흐데이 메르겡의 말도 별이 되었다. 이 몇 개의 별 오른편 끝에 있는 붉은 별은 후흐데이 메르겡이 쏜 화살이다. 그가 쏜 화살이 세 마리 암사슴을 관통했기 때문에 붉게 핏물이 들었다.

후흐데이 메르겡은 원래 후흐 뭉근 텡게르[30]의 아들이었다. 텡게르가 망가스의 위험으로부터 사람들을 구제하도록 그를 지상으로 내려보냈다고 한다. 그때 망가스가 모든 생명체를 삼켜 버리고, 지상에는 일곱 명의 노인만이 남았다. 그들은 높은 산에 올라가 텡게르에게 간절히 빌었다. 에첵 말리앙 텡게르(아버지 말리앙 천신 곧 후흐 뭉근 텡게르)가 보낸 후흐데이 메르겡의 도움으로 일곱 노인들은 살아 남게 되었고, 그들로부터 지금의 사람이 생겨나 번성하게 되었다.

---

29)고르반 마랄(Gurvan maral): ① 세 마리의 암사슴 ② 오리온자리의 세 개의 별.
30)후흐 뭉근 텡게르(Höh mögön tenger): 직역은 '푸른 은(銀) 하늘'의 뜻으로 샤먼의 무가(「홉스굴 지역 차탕 사람들의 생활상태의 개요」, pp.247~248)에 자주 등장하는 천신.

한편 쿠딘 부리야트[31]의 무가巫歌에 후흐데이 메르겡과 그의 아내 홀타이에 대해 다음과 같이 적고 있다.

> 후흐데이 메르겡 아버지
> 홀타이 하탕 어머니
> 아홉 명의 몹쓸 아들들
> 아홉 명의 비루한 딸들
> 장난질 할 대로 징난질하면서
> 검은 돌을 버리고
> 푸른 돌을 던지고
> (놀고) 있구나

부리야트 샤먼 이반 한타에바의 설명에 따르면 하늘에 천둥과 번개가 치는 것은 후흐데이 메르겡 아버지와 홀타이 하탕 어머니가 짓궂은 아홉 아들들, 방정하지 못한 아홉 딸들과 제멋대로 놀고 있는 것이라고 한다.

13. 오리온자리의 세 별③

샤즈가이 알락 칸(까치 얼룩 대왕)이 어느 날 부하들을 이끌고 사냥을 떠났다. 어느 날 그들은 겨우 메추라기 암컷 두 마리를 잡았다. 대왕은 부하 두 사람을 시켜 그 메추라기를 구워 오게 했다. 두 사람은 메추라기 두 마리를 가지고 어떤 집으로 들어갔다. 그 집에는 부인 혼자 있고, 다른 사람은 아무도 없었다.

---

31) 부리야트는 바이칼호 주변의 몽골족으로 텍스트에서 보는 것처럼 그 안에도 여러 지파가 있다. 따라서 이하 본문에서 '무슨 무슨 부리야트'라고 하면 부리야트 몽골족 내의 해당 지파를 가리킨다. 여기서 무슨 무슨(예컨대 쿠딘)은 원래 지명을 가리키는 말이지만 그것이 그대로 씨족명으로 쓰이고 있다.

두 사람이 메추라기를 가지고 가서 부인에게 말했다.

"우리 두 사람은 메추라기 두 마리를 댁에서 구워 가려고 합니다."

그 말에 부인은 두 사람의 부탁을 들어주었다. 두 사람은 메추라기를 화로에 올려놓고 부인이 하는 일을 지켜보았다. 그 때 부인은 종이새 한 마리를 만들어 날리고 있었다. 두 사람은 신기해서 한참 동안 그것을 바라보다가 화로에 올려놓은 메추라기가 새까맣게 타버린 것도 몰랐다. 두 사람은 두려움에 슬피 울었다. 앞에서 두 사람을 보고 있던 부인이 왜 그렇게 슬피 우냐고 물었다.

"우리는 샤즈가이 알락 대왕 휘하의 사냥꾼입니다. 오늘은 고작 메추라기 두 마리를 잡았습니다. 그런데 그 메추라기가 지금 당신의 화로에서 새까맣게 타서 재가 되어 버렸습니다. 대왕이 이 사실을 알면 그는 틀림없이 우리를 죽일 것입니다."

두 사람의 말을 듣고 난 부인은 그들을 도와 주겠다고 했다. 부인은 밀가루로 메추라기를 만들어, 그것을 화로에 잘 구워 두 사람에게 주었다. 두 사람이 가져다 준 메추라기를 받은 대왕은 혼자서 메추라기 두 마리를 다 먹지 못하고 신하들에게 주었다. 신하들 역시 그것을 다 먹지 못하고 사냥꾼들에게 주었다. 모두가 실컷 먹었는데도, 역시 다 먹지 못하고 남았다.

다음날도 마찬가지로 샤즈가이 알락 대왕은 사냥을 나갔다. 이번에는 많은 동물을 잡았다. 대왕은 두 사람을 불러 메추라기 두 마리를 주고 전날처럼 구워 오도록 했다. 두 사람은 어제처럼 그 집으로 가서 메추라기를 구웠다. 이 날은 잘 살펴 태우지 않은 채 구워서 대왕에게 주었다. 대왕은 혼자서 메추라기 두 마리를 다 먹었지만 배가 부르지 않았다.

대왕은 두 사람을 불러들였다.

"어제는 두 마리 메추라기를 모두가 먹었는데도 먹어 치우지 못하고 남았다. 오늘은 메추라기 두 마리를 나 혼자 먹고도 배가 차지 않았다. 도대체 어떻게 된 사연인지 너희 두 사람은 나에게 그 이유를 말하라! 여기에 분명히 곡절이 있을 것이다."

두 사람은 어쩔 수 없이 지금까지 있었던 일을 사실대로 대왕에게 말했다. 그 말을 들은 대왕은 그 부인이 누구인지 몹시 궁금해서 참을 수가 없었다.

"너희들은 다시 가서 부인에게 사냥꾼들의 음식과 가축의 먹이를 준비하도록 전하라! 내가 내일 그 집으로 가겠다. 오늘 너희들이 그리로 가서 부인에게 말하고, 거기서 기다리고 있거라!"

두 사람이 가서 부인에게 대왕의 말을 전했다. 그 말을 전해 들은 부인은 사람들을 불러 화로와 솥단지, 말의 여물통과 오야(말을 매 두는 줄)를 준비해 두고, 다음날 그들이 오기를 기다렸다. 다음날 샤즈가이 대왕이 수천의 사냥꾼을 데리고 그 집에 이르러 살펴보니, 사람이 사는 데 필요한 화로와 솥단지와 식량이 죄다 갖추어져 있었고, 또한 말을 맬 오야도 준비되어 있었다. 대왕이 부인 집으로 가서 그녀를 보니, 그녀는 참으로 아름다운 여자였다. 또한 그녀의 말을 들어보니 정말로 현명하고 지혜로운 여인이었다. 대왕은 이를 알고 그녀를 자기의 부인으로 취하고 싶었다.

대왕은 부인에게 물었다.

"네 남편은 어떤 사람이냐? 지금 어디에 갔느냐?"

"제 남편의 이름은 아진다이 메르겡입니다. 3개월 걸리는 곳으로 사냥하러 갔습니다. 이제 곧 남편이 돌아올 때가 되었습니다."

샤즈가이 알락 대왕은 이 말을 듣고, 집 주변에서 사냥을 하면서 아진다이 메르겡을 기다렸다가 그를 붙잡아 죽이려고 했다. 드디어 아진다이 메르겡이 나타나자 대왕은 그를 죽이려고 했다.

그러자 아진다이 메르겡이 말했다.

"당신은 무엇 때문에 나를 죽이려고 합니까?"

"너를 죽여야 네 아내를 데리고 살 수 있다."

"그렇다면 당신은 나를 죽일 필요가 없습니다. 나를 상자에 넣어 못질하고, 또한 다른 상자에 돌을 채워 균형을 맞추어 내 말에 실으십시오! 내 말은 나를 싣고 내가 사냥하던 곳으로 갈 것입니다. 그러면 내가 상자 안에서 죽지 않고 어떻게 버티겠습니까?"

대왕은 그 말대로 그를 상자에 넣어 못질하고, 또한 다른 상자에 돌을 채워 말에 실었다. 말은 그대로 예전에 아진다이 메르겡이 사냥하던 곳으로 가 버렸다. 그가 데리고 다니는 낙타 한 마리, 개 두 마리 역시 말을 따라갔다. 그렇게 한 뒤 대왕은 아진다이 메르겡의 집으로 가서 아내에게 말했다.

"이제 내가 너를 아내로 맞이하겠다."

부인은 어쩔 수 없이 그의 아내가 되었다. 대왕의 아내가 되었지만 그녀의 뱃속에는 이미 세 달 된 아이가 있었다. 그뒤 일곱 달이 지나 그녀는 건장한 사내아이를 낳았다. 아이가 열 살이 되었을 때 사람들은 모두 그를 아진다이 메르겡의 아이라고 수군거렸다. 이 말을 여러 차례 들은 아이는 어머니에게 물었다.

"나는 샤즈가이 알락 대왕의 아들인데 왜 사람들마다 나를 아진다이 메르겡의 아들이라고 합니까? 어머니! 나에게 사연을 말씀해 주십시오."

아들의 간청에 못 이겨 어머니는 아이에게 사실대로 알려 주었다.

"너는 사실 아진다이 메르겡의 아들이다."

그러자 아들이 다시 어머니에게 물었다.

"내가 아진다이 메르겡의 아들이라면 아버지는 어디에 갔습니까?"

"샤즈가이 알락 대왕이 너의 아버지를 붙잡아 상자에 넣어 못질하고, 아지나홀 모리(황갈색 준마)에 실려 보냈다. 그 말은 아버지가 사냥하던 곳으로 갔다."

아들은 아버지를 만나기 위해 길을 떠나기로 결심하고 어머니에게 탈것과 음식물을 준비해 달라고 했다. 어머니는 아들을 가지 못하도록 말렸다.

"얘야 갈 필요없다. 아버지는 이미 돌아가셨다. 그러니 네가 가서 무슨 도움이 되겠느냐?"

어머니의 만류에도 불구하고 아들은 길을 떠났다. 어머니는 샤즈가이 알락 대왕 몰래 아들에게 탈것과 식량을 준비해 주고는 당부했다.

"샤즈가이 알락 대왕이 눈치채지 않도록 조심하거라. 만약 이 사실을 알게 되면 그는 틀림없이 너를 죽일 것이다. 사람들 몰래 가거라! 네 아버지는 여기서 세 달 걸리는 아르항가이라는 곳에서 사냥을 했다. 그곳을 찾아가거라!"

아들은 어머니의 당부를 뒤로 하고 길을 떠났다. 길을 떠난 지 세 닷새 되는 날 그는 아버지가 사냥하던 곳에 이르렀다. 그곳에서 아버지를 찾았지만 허사였다. 그러던 어느 날 아들은 상자 두 개를 싣고 있는 말 한 마리와 낙타 한 마리, 개 두 마리 등 가축들을 발견했다. 아들이 가까이 다가가자 개가 사납게 짖어 대며 접근하지 못하게 했다. 하는 수 없이 되돌아와서 고기로 개를 유인했다. 개가 겨우 진정되자 이번에는 낙타가 막아서서 접근하지 못했다. 도저히 접근할 수 없게 되자, 아들은 풀을 뜯어 낙타에게 주었다. 그리하여 낙타가 잠잠해지자, 아들은 말이 있는 곳으로 접근했다. 그러자 말이 이리저리 날뛰면서 아들의 접근을 막았다. 아들은 똑같이 풀을 뜯어 주어 말을 약간 진정시켰다. 그렇게 하여 말 역시 온순해졌다. 말에서 상자를 내리고 박힌 못을 빼낸 뒤 상자 하나를 열어 보니 그 안에 돌이 가득 차 있었다. 이번에는 다른 한 상자를 열어 보니 거기에는 사람이 있었다. 상자에서 꺼내 자세히 보니 죽은 것 같지는 않아 보였다. 아들은 재빨리 메추라기 한 마리를 잡아 삶은 뒤, 국물을 조금씩 아버지 입에 넣어 주었다. 그러자 차츰 숨을 쉬고 있는 것을 알아볼 수 있었다. 다시 메추라기 몇 마리를 더 잡아 국을 끓여 그 국물을 입에 넣어 주었다. 잠시 후 정신을 차린 아버지가 아들에게 물었다.

"너는 도대체 누구냐?"

"저는 사실 아진다이 메르겡이라는 사람의 아들입니다."

"나는 자식이 없다. 자세히 말해 보아라."

"저는 어머니에게서 샤즈가이 알락 대왕이 당신을 상자에 넣어 못질하고, 아지나홀 모리(황갈색 준마)에 실어 당신이 사냥하던 아르항가이라는 곳으로 보냈다는 사실을 들었습니다. 어머니는 그때 내가 뱃속에 있었다고 말씀해 주셨습니다. 이 말을 듣고 당신을 찾아왔습니다."

"그렇게 된 거로구먼. 아아, 배가 좀 고프다."

아들은 재빨리 메추라기 고기를 주었다. 이렇게 아버지를 만난 아들은 정성으로 아버지를 보살피면서 몇 달을 함께 보냈다. 아들이 아버지에게 말했다.

"아버지, 이제는 됐습니다. 우리 둘이서 돌아갑시다."

"지금은 돌아갈 수 없다. 우리가 지금 돌아가면 샤즈가이 알락 대왕은 틀림없이 우리를 잡아 죽일 것이다."

아들은 어머니 생각에 돌아가고 싶었지만, 아버지가 돌아가지 않으므로 두 사람은 그곳에서 사냥하며 일년을 지냈다. 어머니는 아들의 소식이 궁금해 견딜 수가 없어 아들을 찾아나서기로 결심했다. 샤즈가이 알락 대왕이 사냥꾼들을 데리고 사냥하러 간 뒤, 부인은 식량을 준비하고 말 한 마리를 골라 타고 아들이 있는 곳을 향해 길을 떠났다. 그녀 세 달 동안 말을 타고 달려 두 사람이 있는 곳에 도착했다. 남편과 아들을 만나 세 사람은 며칠을 보낸 뒤, 아진다이 메르겡은 아내에게 말했다.

"여보, 빨리 돌아가시오! 만약 당신이 돌아가지 않으면 샤즈가이 알락 대왕이 당신을 쫓아올 것이오. 쫓아와서 분명히 우리 두 사람을 죽일 것이오. 그보다는 당신이 돌아가는 편이 좋겠소."

"그들이 이곳에 오려면 몇 달이 걸립니다. 쫓아오지 않을 것입니다."

이렇게 하여 세 사람은 그곳에서 몇 달을 더 보냈다. 그때 샤즈가이 알락 대왕은 부인이 도망간 사실을 알고, 곧바로 부하들을 거느리고 뒤쫓아 나섰다. 이렇게 몇 달을 걸려 그곳에 도착할 즈음 샤즈가이 알락 대왕의 사냥꾼들은 마실 것과 먹을 것을 구하지 못해 거의 굶어 죽을 지경에 이르렀다. 정작 목적지에 도착했을 때는 겨우 몇 사람만 살아 남았다. 그들은 세 사람을 찾아내고 서로가 서로를 바라보았다. 아진다이 메르겡은 그들을 보자마자 있는 힘을 다해 도망가기 시작했다. 아들은 아버지를 뒤따라 쫓아가고, 어머니는 아들을 뒤따라갔다. 샤즈가이 알락 대왕은 이렇게 세 사람이 한 사람씩 뒤따라가는 것을 보고, 남은 부하를 이끌고 그들을 추격했다. 계속 추격하는 사이에, 세 사람은 하늘로 올라가 버렸다. 샤즈가이 알락 대왕은 어찌할 방법이 없었다. 세 사람은 서로가 서로를 쫓아 하늘로 올라가 지금까지도 서로가 서로를 따라가고 있는데, 오리온자리의 세 별이 바로 그들 세 사람이라고 한다.

14. 북두칠성①

옛날에 두 형제가 사냥하러 가고 있는데, 산꼭대기에서 어떤 사람이 활을 메고 빙빙 돌고 있었다. 이 광경을 본 형제는 그 사람에게 다가가 물었다.

"당신 여기서 도대체 무엇하고 있소?"

"하늘에 새 한 마리가 날아가고 있었소. 방금 내가 화살 하나를 쏘았는데 아직 떨어지지 않았소. 나는 그것을 기다리고 있소."

그러고 나서 막 정오가 지날 무렵 화살에 맞은 새 한 마리가 떨어졌다. 이 광경을 본 두 형제는 의논했다. '사람들은 우리 두 사람을 보고 활을 잘 쏜다고 한다. 그런데 이 사람은 우리보다 훨씬 뛰어난 사람이다. 우리 이 사람에게 형제가 되자고 하자' 고 합의하고, 그에게 말했다.

"당신, 우리와 형제가 될 수 있소?"

"좋습니다."

이렇게 그들은 모두 삼형제가 되어 함께 사냥을 나서게 되었다. 가는 도중에 어느 산꼭대기에 올라가니, 몸의 반쪽은 땅속에 묻혀 있고, 반쪽은 땅 위에 노출되어 있는 사람이 누워 있었다. 세 사람은 궁금해서 그에게 물어보았다.

"당신, 여기서 무엇을 하고 있소?"

"나는 하늘과 땅을 엿듣는 사람이오."

"하늘과 땅을 엿들어 도대체 무엇을 압니까?"

"나는 세 세상三界의 생명체가 무엇을 하고 무엇을 의논하고 있는지 아는 사람이오."

"당신, 우리와 형제가 되겠소?"

"그럽시다."

이렇게 일행은 사형제가 되어 함께 길을 갔다. 가는 도중에 또다시 어떤 사람이 두 산의 중간에 서서 오른쪽 산을 들어다 왼쪽에 놓고, 왼쪽 산을 들어다 오른쪽에 놓고 빙빙 돌고 있는 장면을 보게 되었다. 사형제가 그를 보고 곁으로 다가가 그 이유를 물었다.

"당신, 여기서 무엇하고 있소?"

"나는 손의 류마티스를 풀고 있소."

"당신은 정말 힘센 사람이오. 우리와 형제가 되지 않겠소?"

그 사람이 그러자고 하여 모두 오형제가 되어 길을 떠났다. 가는 도중에 어떤 사람이 한 무리 영양羚羊을 쫓아가 그 중 한 마리를 잡아 놓고, 다시 한 마리를 잡아 놓고, 빙빙 돌고 있었다. 오형제가 이 광경을 보고 곁으로 다가가 그 이유를 물었다.

"당신, 여기서 무엇을 하고 있소?"

"나는 여기서 영양을 장난감 삼아 살고 있소."

"당신은 정말로 빠른 사람이오. 우리와 형제가 될 수 있소?"

그 사람이 그렇게 하자고 하여, 이제 그들은 육형제가 되어 함께 길을 떠나게 되었다. 이렇게 길을 가다가 그들 여섯 명은 앞으로 무엇을 할 것인가에 대해 의논했다. 그리고 나서 땅을 엿듣는 사람으로 하여금 땅을 엿듣도록 했다. 잠시 후 그 사람이 땅을 엿듣고 나서는 다음과 같이 말했다.

"북동쪽 바깥바다外海 저쪽에 있는 샤즈가이 칸(까치 대왕)이 우리나라를 치려고 의논하고 있다."

육형제는 샤즈가이 대왕을 물리치기로 합의하고 그쪽을 향해 떠났다. 어느 날 바깥바다 변방에 이르렀다. 거기에 어떤 사람이 앉아 있었다고 한다. 곁으로 다가가자 그는 형제들에게 물었다.

"당신들 무엇 하러 어디로 가는 길입니까?"

"우리는 바다 저쪽 샤즈가이 대왕의 도성에 가서 대왕의 용사들과 힘을 겨뤄보기 위해 그리로 가는 중입니다. 하지만 우리는 바다를 어떻게 건너야 할지 모릅니다."

"내가 당신네들을 건너다 주겠소."

그 사람은 바닷물을 한 번에 들이마시더니 바다를 물 한 모금 없이 말려 버렸다.

"자, 이제 건너가시오."

"당신, 우리와 형제가 될 수 있소?"

"그럽시다."

"사, 그러면 당신이 맏형을 하고, 우리는 당신의 동생이 되겠소."

그러자 그는 매우 기뻐하며 형이 되었다. 칠형제는 저편으로 건너가 바닷물을 다시 원상태로 돌려 놓고 길을 떠났다. 한참 길을 가다가 형제들은 활과 화살을 멘 잘생긴 한 젊은이를 만났다. 그들은 젊은이에게 길을 물었다.

"샤즈가이 대왕의 도성이 가까이 있소? 멀리 있소?"

"당신네들은 무슨 일로 우리 도성을 찾아갑니까?"

그러자 맏형이 대답했다.

"우리는 대왕의 용사가 되어, 그에게 힘을 바치려고 그리로 가는 중이오."

"그렇다면 됐소. 나는 대왕의 아들이오. 나와 함께 갑시다!"

대왕의 성문에 도착하자, 그는 칠형제를 아름답게 지은 한 궁전에 묵게 하고, 말하였다.

"내가 아버지에게 가서 말씀드리겠소. 당신들은 여기서 쉬고 있으시오! 내일 아침 해가 뜨자마자, 서둘러 소식을 알리겠소."

아들은 아버지에게 가서 그날 일어났던 일을 얘기했다.

"저는 오늘 벌판을 가다가 잘생긴 젊은이 일곱 사람을 만났습니다. 제가 그들에게 '무슨 일로 가는 사람들이냐?'고 물었습니다. 그런데 대왕 아버지(자기 아버지)의 이름을 대면서 아버지에게 힘을 바치겠다고 했습니다. 제가 그 말을 듣고 그들을 데려와 앞 문밖 궁전에 재워 놓고 왔습니다. 대왕 아버지 어떻게 하시겠습니까?"

"나에게 힘을 바칠 만큼 그들에게 그렇게 큰 힘이 있느냐? 하지만 내일 그들의 능력을 시험해 본 뒤 받아들이도록 하자!"

그 시간, 칠형제는 아직 잠들지 않고 다음날의 일을 의논하고 있었다.

"형, 지금 바로 엿들어 보십시오! 샤즈가이 대왕이 우리를 어떻게 하려고 합니까?"

"내일 우리와 내기를 걸고 산에서 활쏘기를 하자고 상의하고 있다. 자, 너희들 중 누가 활솜씨가 좋지? 그 사람이 내일 시합에 나가도록 하라."

그러자 형제들이 화답했다.

"우리의 명사수가 나가시오! 그리고 당신이 둘째형이 되시오!"

형제들은 이렇게 합의하고 기다리는데, 드디어 대왕에게서 기별이 왔다.

"자, 지금 대왕께서 왕림하셨다. 너희들과 내기 시합을 하려고 한다. 너희들은 채비를 갖추고 기다리고 있거라!"

이윽고 대왕이 많은 행렬을 앞세우고, 용사들을 거느린 채 궁전에 다다랐다. 칠형제는 대왕에게 예를 표하고 안부를 물었다. 대왕이 먼저 말을 꺼냈다.

"자, 멀리서 온 너희들이 먼저 쏘겠느냐? 아니면 집에 있었던 우리가 먼저 쏘랴?"

"대왕 아버지의 용사를 먼저 쏘도록 하십시오!"

그러자 대왕의 용사가 먼저 활을 쏘았다. 화살은 산 하나를 관통하여 두 번째 산에 꽂혔다. 그 다음 칠형제 중 둘째형이 활을 쏘았다. 화살은 산 다섯 개를 관통하고 여섯 번째 산에 꽂혔다. 이렇게 하여 첫 시합은 대왕이 졌다. 대왕은 궁전에 되돌아와서 내일은 씨름을 하겠다고 했다. 그리고 자기편 씨름꾼이 출전하는 곳에 일부러 나무를 심어 표시하고, 상대방 씨름꾼은 자연생 나무가 있는 구에서 출전하도록 준비시키고 잠을 청했다. 땅을 엿듣는 사람이 다시 그 사실을 엿듣고 말했다.

"그들은 내일 우리와 씨름을 하려고 의논하고 있다. 너희들 중 누가 씨름을 잘하지?"

그러자 산을 들어올린 자가 자신이 씨름경기에 나서겠다고 했다.

이튿날 채비를 갖추고 있을 즈음 대왕에게서 전갈이 왔다.

"자, 우리의 씨름장으로 가라!"

칠형제가 간 곳에는 나무가 우거져 있었다. 이윽고 대왕이 말했다.

"너희들의 씨름꾼을 나무의 앞쪽 끝에서 출전시켜라! 우리는 뒤편 끝에서 씨름꾼을 출전시키겠다."

그들이 바라보니, 대왕의 씨름꾼은 많은 나무를 뽑아 왼쪽, 오른쪽으로 제치면서 돌아다녔다. 이 광경을 보고서 이쪽 씨름꾼을 출전시켰다. 그는 자연생 나무를 뽑아 마냥 왼쪽, 오른쪽에 있는 산꼭대기로 던졌다.[32] 드디어 두 씨름꾼이 대면했다. 이윽고 싸움이 시작되자 이쪽 씨름꾼이 샤즈가이 대왕의 씨름꾼을 한 번 내리누르고, 땅바닥에 팽개치고, 계속 자연생 나무를 뽑으면서 달려가, 서 있던 곳에 이르렀다. 이 광경을 본 대왕은 노발대발하며 집으로 돌아갔다. 집에 돌아온 대왕은 다음날 달리기 시합을 하기로 결정하고, 흰 노파라는 달리기 잘하는 노파를 불러 놓고 잠을 청했다. 그날 밤 땅을 엿듣는 형제가 엿듣고서 내일 대왕이 달리기 시합을 하기로 했다는 사실을 알아냈다. 그리고 다른 형제들에게 말했다.

"자, 지금 대왕은 달리기 시합을 하려고 한다. 너희들 중 누가 잘 달리느냐?"

그러자 형제들 중 영양을 몰던 사람이 나섰다.

"그거 아무 문제가 없소. 내가 있소. 겁낼 것 없소. 내가 알아서 하겠소."

아침에 대왕으로부터 기별이 왔다.

"오늘은 우리 대왕이 너희들과 달리기 시합을 하려고 한다."

이렇게 하여 두 사람을 보내 달리게 했다. 두 사람이 달리기에 출전했는데, 대왕의 민첩한 노파는 정신을 잃고 넘어지고, 젊은이는 끝까지 달려 왔다. 그가

---

32)씨름꾼은 자기 앞에 있는 나무를 뽑아 헤치고 상대방과 맞붙었던 모양이다. 그래서 대왕은 자기편 씨름꾼을 식목수가 있는 곳에서 출전시키고, 상대방을 자연생 나무가 있는 곳에서 출전시키도록 했던 것으로 보인다.

도착하자 대왕이 물었다.

"우리 민첩한 노파는 어찌 되었느냐?"

"앞산 저쪽에서 헐떡거리다가 정신을 잃고 넘어져 버렸습니다! 사람을 보내 부축해 데려 오십시오!"

대왕은 다시 노발대발하면서 흑심을 품고서 집으로 돌아갔다. 그는 여러 대신을 불러 상의했다.

"저, 남쪽 대륙에서 온 일곱 사람을 어떻게 처리하면 좋겠느냐?"

그때 거기에는 마침 '사랑'이라는 현명한 대신이 있었다. 그 대신이 대왕에게 방법을 얘기했다.

"우리는 그들과 내기를 했지만 번번히 힘이 미치지 못했습니다. 이제 수단을 강구하여 그들을 죽여 버리도록 합시다."

"그러면 그대들이 무슨 수를 써 보라!"

"대왕의 창고에 무쇠로 만든 게르(몽골의 이동식 천막)가 있지 않습니까? 잔치를 베푼다고 속여, 그들을 게르로 초청한 뒤, 게르 바깥에 숯과 마른 풀을 쌓아 놓고 태우면, 그들은 게르에서 나오지 못하고 그 안에서 타죽어 버릴 것입니다."

대왕과 대신들은 모두 여기에 동의했다.

"자, 이 방법을 쓰자. 이것이 가장 좋은 방법이다!"

이렇게 합의하고, 그들은 숯과 마른 풀을 가져다 게르 주변에 둥글게 쌓았다. 이때 형제들은 앞으로의 대책을 논의했다.

"대왕은 우리와 세 번이나 내기에 졌다. 이제 우리를 어떻게 하려고 생각하고 있는가?"

다시 땅을 엿듣는 사람에게 땅을 엿듣도록 했다.

"내일 무쇠로 만든 게르에 상을 차려 놓고 잔치를 한다고 속여 우리를 초청하여 태워 죽이려고 한다. 그들은 숯과 마른 풀을 날라다 준비하고 있다."

그러자 바닷물을 마시는 맨 맏형이 나섰다.

"그것 아무 일도 아니다. 내가 있다. 겁낼 것 없다!"

그리고서 그는 바다로 가서 바닷물을 들이마시고 돌아왔다. 날이 밝자 대왕의 궁선에서 두 대신이 와서 그들을 정식으로 초청했다. 칠형제가 대왕의 궁전에 도착하자, 그들을 황금문이 있는 무쇠로 만든 게르로 안내했다. 형제들이 자리에 앉자 잠시 후 게르의 옆에서부터 벌겋게 불이 달아올라 견딜 수 없게 되었다. 이에 바다를 들이마시는 사람이 바닷물을 토해냈다. 그러자 대왕의 도성과 궁전이 모두 자취를 감추어 버렸다. 형제들은 게르에 앉아 있다가

"지, 우리는 샤스가이 대왕을 없애 버렸다. 이제 우리는 어떻게 바다를 건너가느냐?"

그러자 바다를 들이마시는 사람이 바닷물을 들이마시고, 일곱 사람이 바다를 건너 바깥바다 앞의 대륙으로 갔다. 거기에서 그들 칠형제는 일곱 보르항(일곱 신불, 즉 북두칠성)이 되어 행복하게 살았다.

15. 알하이 메르겡

먼 옛날에 알하이 메르겡 명사수에게 체쳉 체베르 누님과 고낭 샤르 동생, 일곱 마리의 담황색 거세마, 북쪽에 방목하는 20만 마리 말, 남쪽에 방목하는 수만 마리 말이 있었다. 알하이 메르겡은 한 번 잠을 자면 삼 년을 자고, 한 번 일어나면 삼 년을 깨어 있었다. 그는 사냥 나가면 여기저기 늘어져 있는 가축 똥만큼이나 수없이 많은 동물을 잡았다. 어느 날 그가 잠자고 있는 사이에 밖에서 시끄러운 소리가 들렸다. 그래서 알하이 메르겡이 시끄러운 소리가 무슨 소리고, 메아리 소리가 무슨 메아리 소리인지 물어보았다. 그러자 체쳉 체베르 누님이 자기가 두 동생보다 한 수 위라고 하고는 상황을 살피고 돌아와 알하이 메르겡에게 말했다.

"북쪽에 방목한 20만 마리 말소리이다."

그리하여 알하이 메르겡이 다시 잠을 자고 있는데, 또 한 번 시끄러운 소리와 메아리가 들렸다. 그는 다시 동생에게 나가서 무슨 소리인가 살펴보라고 했다. 그러자 이번에도 체칭 체베르 누님이 말했다

"내가 두 동생보다 한 수 위다."

그리고서 그녀는 밖으로 나가 상황을 살피고 돌아왔다.

"남쪽에 방목한 수만 마리 말이 오고 있다."

그렇게 있는데, 또 한 번 큰 소리와 메아리 소리가 들려왔다. 그리하여 이번에는 고낭 샤르 동생에게 직접 말했다.

"지금 당장 나가 살펴보아라."

고낭 샤르 동생은 밖으로 나가 문틈으로 밖을 내다보고 엉엉 울며 두려움에 떨고 있었다. 형이 무슨 일이냐고 동생이 말했다.

"밖에 군대가 세 겹으로 포위하고 있습니다."

알하이 메르겡이 동생을 시켜 활을 찾아보았지만 누군가에 의해 활줄이 끊겨 있었다. 그러자 다시 화살을 찾아보았지만 화살 역시 누군가에 의해 부러져 있었다. 그리하여 알하이 메르겡은 고낭 샤르 동생에게 일곱 마리 말을 가지고 먼저 도망치도록 했다.

형이 말한 대로 고낭 샤르 동생은 일곱 마리 담황색 말을 가지고, 세 겹 군대의 포위망을 뚫고 위로 날아갔다. 동생이 집을 빠져나간 뒤 군대가 밀어닥쳤다. 그들은 화살을 쏘고 칼로 난도질하여 처참하게 알하이 메르겡을 죽였다. 그런 다음, 그들은 다시 그를 끌어다가 나무에 묶고, 땔감을 쌓아 놓고 한참 동안 태웠다. 그러나 불이 꺼진 뒤에도, 알하이 메르겡은 여전히 살아 있었다. 군사들은 체칭 체베르 누님에게 어떻게 하면 동생을 죽일 수 있는지를 물어보았다. 체칭 세베르는 기기 동생은 절대 죽지 않는다고 했다.

그러자 수만의 군사들은 세 겹의 쇠로 알하이 메르겡을 묶고, 큰 구덩을 파고, 그를 거기에 처박아 버렸다. 그리고 나서 그들은 살림살이와 가축을 챙기고, 체칭 체베르 누님을 데리고 갔다. 그들은 그녀를 데려다가 망가스(괴물) 대

왕의 부인으로 삼았다. 알하이 메르겡은 깊은 구멍 바닥에서 일년 동안 산 채로 누워 있었다. 어느 날 구멍 위쪽에서 무슨 소리가 들려 쳐다보니, 구멍 입구에서 까치와 까마귀가 울고 있었다. 알하이 메르겡은 두 마리 새에게 물었다.

"너희들 무엇 때문에 울고 있느냐?"

"당신이 구멍에 갇히기 전에, 우리는 당신이 남긴 가축의 창자를 먹고 지냈습니다. 그런데 당신이 이렇게 된 뒤, 우리는 굶고 지내고 있습니다."

"그러면 항가리드[33]를 찾아오너라."

얼마 후 두 새가 항가리드를 데리고 왔다. 항가리드는 구멍 밑으로 자기의 깃털을 넣어 주었다. 알하이 메르겡은 그 깃털을 붙잡고 구멍에서 빠져 나왔다. 알하이 메르겡이 구멍에서 나왔지만, 두 마리 새는 어떻게 쇠사슬을 풀어야 할지 고민했다. 그런데 앞을 보니 사시나무 두 그루가 외로이 바람에 흔들거리고 있었다. 알하이 메르겡이 사시나무에게 가서 도움을 청하도록 두 마리 새를 보냈다.

두 마리 새가 사시나무에게 가서 사정을 말하자, 나무는 두 사람으로 변하여 알하이 메르겡이 있는 곳으로 왔다. 두 사람은 원래 망가스 대왕 부인의 종이었다. 한 사람은 두 눈을 잃고, 다른 한 사람은 두 팔이 없었다. 그리하여 눈이 있는 사람과 팔이 있는 사람이 서로 도와 알하이 메르겡의 쇠사슬을 풀어 주었다. 착한 아들 알하이 메르겡은 두 그루 나무와 두 마리 새에게 먹을 것을 구해 주고 길을 떠났다. 그는 아래를 쳐다보고 동생을 생각하고, 위를 쳐다보고 자신을 구덩이에 처넣은 군대를 증오하면서 갔다. 그렇게 숲속을 지나가다가, 그는 일곱 마리 말 중 한 마리가 지나가는 것을 보았다. 알하이 메르겡이 다가가 동생의 소식을 물었다.

---

33)항가리드(Hangar' d): 몽골어 'han' (汗)과 산스크리트어 'garuda' (설화에 등장하는 큰 새로 날짐승의 대왕)의 합성어. 그 의미는 '가루다'와 같다. '항가리드'는 또 울란바타르 남쪽에 있는 보드드산의 주신(主神)으로 등장하고, 수도 울란바타르시의 문장(紋章)으로 쓰이고 있다.(*Mongol Helnii Har' Ü giin tol'* (몽골어 외래어 사전), p.225)

"동생은 이 바위 밑에 있습니다. 그는 매우 포악하게 되었습니다. 사람을 보면 그저 죽이려고 합니다. 그래서 통 사람과 만나지도 않습니다."

이렇게 하여 알하이 메르겡이 말을 따라 바위 밑으로 가 보니, 고낭 샤르 동생이 바위 밑에서 잠을 자고 있었다. 알하이 메르겡이 동생에게 다가가자 그가 잠에서 깨어났다. 형과 동생은 삼 년 동안 타이가숲이 평원이 되고 평원이 진흙탕이 되도록 싸웠다. 이에 놀란 동물들이 숲 밖으로 도망갔다. 그러나 마침내 형을 알아본 동생은 형과 함께 사흘 밤낮 눈물을 흘리며 울었다. 이렇게 하여 두 형제는 일곱 마리 말 중 두 마리를 타고 나머지 다섯 마리를 몰고 길을 떠났다. 한참 가는데 고개 너머 벌판에 사람이 앉아 있었다. 알하이 메르겡이 그에게 다가가 무슨 일로 여기에 앉아 있는가를 물었다.

"나는 아래의 세계, 위의 세계를 엿듣고 있소."

"그러면 아래의 세상, 위의 세상에서 무슨 소리가 들립니까?"

"아래 세상의 한 집안에서 송아지에게 젖을 먹이는 소리가 들립니다. 위 세상의 한 가정에서 잔치하고 있는 소리가 들립니다."

알하이 메르겡과 고낭 샤르 동생은 그에게 말 한 마리를 주고 함께 떠나기로 했다. 세 사람은 한참을 가다 어떤 고개에서 영양처럼 빠른 속도로 달리기를 하는 사람을 보았다. 세 사람은 그 사람에게 물었다.

"아니, 어떻게 그렇게 빨리 달립니까?"

"이전에 우리 아버지는 영양보다 훨씬 빨리 달렸다고 합니다. 나는 겨우 영양을 따라잡을 수 있는 정도입니다."

"우리와 함께 가지 않겠소?"

"갑시다. 갑시다. 그러나 나는 타고 갈 말이 없소."

세 사람은 달리기를 잘 하는 그 남자와 함께 가기로 하고 그에게 말 한 마리를 주고 네 사람이 되어서 길을 떠났다. 이렇게 그들 일행이 고개를 넘어 벌판을 가는데, 이번에는 날아가는 까치의 꼬리에서 깃털을 뽑고 있는 사람을 보게 되었다. 네 사람이 무엇 때문에 까치의 깃털을 뽑고 있는지를 묻자 그 남자가 대답했다.

"나는 도둑질을 배우려고 이 짓을 하고 있소. 사람들은 까치를 매우 주의깊다고 합니다. 그러나 내가 깃털을 뽑는데도 전혀 모르고 있습니다."

그의 실력에 놀란 네 사람이 그에게 자기들과 함께 가지 않겠냐고 하자 그는 타고 갈 말이 없다고 했다. 그리하여 그에게도 말 한 마리를 주고, 이제 다섯 사람이 되어 같이 길을 떠났다. 한참 길을 가는데, 바닷가에서 어떤 사람이 바닷물을 모두 마셨다가 다시 뿜어내고 있었다. 그에게 무엇 때문에 바닷물을 삼켰다기 내뱉는지 묻자 그가 대답했다.

"예전에 우리 아버지는 물을 마시는 사람이었습니다. 나 역시 물 마시는 사람이 되려고 이렇게 바닷물을 머금고 있습니다. 바다는 매우 크다고 합니다. 그러나 나에게는 한 모금에 불과합니다."

다섯 사람이 그에게 타고 갈 말을 주고 함께 길을 떠나게 되었다. 이제 여섯 사람이 된 그들은 길을 가다, 한 고개를 넘어 벌판에서 큰 산을 들었다 놓는 사람을 보았다. 여섯 사람이 그에게 무엇을 하고 있냐고 묻자 그가 대답했다.

"이전에 우리 아버지는 산을 들어올리는 사람이었습니다. 사람들은 산을 매우 크다고 합니다. 산이 매우 크기는 하지만 나는 산을 옮길 수 있습니다."

여섯 사람은 그에게도 말 한 마리를 주고 이제 일곱 사람이 되어 계속 길을 갔다. 가는 도중에 한 고개에 큰 바위가 있는 곳에 이르러, 일행은 그 바위 밑에서 불을 피우고, 차와 음식을 먹은 뒤 거기서 하루를 묵게 되었다. 그때 일행 중 땅을 엿듣는 사람이 세상을 엿듣고 말했다.

"북서쪽에서 일곱 망가스가 일곱 마리 회색 말을 타고 오고 있다."

일곱 사람은 대책을 의논했다.

"그들이 오면 잔치를 벌이도록 하자. 아르히(한 번 증류시킨 술)를 내려 아르즈(두 번 이상 증류시킨 독한 술)를 만들자. 호르즈(역시 두 번 이상 증류시킨 독한 술)를 내려 독(毒)을 만들자."

그리고는 일행 중 손놀림이 빠른 사람에게 단단히 일러 두었다.

"너는 내일 아침 대왕의 집에서 잔치가 열리면[34] 독이 없는 아르히를 왼쪽에 놓고, 독이 있는 아르히를 오른쪽에 바꿔 놓아라."

아침이 되어 대왕을 만나러 가니 망가스 대왕은 그들을 들어오라고 했다. 일곱 사람은 망가스 대왕의 사람들과 섞여 시끌벅적 놀았다. 대왕의 부하들은 독이 든 아르히를 마시고 모두 취해 그 자리에 쓰러졌다. 알하이 메르겡 일행은 아르히, 아이락(말젖, 낙타 젖을 발효시켜 만든 젖술로 말젖술을 마유주라 한다)을 실컷 먹었다.

다음날 망가스 대왕은 남자의 3종경기(축제시 또는 명절에 즐기는 경마, 활쏘기, 씨름)를 하자고 제안했다. 일곱 사람은 어떻게 경기를 할 것인가를 논의했다. 이튿날 아침 망가스 대왕의 집 밖에 머리가 45개인 거대한 검은 망가스, 머리가 35개인 길쭉한 검은 망가스, 머리가 25개인 움푹한 검은 망가스, 머리가 15개인 짤달막한 검은 망가스가 대기하고 있었다. 이들은 경기에 출전할 대왕의 부하들이었다. 망가스 대왕이 일곱 사람에게 말했다.

"세 고개, 세 들판 저편에 황금바늘을 놓고서 그 바늘귀를 맞추기로 하자."

그러자 일곱 사람 중 알하이 메르겡이 말했다.

"이것은 아이들이나 하는 시합입니다. 일곱 고개, 일곱 들판 저쪽에 황금바늘을 놓고, 바늘귀를 맞추도록 합시다."

그리하여 머리가 45개인 거대한 검은 망가스가 먼저 활을 쏘았다. 그러나 화살은 여섯 고개를 넘어 여섯 번째 벌판에 이르러 떨어졌다. 다음에 머리가 35개인 길쭉한 검은 망가스가 활을 쏘았다. 화살은 일곱 고개, 일곱 번째 들판 이쪽에 떨어졌다. 그 다음으로 머리가 25개인 움푹한 검은 망가스가 활을 쏘았다. 화살은 두 고개를 넘고 두 들판을 지나 세 고개에 이르지 못하고 땅에 떨어졌다. 이번에는 머리가 15개인 짤달막한 검은 망가스가 활을 쏘았다. 그러나 화살

---

34)앞 문장과의 맥락이 이상하다. 앞에서는 분명히 망가스가 오면 자신들이 잔치를 베풀자고 해 놓고, 여기서는 망가스 대왕 집에서 잔치를 한다고 했다.

은 두 번째 고개에도 약간 미치지 못하고 떨어졌다. 이번에는 알하이 메르겡이 활시위를 잡고, 아침 해 뜰 무렵부터 저녁까지 당기고, 열 손가락 끝에서 피가 날 때까지 당기고, 활시위에서 푸른 불이 일어나도록 당겨 활을 쏘았다. 그리하여 화살이 나간 곳으로 가보니, 화살은 일곱 고개를 넘어 일곱 번째 벌판 저쪽에서 황금바늘의 바늘귀를 지나 산 하나를 태워 버렸다.

"우리가 졌다. 내일은 말달리기 시합을 하자."

하고 망가스 대왕이 말했다. 이에 알하이 메르겡이 대왕에게 어떻게 시합을 할 것인시 물었다.

"내일 아침 세 고개 세 들판 저쪽에 말을 풀어 놓고 말달리기 시합을 하도록 하자."

"그것은 한 살배기 혹은 두 살배기 애들이나 하는 시합입니다. 일곱 고개 일곱 벌판 저쪽에서 말을 풀어 놓고 그곳에서 달려오도록 합시다."

그리하여 다음날 아침 일곱 고개 일곱 벌판 저쪽에 말을 풀어 놓고 시합을 했다. 알하이 메르겡의 일곱 마리 담황색 말은 모두 달려왔지만 망가스 대왕의 말은 일부는 죽고, 일부는 오는 길목에서 힘에 부쳐 엉뚱한 곳으로 달아나 버렸다. 망가스 대왕은 이처럼 두 경기를 놓치고서 다음날에는 씨름을 하자고 제안했다.

그리하여 다음날 아침 씨름을 하게 되었다. 머리가 45개인 거대한 검은 망가스가 알하이 메르겡과 대결하려고 나왔다. 그러나 알하이 메르겡이 한 번 끌어당기자 45개 머리가 45방향으로 우수수 떨어졌다. 이번에는 고낭 샤르 동생과 머리가 35개인 길쭉한 검은 망가스가 붙었다. 고낭 샤르가 한 번 끌어당기자 35개 머리가 35방향으로 떨어져 나갔다. 다시 머리가 25개인 움푹한 검은 망가스가 산을 옮기는 사람과 붙었다. 그러나 그가 한 번 붙잡고 힘을 쓰자 25개 머리는 25개 산봉우리에 처박혀 버렸다. 마지막으로 머리가 15개인 짤달막한 망가스가 바다를 마시는 사람과 겨루었다. 역시 단 한 번에 15개 머리는 15조각이나 바다의 고기가 되었다. 이에 망가스 대왕은 자기의 패배를 인정하고 말했다.

"우리가 졌다. 하지만 우리는 다시 한 번 씨름을 하겠다."

그래서 이번에는 야상 차브흐(뼈로 만든 새총), 촐롱 차브흐(돌로 만든 새총)라는 두 사람이 싸우게 되었다. 야상 차브흐가 알하이 메르겡과 맞붙었다. 알하이 메르겡이 단 한 번 힘을 쓰자, 야상 차브흐는 땅에 처박혀 버렸다. 촐롱 차브흐는 고낭 샤르 동생과 맞붙었다. 역시 단 한 번 내던지자 촐롱 차브흐의 머리가 땅에 박혀 버렸다. 망가스 대왕이 쇠막대기로 파서 그 둘을 건져내려고 하자 알하이 메르겡이 달려와 그 두 사람을 땅에서 뽑아 내팽개쳤다. 결국 모든 경기에 진 망가스 대왕은 일곱 사람에게 자신의 게르(몽골의 이동식 천막)에 묵게 하겠다고 했다. 이에 일곱 사람 가운데 땅을 엿듣는 사람이 엿듣고 와서 나머지 일행에게 말했다.

"망가스 대왕의 사람들은 지금 유리집을 짓고, 그 밖에 다시 나무집을 짓고, 나무집 밖에 다시 자작나무껍질로 집을 지어 밖에서 불을 지르자는 이야기를 나누고 있다."

그러자 알하이 메르겡이 바다를 마시는 사람에게 특별히 당부했다.

"네가 내일 대황해大黃海를 머금고 있거라. 우리 모두는 그 집으로 들어가겠다."

그리하여 다음날 아침 일곱 사람은 바다를 마시는 사람과 함께 유리집으로 들어갔다. 그러자 곧 망가스 대왕의 부하들이 문을 잠가 버렸다. 그리고는 집 밖에 불을 질렀다. 곧바로 유리가 뜨거워지고 녹아 내리기 시작했다. 그러자 바다를 마시는 사람이 미리 삼켜 두었던 바닷물을 뱉어냈다. 그러자 불이 꺼지고 망가스 대왕의 졸개들은 바닷물에 떠내려가 버렸다. 아무도 없는 상황에서 망가스 대왕과 체칭 체베르 부인만 남았다. 산을 옮기는 사람이 산 하나를 들어 올리더니 그 산으로 망가스 대왕을 눌러 버렸다. 그리고 알하이 메르겡이 체칭 체베르 누님에게

"이제 네 차례다."

고 말하더니 그녀를 끌어다가 일곱 마리 말의 꼬리에 묶어 일곱 조각 내버렸다.

마지막으로 일곱 사람은 일곱 마리 담황색 말을 타고 하늘로 올라가 일곱 보르항(일곱 신불 곧 북두칠성)이 되었다.

16. 북두칠성②

옛날에 고아가 된 형제가 있었는데, 형은 부자였지만 동생은 빈털터리였다. 가난한 동생은 부삿집에서 종노릇하며 하루하루 간신히 끼니를 해결하며 살아갔다. 어느 날 그는 나무를 베러 숲으로 갔다. 좋은 나무를 찾아냈지만 동생이 보기에 그 나무는 형처럼 생각되어 차마 베지 못하고 다른 나무를 찾아보았다. 이번에는 썩은 나무였다. 그러나 그 나무는 꼭 자기처럼 생각되어 역시 베지 못했다. 그리하여 그는 다른 나무를 찾아 헤맸지만, 마땅히 벨 만한 나무를 찾지 못해 하는 수 없이 그냥 집으로 돌아왔다. 그를 본 주인은 욕설을 퍼부으며 숲으로 쫓아보냈다. 동생은 다시 숲으로 가서 나무를 베려고 했지만, 이번에도 이전처럼 어떤 나무는 부유하고 살찐 형처럼 생각되고, 어떤 나무는 빈털터리인 자신처럼 생각되어, 결국 한 그루 나무도 베지 못하고 나뭇가지만 몇 개 끌고 돌아왔다. 주인은 더욱 화가 치밀어 그를 다시 숲으로 쫓아내면서, 다시는 집에 돌아오지 말라고 했다. 절망에 싸여 숲속을 거닐던 동생은 한 노인과 마주쳤다. 노인은 그에게 누구이고, 어디로 가는지를 물었다. 동생은 노인에게 지금까지 일어난 일들을 하나하나 말해 주었다. 그리고 그곳에서 잠시 휴식하게 되었는데, 가난한 동생은 곧 깊은 잠에 빠졌다. 그 사이 노인은 동생의 입에서 혀를 꺼내어, 바늘 70개로 그의 혀를 찔렀다. 잠시 후 동생이 깨어보니, 노인은 어디론지 사라지고, 자신은 어떤 소나무 아래에 누워 있는 것이었다. 그때 까마귀 한 마리가 동물의 눈目을 물고 왔다.

암컷이 뒤따라오다가 말했다.

"어디에서 눈을 얻었지?"

"쉿! 조용히! 나무 아래 사람이 있어."

"그러면 사람이 새의 말을 알아듣는다는 말이냐?"

사실 노인이 동생의 혀에 바늘을 갖다 댐으로써, 그는 모든 동물의 말을 알아듣을 수 있게 되었다. 수컷이 암컷에게 말했다.

"대왕의 아들이 앓아 누워 스님과 샤먼들이 모여 법회를 열고 제사가 벌어졌다. 거기에 제물로 올라온 짐승의 눈이 지천에 널려 있다."

"대왕의 아들은 무엇 때문에 앓아 누웠지?"

"그 아들의 입으로 뱀이 들어가 창자가 꽉 차서 고통받고 있다."

"그러면 어떻게 하면 낫지?"

"삼 년 동안 새끼를 낳지 않은 통통한 암말을 잡아, 비계가 붙은 고기 한 조각을 불에 올려놓고, 타서 눌어붙은 곳 위에 입을 벌려 연기를 쐬면 곧 좋아진다."

이 말을 들은 가난한 동생은 곧장 대왕에게 달려가 자기가 대왕 아들을 치료하겠다고 청했다. 대왕이 기꺼이 아들을 치료하도록 허락했다. 동생은 까마귀가 말한 대로 모든 것을 준비하게 하고, 대왕 아들의 입을 벌려 연기를 쐬었다. 비계가 붙은 냄새가 입으로 들어가자마자 뱀이 밖으로 기어 나왔다. 그리하여 대왕은 동생에게 많은 상을 내리고, 전 재산의 절반을 그에게 주려고 했다. 그러나 가난한 동생은 이를 거절했다.

"저에게는 이렇게 많은 재산이 필요하지 않습니다. 그 대신 말라빠진 담황색 암말 일곱 마리와 나쁜 화물용 안장을 채운 거세마 한 마리를 주시면 그것으로 족합니다."

이렇게 해서 원한 것을 받고 동생은 길을 떠났다. 도중에 이쪽 산을 저쪽 산과 바꾸어 놓고 있는 사람과 만나 그를 동무삼아 함께 길을 떠나게 되었다. 두 사람이 길을 가는 도중에 어떤 사람이 땅바닥에 귀를 대고 있는 광경을 목격하게 되었다.

"당신 무엇하고 있습니까?"

"나는 무언가 엿듣는 사람입니다. 지하에서 무슨 일이 벌어지고 있는지 엿듣고 있습니다."

"그래 무슨 소리가 들립니까?"

"지금 땅밑의 사람들은 죽음과 고통에 시달리고 있습니다."

그 사람 역시 일행으로 받아들여 길을 떠났다. 도중에 하늘을 바라보고 있는 사람과 마주쳤다. 그에게 무엇을 하고 있는지 물었다.

"나는 명사수입니다. 나는 방금 위로 화살 하나를 쏘았습니다."

이윽고 하늘에서 부서진 쇠화살 조각 하나와 함께 시끄러운 소리가 났다. 그리하여 명사수 역시 일행으로 맞이했다. 길을 가다가 이번에는 까마귀 깃털을 까치 깃털과 바꾸고, 까치 깃털을 까마귀 깃털과 바꾸고 있는 사람과 마주쳤다. 그 사람에게 무엇을 하고 있는지 물었다.

"나는 내 솜씨를 시험하고 있는 다르항(장인)입니다."

이렇게 해서 다섯 명이 되어 함께 길을 떠났다. 도중에 강물을 모두 입에 넣었다가 다시 내뱉고 있는 사람을 보았다. 이 사람 역시 일행으로 맞이했다. 그들은 길을 가다가 야생 염소를 붙잡고 있는 사람과 마주쳤다. 그 역시 일행이되었다. 그들은 땅을 엿듣는 사람으로 하여금, 어디에서 무슨 일이 벌어지고 있는지 엿듣도록 하자고 논의했다. 그러자 땅을 엿듣는 사람이 말했다.

"어떤 대왕이 딸을 시집 보내려고 딸을 열두 겹 장막 뒤에 앉혀 놓고, 사위가되려고 온 사람들 중 남자 세 명을 선발하게 하고, 오른쪽에는 독이 있는 음식, 왼쪽에는 독이 없는 음식을 차려 놓고 있다."

그리하여 그들 일행은 말라빠진 흰색 암말을 타고, 대왕이 사는 곳으로 갔다. 맨 먼저 산을 바꾸어 놓는 사람이 대왕의 씨름꾼과 힘을 겨루게 되었다. 낙타와 염소처럼 어울리지 않는 두 사람이 등장하자, 사람들은 모두 껄껄 웃어댔다. 그가 대왕의 씨름꾼을 붙들어 땅 사이로 내던지자 엄지발가락만 보였다. 다음에 활로 하늘과 땅 사이에 있는 알탄 후르드金輪를 맞추는 시합을 하게 되었다. 일행 중 명사수가 그것을 정확하게 맞추어 다시 한 판을 이겼다. 다음에는 달리기 시합을 하게 되었다. 일행 중 야생 염소를 뒤쫓아 잡는 사람이 대왕의 백성인

두 노파와 시합하게 되었다. 시합이 시작되기 전, 두 노파는 잠시 휴식하자고 하더니 그의 머리를 문지르자, 그는 이내 잠들어 버렸다. 그러자 두 노파는 뒤돌아 뛰기 시작했다. 하지만 두 노파가 중간쯤 달리고 있을 때, 잠에서 깨어나 뒤쫓아 맨 먼저 도착했다. 이렇게 하여 일곱 형제는 어쩔 수 없이 대왕의 공주를 취하여 길을 떠났다. 그러나 대왕은 그들에게 딸을 주고 싶지 않았다. 그래서 그들을 죽이려고 대군을 보냈다. 일행은 뒤에서 적이 쫓아온다는 사실을 알고, 바닷물을 삼키는 사람으로 하여금 바닷물을 들이마시게 하고, 산꼭대기로 올라가 잠을 잤다. 새벽에 적이 습격해 오자, 바닷물을 삼키는 사람이 입속의 물을 내뱉었다. 그러자 큰 바다가 되어 적군이 모두 거기에 빠져 죽었다. 그리하여 그들 일곱 사람은 산 위에서 많은 사람을 죽였다고 하면서 뛰어올랐다. 그렇게 하늘로 올라가 일곱 보르항(일곱 신불 곧 북두칠성)이 되었다. 일곱 보르항 중 가운데 있는 약간 어두운 별이 대왕의 공주라고 한다.

17. 북극성과 북두칠성

먼 옛날에 어떤 대왕이 공주를 스물다섯 살이 되도록 밖에 내보내지 않고, 궁전 안에만 있게 했다. 공주는 스물다섯 살이 되던 어느 날 아버지에게 공원으로 산책나가겠다고 간청했다. 대왕이 허락하여 공주는 공원에 산책나갔는데, 항가리드(몽골 설화에 나오는 날짐승의 대왕)가 공주를 낚아채 갔다. 대왕은 전국의 메르겡 샤르 조르하이치(현명한 누런 점성가)를 모아놓고, 누가 공주를 찾아올 수 있는지 가르쳐 달라고 했다. 점성가들은 백성 중 여덟 아들을 둔 노인을 알려 주었다. 그리하여 대왕은 여덟 아들을 둔 노인을 수소문해서, 그를 궁전으로 불러들였다.

대왕은 여덟 아들이 공주를 찾아오면 맏아들을 왕으로 추대하고, 나머지 일곱 자식은 관리로 삼겠다고 약속하고, 그들이 각각 무슨 재주가 있는지 물어보았다. 그러자 첫째는 활을 잘 쏘고, 둘째는 빨리 달리고, 셋째는 멀리 볼 수 있고, 넷째는 없는 물건을 냄새 맡아 알아내고, 다섯째는 바람을 빨아들이고, 여섯째는 호수와 바닷물을 들이마시고, 일곱째는 해와 달을 멈추게 하고, 여덟째는 눈에 보이지 않는 것을 낚아챌 수 있는 능력을 갖고 있다고 했다.

여덟 명의 자식들은 공주가 산책 나간 공원으로 갔다. 맨 처음 냄새를 맡는 아들이 냄새를 맡더니 항가리드가 공주를 붙잡아 갔다고 다른 형제들에게 말해 주었다. 그러자 멀리 보는 아들이 어디로 가고 있는지 알아냈다. 이어 활쏘는 아들이 활을 쏘고, 바람을 빨아들이는 아들이 땅에 떨어지기 직전에 빨아들이려고 했다. 그때 날이 어두워지자, 해를 멈추게 하는 아들이 해를 멈추게 하고, 붙잡는 아들이 붙잡아 대왕의 공주를 찾아 주었다. 대왕은 크게 기뻐하며 잔치를 베풀고 맏아들을 왕위에 앉히려고 하자, 아들이 아버지에게 물어보고 오겠다고 하면서, 아버지에게 가서 물었다.

"나는 왕이 될 수 없습니다. 아버지의 황금화살을 누구에게 주실 겁니까?"[35]

"누구에게도 줄 수 없다. 그 대신 그 화살을 내가 하늘로 쏘겠다. 너희들 중 먼저 도착한 사람이 화살을 취하도록 하거라."

그때 여덟 형제 중 막내동생이 하늘로 올라가 황금화살을 취하고, 거기서 황금말뚝(북극성)이 되었다. 나머지 일곱 형제가 뒤쫓아 하늘로 올라가 일곱 보르항(일곱 신불 곧 북두칠성)이 되었다. 북두칠성이 북극성 주위를 돌고 있는 것은 일곱 형제가 동생 주변을 돌고 있기 때문이라고 한다.

18. 흰 주둥이의 두 살배기 송아지

돌론 보르항(일곱 신불 곧 북두칠성)은 원래 흰 주둥이의 두 살배기 송아지였

---

35)갑자기 내용이 바뀌어 어색하다. 원문대로 번역해 놓았다.

다. 먼 옛날 어떤 노부부에게 암소 단 한 마리가 있었다.

어느 날 할아버지가 할머니에게 말했다.

"이제 여름도 되었고 하니, 암소를 황소에게 보내 교미시켰으면 좋겠소."

그러나 할아버지는 황소를 찾아 헤매다가 지쳐서 그만 자신이 황소의 역할을 대신했다. 그후 암소가 송아지를 낳았는데, 놀랍게도 몸통은 사람이고 궁둥이에 긴 꼬리가 달린 소 같은 괴상한 것을 낳았다. 할아버지는 기겁하여 송아지를 활로 쏘아 죽이려 했다.

그러자 송아지가 애원했다.

"제발 저를 죽이지 마십시오. 제가 자라서 아버지를 돕겠습니다."

"너, 무슨 짐승이냐?"

"저는 흰 주둥이의 두 살배기 송아지입니다."

그러던 어느 날 숲속에서 풀을 뜯고 있던 두 살배기 송아지는 저쪽에 한 사람이 앉아 있는 것을 보았다. 두 살배기 송아지가 그에게 다가가 누구인지 물었다.

"나는 오이 투를테이 델게르(숲 태생의 델게르)라 한다."

"자, 네 이름을 말하고 나와 알게 되었으므로 함께 가자."

그리하여 두 살배기 송아지는 그를 데리고 함께 길을 떠났다. 도중에 그들은 또 다른 사람을 만났다. 그 사람은 모동 투를테이 델게르(나무 태생의 델게르)라고 했다. 이렇게 셋이 함께 길을 가는데, 이번에는 푸른 바위 위에 푸른 얼굴을 가진 사람이 앉아 있었다. 그의 이름은 테브싱 투를테이 델게르(桶 태생의 델게르)라고 했다. 푸른 얼굴의 테브싱 투를테이 델게르가 산 너머 주인 없는 집 하나를 발견했다. 그 집은 물건으로 가득 차 있었다. 흰 주둥이의 두 살배기 송아지가 신구들에게 말했다.

"이 집은 보르항이 우리에게 주신 것이다. 그러니 여기서 살도록 하자."

이렇게 하여 그들은 그곳에서 정착하여 살게 되었다. 그러던 어느 날 두 살배기 송아지가 나머지 사람들에게 말했다.

"우리는 보르항이 내려 주신 집과 준비된 물건으로 지금까지 행복하게 살고 있다. 그러나 물건들이 없어지기 전에, 사냥하여 물긴을 모아 누도록 하자. 한 사람이 집을 지키고, 나머지는 사냥하러 가자."

그리하여 오이 델게르만 집에 남기로 하고 나머지는 사냥하러 갔다. 이렇게 오이 델게르가 홀로 집을 지키고 있는데, 많은 물건을 짊어진 노파가 집으로 찾아왔다.

"어디서 온 녀석인데 남의 집에 몰래 와 살고 있는 거냐. 어쨌든 배가 고프니 먹고 마실 것을 내놔라!"

오이 델게르가 솥뚜껑을 열고 친구들에게 주려고 준비한 음식을 그에게 주었다. 그런데 노파가 음식을 모두 먹어 치우고 가 버렸다. 오이 델게르는 무섭기도 하고 몹시 부끄러워서, 이 일을 친구들에게 숨기기로 작정했다. 그리하여 땅에 말발굽 자취를 내놓고, 여기저기 화살을 쏘아 놓았다. 이윽고 친구들이 돌아와 음식을 먹으려고 하자, 오이 델게르가 말했다.

"많은 병사들이 들이닥쳐 음식을 죄다 먹어 치웠다. 내가 화살이 다할 때까지 싸워 병사들을 쫓아보냈다. 그대들이 믿지 못하겠다면, 저쪽에 있는 말 발자국과 화살들을 보아라."

친구들은 그 말을 믿었다. 다음날엔 모동 델게르가 집에 남기로 하고 나머지 사람들은 모두 사냥을 떠났다. 그런데 이날도 무섭게 생긴 노파가 와서 솥에 든 음식을 모두 먹어 치운 후 가 버렸다. 모동 델게르 역시 이 일을 부끄러워하고, 노새 발굽을 구하여 자취를 남겼다. 이윽고 친구들이 돌아와 음식을 먹으려고 했지만, 솥이 텅 비어 있었다. 그 역시 군사들이 몰려와 먹어 버렸다고 거짓말을 했다. 친구들은 그의 말을 믿었다. 다음날이 되자 이번에는 테브싱 델게르가 집에 남았다. 이날도 마찬가지로 어제와 똑같은 일이 벌어졌다. 테브싱 델게르는 야크(고산지대에 사는 소)의 발굽을 구해다가 자국을 냈다. 네 번째 되던 날은 흰 주둥이의 두 살배기 송아지가 집을 지키게 되었다. 그가 솥 가득히 음식을 장만해 두고 앉아 있는데, 등에 많은 짐을 진 한 노파가 집에 나타났다. 두 살배기 송아지가 '내 친구들이 설마 이 노파를 대군이라고 하지는 않았겠지'라고 생각하고 있을 때, 노파는 그에게 음식을 달라고 했다.

"나는 내 친구들에게 주려고 음식과 차를 준비하고 있소. 당신은 물을 길어 오시오. 그러면 내가 음식을 해 드리리다."

그렇게 말하고 두 살배기 송아지는 노파에게 구멍난 물동이를 주었다. 노파가 물 뜨러 간 사이에, 두 살배기 송아지는 그녀의 짐을 풀어 보았다. 짐 속에서 쇠올가미, 쇠망치, 쇠하브초르(집게 등 무언가를 조이는 도구)가 나왔다. 그는 그 물건을 자기가 챙기고, 그 대신 나무올가미, 나무망치, 나무하브초르를 넣어 두었다. 노파는 빈 물동이를 갖고 와서 이렇게 말했다.

"이 간교한 놈! 나에게 구멍난 물동이를 주어 보냈구나. 자, 우리 둘이 힘을 겨루어 보자꾸나."

두 살배기 송아지는 노파의 제의를 흔쾌히 받아들였다.

"어떻게 겨루느냐?"

"내가 먼저 너를 끈으로 묶고 때리겠다. 다음에 네가 나를 묶고 때려라."

이렇게 하여 노파가 흰 주둥이의 두 살배기 송아지를 나무하브초르로 조이고, 나무망치로 때렸다. 이번에는 송아지가 노파를 때릴 차례가 되었다. 송아지는 저쪽에 숨겨 두었던 쇠올무로 그녀를 묶고, 쇠하브초르로 조이고, 쇠망치로 때렸다. 한 번 때리고 두 번 때리려 하자, 노파는 쇠올무를 끊고 피를 흘리며 도망갔다. 그 무렵 친구들이 돌아왔다. 두 살배기 송아지가 말했다.

"지금까지 우리는 서로를 속이고 지냈다. 그대들이 대군이라고 한 노파가 오늘도 왔다. 내가 그녀를 두들겨 상처를 입혔지만 그만 놓치고 말았다. 그녀는 피를 흘리며 달아났다. 지금 핏자국을 따라 쫓아가자."

이렇게 해서 두 살배기 송아지는 활, 화살을 메고 동무들을 데리고, 핏자국을 추적해 갔다. 핏자국은 가파르고 높은 바위산 꼭대기까지 나 있었는데, 그곳에는 구멍이 하나 보였다. 구멍 안에는 갖가지 물건과 보석이 있고, 그 가운데에 노파의 시체가 있었다. 두 살배기 송아지가 말했다.

"아래로 내려가 저 물건들을 가져와야 한다."

그러나 나머지 세 사람들은 무서워 아무 말도 하지 않았다.

"그러면 내가 내 몸을 올무로 묶고 아래로 내려가겠다. 내가 물건을 집고 소리치면, 너희들이 줄을 당겨 나를 끌어내라."

이렇게 하여 두 살배기 송아지는 구멍 밑바닥으로 내려갔다. 그는 거기에 있는 물건을 모두 쓸어모으고, 끈을 잡아 당겨 동무들에게 나간다는 신호를 하고 외쳤다. 하지만 구멍 밖에 기다리고 있던 사람들은 다른 생각을 하고 있었다.

"이 두 살배기 송아지는 우리보다 힘이 세고 영리하다. 그러니 언젠가는 우리를 모두 죽이고 물건을 죄다 빼앗을 것이다. 그러므로 그를 구멍 밑바닥에 팽개쳐 버리면, 우리는 그 집에서 편히 살 수 있다."

이렇게 하여 그들은 마음씨 착한 두 살배기 송아지를 구덩이 밑바닥에 버려둔 채 떠나 버리고 말았다. 구멍 밑바닥에는 가축의 턱뼈 세 개 말고는 아무것도 없었다. 두 살배기 송아지는 그 세 개의 턱뼈를 가루로 만들고, 오줌으로 반죽하여 보르항(불상) 세 개를 만들어 바닥에 놓고 기도했다.

"살아 계신다면 구멍 밑바닥에 나무 세 그루를 자라게 해 주십시오."

이렇게 기도하고 노파의 시체를 베개삼아 잠이 들었다. 삼 년 동안 잠자고 깨어나니, 세 그루 아름다운 나무가 자라나 있었다. 송아지는 나뭇가지를 타고 올라가 구멍을 빠져 나와 예전의 집으로 달려갔다. 집에 도착해 보니, 집에 세 명의 여자가 있었다. 두 살배기 송아지가 물었다.

"당신들은 누구요?"

"우리는 오이 델게르, 모동 델게르, 테브싱 델게르 삼형제의 아내입니다."

"그들은 지금 어디에 있습니까?"

"사냥나갔습니다."

이 말을 들은 두 살배기 송아지는 그들을 기다렸다가 죽여 버리려고 밖으로 나갔다. 드디어 그들이 나타났다. 두 살배기 송아지가 막 활시위를 당겨 쏘려고 하자 세 사람이 살려 달라고 간청했다.

"우리는 그대에게 천번 만번 잘못했다. 집, 물건, 아내 모두 그대가 가져라. 우리는 여기서 떠나겠다. 그저 목숨만 살려 다오."

이때 두 살배기 송아지는 밟은 자리에서 금화金花가 피어난 한 아이의 발자국을 발견했다. 송아지는 그들을 향해 말했다.

"그렇게 무서워 당황할 것 없다. 집에 돌아가거라. 아내에게 가거라! 나는 이 아이를 뒤따라가겠다."

송아지는 아이의 발자국을 따라가다가 하늘로 올라가 하늘의 흰 왕白王의 대전大殿으로 들어갔다. 두 살배기 송아지가 대전에 들어서자, 대왕과 원로들이 피곤하고 지친 모습으로 앉아 있었다. 두 살배기 송아지가 대왕에게 인사를 하자, 대왕이 입을 열었다.

"나는 하늘의 대왕이다. 너는 나를 잘 알고 있으렷다. 너는 사람을 돕고 다니는 선량한 용사다. 그럼에도 사람들은 너에게 몹쓸 짓을 했다. 나는 매일 솔마스(악령) 대왕과 싸우고 있다. 지금 우리는 황소의 모습을 하고 싸운다. 나는 흰 황소다. 오전에는 내가 솔마스 대왕을 이기지만, 오후에는 솔마스 대왕이 나를 이긴다. 너는 나를 도와 솔마스의 이마 가운데 있는 달처럼 생긴 흰 반점을 활로 쏘아라. 이렇게 나를 도우면, 너에게 좋은 일이 생길 것이다. 그렇지 않으면 물론 좋지 않은 일이 생길 것이다."

두 살배기 송아지는 대왕이 말한 대로 오후에 솔마스 대왕의 이마에 있는 흰 반점을 활로 쏘아 쓰러뜨렸다. 대왕이 송아지에게 치하를 보냈다.

"너는 나를 크게 도왔다. 내 곁에 있으면서 감로甘露를 마시며 살도록 하라."

"저는 여기에 있을 수 없습니다. 저에게는 늙은 아버지가 있습니다. 꼭 그에게 가야 합니다."

"그렇다면 할 수 없지. 가도 된다. 네가 어려울 때, 내가 돕겠다. 그러나 너는 이곳을 떠나 솔마스 궁전으로 가 그를 죽이고 가야 한다. 그곳에 가면 버썬 노파가 있을 것이다. 그녀에게 네가 의사라고 말하면 너를 솔마스 대왕의 궁전으로 들여보낼 것이다. 궁전에 들어서자마자, 즉시 솔마스 대왕을 죽여야 한다.

노파는 너를 들여보내고 세 겹의 쇠문鐵門을 채울 것이다. 하지만 걱정하지 않아도 된다. 우리가 천정 구멍으로 쇠사슬을 넣어 너를 끌어내겠다."

두 살배기 송아지는 그들이 일러 준 대로 숄마스 대왕의 궁전 문 앞에 도착했다. 그러자 어떤 노파가 그를 쫓아냈다.

"나는 의사입니다."

그러자 곧 바로 그를 안으로 들여보냈다. 숄마스 대왕은 송아지가 들어오자, 의사가 왔다고 생각하고 그에게 말했다.

"나는 하늘의 흰 왕白王과 몇 년 동안 싸웠다. 그는 나를 이기지 못했다. 그러나 어떤 용사가 그를 도와 나에게 상처를 입혔다. 나를 치료할 수 있느냐?"

송아지는 상처를 여기저기 진찰하는 척 하다가 숄마스 대왕의 머리 부분에 화살 하나를 몰래 집어 넣어 관자놀이를 찔러 죽였다. 그리고 나서 궁전 밖으로 나가려고 했지만, 모든 문이 닫혀 있어 나가지 못하고 있는데, 하늘에서 쇠사슬이 내려왔다. 두 살배기 송아지는 쇠줄을 붙잡고 하늘로 올라갔다. 그때 숄마스 대왕의 노파가 이를 보고, 가죽을 무두질하는 도구로 두 살배기 송아지를 내려치자 송아지는 일곱 조각이 났다. 하늘의 흰 왕은 한 조각도 땅에 떨어뜨리지 않고, 이를 모두 하늘로 가져와 하늘의 돌론 보르항(일곱 신불 곧 북두칠성)으로 만들었다.

19. 마법의 시체 이야기

먼 옛날에 어느 하천 상류에 한 남자가 살고 있었다. 그는 암소 한 마리 외에 아무것도 가진 것이 없었다. 암소가 교미할 때가 되었지만, 어디에서도 황소를 구하지 못했다. 그는 비탄에 젖어 마음 졸였다. 그는 암소가 송아지를 낳지 못하면 유지酥脂와 젖술을 얻을 수 없고 굶주림과 목마름에 지쳐 죽을 것이라고 걱정했다. 하지만 황소를 찾을 방도가 없었다. 결국 자신이 황소를 대신하는 것

외에 다른 방법을 찾아내지 못한 그는 스스로 황소 역할을 대신했다. 달이 차서 새끼를 낳을 때가 되어, 그는 암소 옆에 가서 어떤 송아지가 나올까 궁금해 했다. 그러나 암소는 몸통은 사람이고, 머리는 소 모습의 긴 꼬리를 가진 동물을 낳았다. 이를 본 남자는 화가 치밀어, 그 자리에서 당장 암소가 낳은 새끼를 활로 쏘아 죽이려고 했다.

이때 송아지가 말했다.

"제발 저를 죽이지 마십시오. 이 은혜는 꼭 갚겠습니다."

이렇게 해서 무사히 살아 남은 송아지 야로바[36]는 풀밭으로 갔다. 그는 나무 밑동에서 검은 사람黑人을 만났다.

"너는 누구냐?"

"나그제다르보다. 야로바! 어디 가느냐? 나와 동무하자."

이렇게 하여 둘은 친구가 되어 함께 길을 떠났다. 그러다가 일행은 풀밭에서 푸른 사람靑人과 마주쳤다.

"너 누구냐?"

"나는 베그제다르보다. 나와 동무하자."

이렇게 하여 셋이 되어 함께 길을 떠났다. 그들 일행은 높은 수정산水晶山에 이르렀다. 거기에는 흰 사람이 있었다.

"너는 누구냐?"

"나는 살제다르보다. 나와 동무하자."

이제는 넷이 되어 함께 길을 가다가, 큰 냇가에 이르렀다. 그곳엔 아무것도 없고 단지 산 사이에 작은 집이 한 채 있었다. 집안으로 들어가자 먹을 것과 마실 것이 준비되어 있었고, 밖에는 하이낙(야크와 보통 소의 잡종) 등 가축도 있었다. 주인은 없었다. 그들은 거기에 살면서, 세 사람이 교대로 사냥 나가고, 한 사람이 집을 지켰다.

---

36)티베트의 마법(魔法)의 시체 이야기(僵屍說話)에서 '송아지 머리의 마상 야로 하다' (byaruun tergüüt masan yar hada)라 명명한 것을 보면 '야로바' (yaruba)는 이를 축약한 말로 보인다.〈저자 주〉

어느 날 나그제다르보가 집에 남아 타락(진한 요구르트)을 개고, 고기를 삶고 있는데, 문이 흔들리고 무언가 계단으로 윙윙거리며 달려오는 소리가 났다. 누굴까 하고 있던 차에, 한 뼘 몸통에 소똥만 한 짐을 진 노파가 와서 들어서더니 말했다.

"애야, 너 고기 삶았지. 타락과 고기 좀 맛보자."

나그제다르보는 맛보일 생각에 약간 떼어 주려고 했지만 순식간에 음식이 모두 바닥나고 말았다. 타락과 유지(乳脂)가 모두 바닥나 버려 친구들에게 줄 음식이 없어지자, 그는 이를 부끄럽게 생각하고, 창고를 죄다 뒤져 말발굽 두 개를 구해 그것으로 집 주위에 표시를 해 놓고, 집에 자신의 화살을 쏘아 놓았다. 얼마 후, 사냥 나간 사람들이 와서, 타락과 유지, 고기가 다 어디 갔느냐 묻자 나그제다르보가 말했다.

"오늘 백 사람이 말을 타고 와서, 집 주위를 돌면서 활을 쏘고, 나를 꼼짝 못하게 하고 타락과 고기를 모두 먹어 치워 버렸다. 정 못 믿겠으면 너희들이 밖에 나가 직접 확인해 보아라."

그들은 밖에 나가 여기저기에 말 발자국이 있고 집에 화살 맞은 자국이 있는 것을 보고, 그의 말이 사실이라고 믿었다. 다음날엔, 베그제다르보가 집에 남았는데, 역시 어제와 똑같은 상황이 벌어졌다. 그는 소 발굽 두 개로 집 밖에 표시를 해 놓고는 소를 군대가 쫓아냈다고 거짓말을 했다.

또 다음날엔 살제다르보가 집에 있다가, 이전과 똑같은 일이 벌어졌다. 그는 노새 발굽 두 개로 집 주위에 표시를 해 놓고 백 사람이 노새를 타고 와 자기를 쫓아냈다고 친구들을 속였다.

다음날엔 야로바가 집을 지킬 차례가 되었다. 여느 날처럼 똑같이 노파가 와서 말했다.

"오늘은 자네가 집에 있구먼. 타락, 유지, 고기를 좀 맛보자."

그는 직감적으로 세 사람이 집에 있을 때 이런 일이 벌어졌구나 하고 생각했다. 그는 음식을 주면 무슨 일이 일어날지 모른다고 생각하고, 노파에게 음식을 주기 전에 물을 길어 오라고 심부름을 보내면서 바닥에 구멍이 난 물동이를 노파에게 주었다.

노파가 물을 뜨러 간 사이에 창 구멍으로 살펴보니, 한 뼘밖에 안 되는 노파는 하늘까지 닿을 만큼 커다란 사람으로 변했다. 얼마 후 노파가 물동이에 물을 길어 왔지만, 물이 도중에 새 나갔기 때문에, 다시 물을 뜨러 갔다. 그 사이에 야로바는 노파의 짐을 열어 보았다. 거기엔 힘줄로 만든 끈, 쇠망치, 쇠펜치가 있었다. 그 모두를 자기의 낡은 끈, 나무망치, 나무펜치와 바꿔 놓았다. 잠시 후 노파가 돌아와서는 화를 내며 말했다.

"감히 구멍난 물동이를 주다니. 우리 중 누가 더 강한지 겨루어 보자."

노파가 야로바를 묶었다. 하지만 야로바가 살짝 움직이자 끈이 조각나 버렸다. 이번에는 노파를 끈으로 묶자 그녀는 꼼짝하지 못했다. 이윽고 노파가 다시 한 번 내기를 하자고 했다.

"이번에는 네가 이겼다. 다시 펜치로 겨루어 보자."

그리고는 나무펜치로 야로바의 가슴을 조였지만, 야로바는 아무렇지도 않았다. 다음엔 노파의 가슴을 쇠펜치로 조이고 잡아당기자, 노파는 고통 때문에 비명을 질렀다.

"꽤 힘이 센 놈이구나. 자, 이제 때리기로 겨루어 보자."

그리고는 노파가 야로바의 가슴을 나무망치로 때렸지만, 그는 역시 아무렇지도 않았다. 그 다음 야로바가 쇠망치로 노파의 머리를 내려치자 그녀는 피를 흘리며 계단을 뛰어내려 도망쳤다. 사냥 나간 세 친구가 돌아오자 야로바는 그들에게 말했다.

"몹쓸 거렁뱅이들, 너희들은 거짓말이나 하는 남자 자격이 없는 놈들이다. 내가 노파를 처치했다. 자, 이제 그녀의 시체를 찾아보자."

핏자국을 따라가던 그들은 엄청나게 큰 바위의 틈새로 난 구멍 밑바닥에 노파의 시체와 갑옷, 금, 옥석玉石 등 갖가지 물건이 있는 것을 보았다. 즉시 야로바가 말했다.

"너희 세 사람이 저 밑으로 내려가 물건을 끈으로 묶어 위로 올려 보내라. 그러면 내가 끌어당기겠다. 그렇지 않으면 내가 들어가고 너희 세 사람이 끌어낭겨라."

"엠겡 숄마스(노파 악령)가 있어서 우리들은 들어가지 못한다."

그들이 그렇게 무서워하자 하는 수 없이 야로바가 줄을 타고 내려가, 물건을 모두 위로 올려 보냈다. 그러나 구멍 밖에 있던 세 사람은 나쁜 마음을 품고 있었다.

"야로바가 나오면 그가 물건을 모두 취할 것이다. 그러지 말고 우리 세 사람이 나누어 갖도록 하자."

이렇게 하고서 그들은 야로바를 끌어올려 주지 않고 가 버렸다. 야로바는 혼자 구멍 밑바닥에 남게 되었다. 그곳에서 그는 마음속으로 그들이 나에게 매우 나쁜 짓을 했다, 이제 죽을 수밖에 다른 방도가 없다, 이 구멍에서 무엇을 구해 먹지? 하고 찾아 헤매다가, 살구씨 세 개를 발견했다. 그는 이것을 땅에 묻고 오줌으로 물을 주고 기원했다.

"내가 모든 것을 아는 야로바라면 잠에서 깨어날 때, 이 살구씨가 세 그루 나무가 되어 자랄지어다. 그렇지 않으면 죽을지어다."

야로바는 노파의 시체를 베개삼아 잠을 잤다. 더러운 시체 때문에, 그는 수년 동안 깊은 잠에 빠졌다. 잠에서 깨어나니, 살구나무가 바위 구멍 입구까지 자라나 있었다. 이를 보고 기쁜 마음으로 구멍에서 나와 이전의 집으로 갔지만, 거기엔 아무것도 없고 자기의 쇠활과 화살만이 있었다. 그것을 가지고 더 가 보니, 세 동무는 이층집을 짓고, 아내들과 함께 살고 있었다. 세 명의 아내에게 물으니 옛 친구들은 사슴을 잡으러 갔다고 했다. 쇠활과 화살을 메고 야로바는 그들을 찾아 나섰다. 마침내 그들이 사슴을 가지고 오는 것을 보고 활을 쏘려고 하자 세 사람은 살려 달라고 간청했다.

"네가 옳다. 이제 오늘부터 세 여자와 집은 네 것이다. 우리는 다른 나라로 가겠다."

"너희 세 사람이 한 짓은 나쁜 짓이지만 그럴 필요까지는 없다. 나는 아버지 은혜를 갚아야 한다. 너희들은 이전처럼 살거라."

그렇게 말하고 야로바는 길을 떠났다. 길을 가던 중 어떤 어여쁜 소녀가 우물에서 물을 뜨고 있을 때, 그녀가 밟은 곳에서 꽃이 자라나는 것을 보고, 놀랍고 신기하여 그녀를 뒤따라가다 텡게르들이 거처하는 곳까지 가게 되었다. 그곳에서 호르마스트 텡게르(최고의 천신)가 말했다.

"너, 마침 잘 왔다. 나는 매일 하르 숄마스(검은 악령)와 싸우고 있다. 내일 한번 직접 눈으로 확인해 보아라. 내일 아침에 흰 황소가 검은 황소를 쫓는다. 저녁에는 검은 황소가 흰 황소를 쫓는다. 흰 황소가 텡게르이고 검은 황소는 숄마스다. 저녁에 검은 황소가 우리를 해치러 올 때, 너는 쇠화살로 검은 황소의 이마의 광채를 쏘아 맞춰야 한다."

다음날 정말 싸움이 벌어졌다. 그는 호르마스트가 말한 대로 검은 황소의 이마에 화살을 쏘았다. 검은 황소는 이마에 화살을 맞고 도망가 버렸다. 호르마스트 텡게르는 매우 기뻐하며 평생토록 그곳에서 살도록 해 주었다. 하지만 야로바가 거절하며 말했다.

"저는 아버지 은혜를 갚아야 합니다."

야로바가 텡게르들로부터 상으로 보석을 받아 떠나려 할 때, 호르마스트가 당부했다.

"가는 도중에 졸다가 실수로 숄마스의 대문에 이르면, 돌아서 갈 수 없다. 대문을 두드려 누구냐고 하면, 의사라고 해라. 그리고 부상당한 숄마스 대왕을 보면, 이마에 박힌 화살을 빼내겠다고 꾸며 대고, 보리씨 일곱 개를 그 위에 뿌리고, 화살을 머리에 밀어 넣어 죽여라."

그곳을 떠나자 호르마스트가 말한 상황이 벌어지고, 야로바는 길을 잃고 헤매다 숄마스의 대문에 다다랐다. 대문을 두드리자 입에서 불이 작열하는 숄마스의 부인이 나타났다.

"너! 무엇 하는 놈이냐?"

"나는 의사입니다."

"그렇다면 안으로 들어오너라."

그녀는 화살에 맞은 숄마스 대왕을 보여 주었다. 야로바는 화살을 빼내는 척하다가 화살을 머리에 확실히 박아 넣고, 그 위에 보리씨를 뿌렸다. 그 순간 하늘에서 쇠사슬이 와르르 소리를 내며 내려왔다. 그것을 붙잡고 날아가려는 순간, 숄마스 부인이 불에 달군 쇠곤봉으로 야로바를 후려쳤다. 그는 곤봉을 피하지 못하고 일곱 조각이 나고, 지금의 돌론 보르항(일곱 신불 곧 북두칠성)이 되었나.

20. 좀생이별 ①

먼 옛날에 좀생이별이 땅에 있던 시절에 겨울은 없고 뜨거운 더위만 계속되었다. 그때 낙타와 소가 서로 그것을 짓밟아 없애 버리겠다고 했다. 좀생이별이 이 사실을 알고 재灰 속으로 숨어 버렸다. 그리하여 낙타와 소는 '내가 할 수 있다. 내가 할 수 있다'고 하면서 싸우게 되었다.

먼저 낙타가 말했다.

"내가 이 큰 발로 좀생이별을 밟아 버리겠다."

그러자 소가 응수했다.

"내가 딱딱한 발굽으로 좀생이별들을 밟아 없애 버리겠다. 네 발은 너무 부드럽고 두꺼워 그것으로는 좀생이별을 감당할 수 없을 것이다."

그러면서 소가 먼저 달려가 재를 짓밟았다. 그러자 별의 절반은 소 발굽 틈새로 빠져나가 하늘로 올라갔다. 그뒤부터 세상은 가끔 추워지고, 가끔 더워져 여름과 겨울이 교대하게 되었다. 또한 낙타는 지금까지도 좀생이별이 재 속에 있다고 생각하고, 그들을 잡으려고 재만 보면 그 위에 뒹군다.

21. 좀생이별②

좀생이별은 원래 마력을 가진 이 세상의 일곱 사람이었다. 그 중에 매우 훌륭한 명사수가 있었다. 그는 해와 달을 맞추겠다고 맹세하고 활을 쏘았지만, 명중시키지 못하자 몹시 실망하여 엄지손가락을 잘라서 버리고 '맹물을 먹으면 얹혀서 죽고, 마른 풀을 먹으면 목에 걸려 죽을 것이다'고 하면서 타르바가라는 동물이 되었다. 나머지 여섯 사람은 하늘로 올라가 여섯 개의 좀생이별이 되었다. 그 일곱 사람[여섯은 좀생이별, 하나는 타르바가]은 후불데이 메르겡의 일곱 아들이었다.

22. 새벽의 샛별과 좀생이별의 기원

먼 옛날에 젊은이 육형제가 있었다. 그들은 어느 날 각자 사방으로 흩어져 지혜와 마법을 배워 돌아오기로 논의했다. 그들은 삼 년 후에 고향에 돌아와 만나기로 약속하고, 여섯 방향으로 각각 길을 떠났다. 모두가 한 가지의 지혜를 배워 삼 년 후 약속한 장소로 돌아왔지만, 막내동생이 나타나지 않았다. 형들은 서로 각자 무슨 지혜를 배워 왔는가에 대해서 얘기했다. 맨 맏형은 보이지 않는 것을 볼 수 있는 마법을 익혔다고 했다. 둘째는 이 세상 어느 곳에서 일어난 어떤 일과 그 사연을 알 수 있는 능력을 갖추게 되었다고 했다. 셋째는 마음먹은 곳에 자유로이 날아갈 수 있는 마법을 익혔다고 했다. 넷째는 아무리 포악한 적이라도 눈에 띄지 않고, 그 옆을 지나칠 수 있는 마법을 익혔다고 했다. 다섯째는 마음먹고 바라는 모든 것을 모두 실현할 수 있는 마법을 익혔다고 했다.

먼저 맨 큰형이 말했다.

"내 눈에 바깥바다外海 저쪽 대륙에 대왕의 아름다운 선녀와 동무가 되어 지내고 있는 동생 모습이 보인다. 어떻게 동생을 데려오느냐?"

그러자 둘째가 말했다.

"바깥바다 가운데에 있는 섬에는 거대한 뱀이 산다. 우리가 동생을 데려오려면 어쩔 수 없이 그 뱀과 마주친다. 그 뱀은 바다 위를 지나는 모든 것을 집어삼키는 무서운 동물이다. 이를 헤쳐 나갈 수만 있다면, 우리는 동생을 구해 올 수 있다."

그러자 셋째형이 말했다.

"우리가 독사에게 잡아먹히지 않고 거기에 다다를 수만 있다면, 내가 그리로 데려다 주겠다. 서로 옆 사람의 옷자락을 붙잡아라."

그러자 넷째가 말했다.

"독사 문제는 내가 해결하겠다."

이번에는 다섯째가 말했다.

"나는 동생이 오면 그가 원하는 것을 해결해 줄 수 있다."

그리하여 오형제가 동생을 데리러 바깥바다 위를 날아 가고 있을 때, 회오리바람이 크게 일어나고, 독사가 탐욕스럽게 삼키려고 했지만, 그들은 무사히 바다를 건널 수 있었다. 이렇게 하여 형제들은 아름다운 선녀와 함께 동생을 고향으로 데려오고 모두 기뻐했다. 다섯째가 옷가지, 가축, 먹을 것 등 동생이 원하고 바라는 모든 것을 준비해 주었다. 그 다음 여섯 명의 형제들은 그 아름다운 여인을 누구의 아내로 할 것인지에 대해 의논했다. 먼저 막내동생이 주장했다.

"내가 이 여인을 처음으로 만났다. 그러므로 내가 취하겠다."

그러자 나머지 형제들이 앞다투어 권리를 주장했다.

"집, 가축과 재산, 기타 가재도구 등을 부족하지 않도록 준비한 사람은 바로 나다. 그러므로 내가 취하겠다."

"만약 내가 없었다면 모두 독사에게 잡아먹혔을 것이다. 그런 공로로 보아 내가 취해야 한다."

"만약 내가 없었다면 어떻게 바깥바다 저쪽에 갔다 올 수 있었겠는가. 데려다주고 데려온 것은 바로 나다. 그러므로 내가 취하겠다."

"동생이 어디에 있는지 등등 동생에 관한 모든 것은 내가 알아냈다. 그러므로 내가 취하겠다."

그러자 형제들이 다투는 것을 본 선녀가 말했다.

"그러지 말고 우리 모두 하늘로 올라가 별이 됩시다. 나는 새벽의 밝은 별(샛별)이 되겠습니다. 여러분들은 좀생이별이 되십시오. 우리들은 서로 일년에 한 번 멀리서 바라보면서 지냅시다."

이렇게 하여 선녀는 새벽의 밝은 별이 되고, 육형제는 선녀가 말한 대로 좀생이별이 되었다. 이처럼 선녀와 육형제가 서로 바라보는 것을 새벽의 밝은 별과 좀생이별이 만난다고 한다.

23. 샛별과 북두칠성

후흐 후흘이라는 빈털터리가 있었다. 그가 사는 마을에는 큰 부자도 있었다. 어느 날 마이다르 게겡(미륵광명 곧 미륵불)이 흰 낙타 두 마리를 이끌고 부잣집에 나타났다. 그런데 부자는 그에게 먹을 것도 주지 않고 빈손으로 내보냈다. 마이다르 게겡이 후흐 후흘 집으로 가자, 그는 음식을 해 주고 있는 모든 것으로 정성껏 모셨다.

마이다르 게겡은 집을 떠나면서 후흐 후흘에게 말했다.

"나는 '조' [37]라는 곳에 살고 있다. 그리로 나를 찾아 오라."

그뒤 후흐 후흘은 마이다르를 만나러 '조'로 가는 도중에, 어떤 스님을 만났다. 스님이 그에게 어디로 가며 무엇하러 가느냐고 말을 건넸다.

"나는 '조'로 마이다르를 만나러 가는 길입니다."

---

37)조(Zuu): 티베트어(jo po: 漢譯은 大김寺, 小김寺의 김)에서 차용한 말로 부처님, 사원을 뜻한다. 몽골인들은 보통 티베트 불교의 본산인 라싸(Lhasa)를 '서쪽의 조' (Baruun Zuu) 또는 '서방' (Baruun gazar)이라고 한다.

"그렇다면 그에게 한 가지만 물어봐 달라! 나는 여태껏 명상을 하면서 살았다. 이를 끝내면 무엇이 되는가? 이것을 물어보고 오너라!"

후흐 후흘은 계속 길을 가다가, 이번에는 다른 스님을 만났다. 마이다르 게겡을 만나러 간다고 하자, 그 역시 후흐 후흘에게 한 가지 부탁을 전해 주었다.

"그에게 한 가지만 물어봐 달라. 내가 이 명상을 끝내고 무엇이 되는지 말이다."

얼마 후 후흐 후흘은 마이다르 게겡이 있는 곳에 도착했다.

"그대가 왔구먼. 무엇이 필요한가?"

"나는 당신을 만나러 오는 길에 두 분의 스님을 만났습니다. 그런데 그들이 이러 저러한 것을 알아 오라고 했습니다."

그러자 마이다르 게겡이 상자를 가리키며 말했다.

"저, 아래 상자를 열어 보아라."

후흐 후흘이 그가 말한 대로 상자를 열어 보니, 상자에는 벌레가 가득 차 있었다. 이번에는 가운데 상자를 열어 보라고 하여 그렇게 하니, 새 한 마리가 막 날아가려고 날개를 퍼덕이고 있었다. 다시 위쪽에 있는 상자를 열어 보라고 하여 그렇게 하니, 그 안에 흰 돌과 흰 허리띠가 있었다. 마이다르 게겡이 후흐 후흘에게 그것을 주면서 말했다.

"이것을 가지고 돌아가서 베개삼아 잠을 자거라."

흰 돌과 흰 허리띠를 받은 후 후흐 후흘은 다시 길을 떠나게 되었다. 그는 집으로 돌아오는 길에 첫번째 명상가 스님을 만났다. 그가 후흐 후흘에게 마이다르 게겡이 나에게 무어라고 했느냐고 묻자, 후흐 후흘이 대답했다.

"당신은 탐욕에 병들었습니다. 명상이 끝나면 벌레가 될 것입니다."

이 말을 전해 들은 스님은 바다에 빠져 죽었다. 계속 길을 가다가 두 번째 스님을 만났다. 후흐 후흘은 그의 질문에 대답해 주었다.

"당신은 새처럼 자유롭게 하늘을 날 수 있을 것입니다."

그러자 스님은 매우 기뻐했다. 이렇게 스님과 헤어지고 집에 돌아온 후흐 후

흙은 흰 돌과 흰 허리띠를 베개삼아 잠을 잤다. 그뒤 그는 인근에서 볼 수 없는 좋은 집을 가진 부자가 되었다. 그러자 이 사실을 알게 된 대왕은 빈털터리 가난뱅이 후흐 후흘이 어떻게 하여 이처럼 큰 부자가 되었는지 의심하면서, 그를 붙잡아 쇠틀에 가두어 버렸다. 그러나 새처럼 나는 마법의 명상가가, 이 사실을 알고 꾀 많은 육형제를 데리고 와서 후흐 후흘을 쇠틀에서 꺼내 주고는 그에게 말했다.

"우리 이 세상에 살지 말고, 하늘로 올라가 살자."

그리하여 그들은 하늘로 올라가 후흐 후흘은 새벽의 밝은 별(샛별)이 되고, 나머지 일곱 사람은 일곱 보르항(일곱 신불 곧 북두칠성)이 되었다고 한다.

24. 좀생이별③

옛날에 조그마한 산봉우리에 사는 고아 여섯 형제가 있었다. 그러던 어느 날 형이 동생들에게 제안했다.

"우리 사방으로 흩어져 지혜를 배운 뒤 돌아오도록 하자."

그리하여 떠날 때가 되어, 형제들은 조그마한 봉우리에 각각 나무 한 그루씩 심고, 사방으로 흩어졌다. 막내동생은 남쪽을 향해 뛰어가다가, 어느 황금집 밖에 황금선녀가 있는 것을 보고, 집쪽으로 가서, 그녀를 쳐다보고 있다가 밖에서 잠들어 버렸다. 그는 황금선녀가 나가도 함께, 집으로 들어가도 함께 있게 되었다. 그러던 어느 날 선녀가 그에게 말했다.

"우리 아버지가 하늘에서 내려와 남쪽의 황금우물에서 말에게 물을 먹일 것입니다. 그때 당신은 그리로 가서 아버지께 인사드리고 오십시오."

그렇게 말하고 그를 아버지에게로 보냈다. 하지만 막내동생은 잠시 후 선녀가 있는 곳으로 되돌아왔다.

"당신을 보고 싶어 이렇게 다시 되돌아왔소."

"나를 보고 싶거든 이 그림을 보십시오. 그러나 그림을 버리거나 잃어버리면 안 됩니다."

선녀는 이렇게 당부하고 그를 다시 되돌려보냈다. 그러나 아들은 곧 통곡하면서 왔다. 선녀가 무슨 일이냐고 묻자 막내동생이 말했다.

"당신이 준 그림을 그만 회오리바람에 날려 버렸소."

바람에 날아간 선녀의 그림은 멀리 망가스 대왕의 나라로 갔다. 망가스 대왕은 그림 속의 아름다운 여인을 본 순간 그녀를 자기의 아내로 삼겠다고 결심했나. 그리하여 망가스 대왕은 선녀가 있는 곳을 수소문하여 막내를 죽이고, 황금선녀를 데리고 가 버렸다. 그때 막내동생을 제외한 나머지 형제들은 약속한 때에, 조그마한 봉우리에 모였다. 그들이 보니 어찌된 일인지 막내동생의 나무는 땅에 쓰러져 죽어 있었다.

다섯 형제는 각각 무엇을 배웠는지 서로에게 들려주었다. 형제들은 각각 죽은 자에게 생명을 주고 말 못하는 것을 말하게 하는 능력, 소리내지 못한 것에 소리를 주고, 숨겨진 것을 볼 수 있고, 아름다운 조각을 하고, 다섯 가지 물감을 구분하여 그림을 그리는 기술을 익혔다고 했다. 그리하여 숨겨진 것을 볼 수 있는 형이 바라보니 동생은 이미 죽어 있었다. 다섯 형제는 동생에게 가서, 죽은 자에게 생명을 불어넣는 형이 동생을 깨워 어떻게 된 일인지 물었다.

"나는 아무것도 배우지 않고, 황금선녀 옆에 있었다. 어느 날 선녀의 그림이 바람에 날아가 버렸다. 망가스 대왕이 그 그림을 발견하고, 나를 죽이고, 황금선녀를 데리고 갔다."

조각을 하는 형이 나무로 새를 만들고, 칠쟁이 형이 멋지게 색칠하고, 말 못하는 것을 말을 하게 하는 형이 휘파람새의 아름다운 소리를 주어, 육형제는 나무 새를 타고 망가스 대왕에게 갔다. 아름다운 새를 발견한 선녀는 그 새를 갖고 싶었다. 그리하여 망가스 대왕의 부하가 새를 잡으려고 했지만 붙잡지 못했다. 그런데 황금선녀가 가까이 가자 새는 놀라지도 퍼덕이지도 않고 얌전해졌다. 그러자 이를 본 망가스 대왕이 말했다.

"너에게 잡힐지도 모른다. 네가 가서 잡아라."

그리하여 황금선녀가 가까이 가자, 육형제는 그녀를 새에 태우고 날아가 버렸다. 육형제는 황금선녀를 데리고 와 서로 그녀를 취하겠다고 다퉜다. 동생이 맨 먼저 자기가 황금선녀를 처음 만났으므로 같이 살겠다고 하자, 형이 자기가 생명을 불어넣었으므로 그녀와 살겠다고 하고, 조각가 형은 또한 자기가 고운 목소리를 가진 새를 만들었으므로 그녀와 살겠다고 했다. 이 광경을 본 선녀가 말했다.

"은혜를 베풀어 준 당신들 중 누구와 같이 살고 누구와 같지 살지 않겠습니까? 서로 보고 싶을 때 한 달에 한 번씩 서로가 바라보며 살도록 합시다."

이렇게 말하고 그녀는 하늘로 올라가 달이 되었다. 육형제 역시 하늘로 올라가 여섯 개의 좀생이별이 되었다. 그후로 달과 좀생이별은 한 달에 한 번씩 만나게 되었다고 한다.

25. 새벽별이 된 여동생

먼 옛날에 가난한 젊은이가 여동생과 함께 단 둘이 살았다. 오빠는 동생에게 며칠 동안 가축을 매는 줄, 고삐, 말의 발을 묶는 족쇄를 꼬게 하고는 어느 날 밤 그것을 모두 쳐 놓고 잠을 잤다. 아침에 일어나 보니, 간밤에 쳐 놓은 줄 가득히 가축이 매어져 있었다. 동생은 생각했다.

"내가 시집가면 오빠는 나에게 아무것도 주지 않을 것이다."

그리하여 동생은 오빠를 죽이기로 작정했다. 어느 날 오빠가 사냥 나간 뒤에 게르(몽골의 이동식 천막) 밖에 다시 게르를 짓고, 두 게르 사이에 빙 둘러 사람을 세워 놓고 오빠를 숙일 재비를 했다. 그런데 밤이 섭 세르를 사고 들어가 수인을 데리고 도망갔다. 오빠는 말에 타자마자 동생을 낚아채 '빚(부채)'을 지키는 새벽의 밝은 별(샛별)이 되어라' 고 말하고, 그녀를 팽개치고 가 버렸다. 이렇게 하여 가난한 젊은이의 동생은 새벽 하늘에 나타나는 밝은 별이 되었다. 샛별이 새벽에 나타나는 것은 다른 별을 따라잡지 못하고, 가까이서 따라가고 있기 때문이라고 한다(즉 빛을 받기 위해서).

26. 새벽별이 된 며느리

옛날 어느 집에 매우 이여쁜 며느리가 있었다. 어느 날 밤 시아버지가 며느리를 깨워 함께 길을 가게 되었다. 그리하여 시아버지가 앞장서고 며느리가 그뒤를 따라갔다. 그때 달이 나타나자 며느리가 물었다.

"아버님, 저것이 무엇입니까?"

"달이라는 아름다운 것이란다. 이쪽으로 가거라."

동틀 무렵에 시아버지가 뒤돌아보니, 자기를 따라오던 사람은 며느리가 아니고, 자기의 아내였다. 아내가 며느리 옷을 입고 따라왔던 것이다. 그러자 시아버지가 말했다.

"이상한 소리가 들리더라 했더니 당신이었구먼."

이렇게 말하고 시아버지는 아내를 팽개치고 가 버렸다. 이때 며느리는 시아버지로부터 도망쳐 하늘로 올라가 새벽의 샛별이 되었다고 한다.

27. 카시오페이아자리

카시오페이아자리를 사람을 지켜주는 텡게르라고도 하고 사냥의 텡게르라고도 한다. 말하자면 카시오페이아자리는 하늘의 사냥꾼이다. 그래서 카시오페이아자리 위에 나란히 서 있는 세 개의 별을 사냥 동물이라고 한다. 그 위쪽에 나란히 서 있는 별들은 사냥꾼의 화살촉이라고 한다.

노인들의 말에 따르면, 대지에 있는 것이면 무엇이든 하늘에도 존재한다고 한다. 돌론 보르항(북두칠성) 위쪽에는 세 개의 별이 나란히 서 있다. 그 별의 옆에서 흐릿하게 반짝이는 쌍둥이 별을 의사의 별이라고 해서 노인들은 이 별이 아이들을 보호해 준다고 믿고 숭배했다.

Ⅲ 식물

1. 소나무, 잣나무, 마황이 영원히 푸르른 이유

옛날에 선량한 제비 한 마리가 사람들에게 주기 위해 영생불사의 감로甘露[38]를 입에 머금고 날아가고 있었다. 그러나 이 사실을 알게 된 사악한 장수말벌이 날아가는 제비의 옆구리를 찔렀다. 제비는 고통에 못 이겨 비명을 지르고 신음하다가 입에 물고 있던 감로를 쏟아 버리고 말았다. 이 감로가 마침 소나무와 잣나무, 마황 위에 떨어진 덕분에 이 나무들은 영원히 푸른 침엽수가 되었다. 그리고 모든 일을 망쳐 버린 제비는 비통하고 화가 나서 장수말벌의 혀를 뽑아 버렸기 때문에 아름다운 목청을 잃어버린 장수말벌은 그후로 둔탁한 윙윙거리는 소리를 내며 날게 되었다.

2. 전나무, 노간주나무, 마황이 영원히 푸르른 이유

세상에서 가장 귀중하고 신성한 것이 있었는데 그것은 영생불사의 감로였다. 때는 아직 '바깥바다가 아직 진흙으로 철벅거리고, 숨베르산(수미산)이 아직 조

---

38) 뭉힌 아랴상(Mönhiin rashaan)의 번역. 알렉산더가 사자를 보내 동방에서 구하려고 했다는 '영생의 물'과 비슷한 개념으로 '영생의 성수'라 해도 무방하다.

그마한 봉우리이고, 흰 영양이 아직 조그마한 새끼인 시절이었다.' 흰 영양이 이미 1천 년을 살았기 때문에, 다른 동물들도 그와 같이 오래 살기를 원했다.

그 무렵 호르마스트 텡게르(최고의 천신)의 선녀는 항아리에 감로를 담아가지고 바다에 와서 목욕을 하곤 했다. 그러던 어느 날 바다 위를 헤엄치던 백조가 선녀의 눈길을 피해 항아리의 감로를 한 모금 머금고 도망을 쳤다. 선녀는 백조가 감로를 훔쳐갔다고 외치면서 뒤를 쫓기 시작했다. 백조는 산을 넘어 날아가던 중 주둥이가 흰 쥐를 만났다. 쥐가 백조에게 오늘이 몇 일인가를 묻는 말에, 백조는 '나이망(여드레)'이라고 대답하다가 그만 입 속의 물을 전나무, 노간주나무, 마황 위에 쏟아 버렸다.

그후로 이 나무들은 영원히 푸르게 되고, 백조는 1천 년을 살게 되었다. 백조는 '내가 왜 니이멩[39]이라고 말하지 않고, 나이망(여드레)이라 했는가' 하면서 애석해 했다고 한다.

3. 노간주나무가 영원히 푸르른 이유

먼 옛날 미시르라 불리는 고성古城에 솔하르나이라는 1천 살 먹은 사람이 살았다. 하늘에 기원하고 영생불사의 물을 찾던 그가 어느 어두운 동굴 입구에 다다랐을 때, 어떤 사람이 몸을 감춘 채 그릇 가득 물을 부어 주며 일렀다.

"솔하르나이, 너는 하늘이 허락해 3천 년을 살았다. 만약 이 물을 마시면 하늘과 땅이 변하도록 죽지 않고 영원히 살 것이다."

솔하르나이는 이 사실을 동무들에게 말했다. 그들은 이 물을 밖으로 가지고 나가 여러 사람에게 물어보고, 거기서 마시면 어떻겠냐고 했다. 이에 솔하르나

---

39)발음상의 문제이다. 즉 나이망(naiman)은 입을 위 아래로 크게 벌려 발음하고, 니이멩(niimen)은 물을 머금고 입을 다물고 발음할 수 있다. 따라서 '니이멩'이라고 했다면 감로를 쏟지 않았을 거라는 표현이다.

이는 그릇에 든 물을 밖으로 가지고 나가 오래 살게 하는 물을 마셔야 하는지 아닌지에 대해 사람들로부터 자문을 구했다. 그런데 어리 동무들 중 일부는 하늘이 내린 물을 마시는 것이 옳다고 하고, 또 다른 일부는 어떻게 해야 좋을지 모르겠다는 등 의견이 분분했다.

그러던 중 현명한 어떤 사람이 이렇게 말했다.

"만일 이 물을 마시고 하늘과 땅이 변하도록 죽지 않고 오래 산다면 네 친척과 친지들이 모두 죽고 없어진 뒤에 너 혼자 무엇을 하겠느냐? 훗날 너는 이 물을 무엇 때문에 마셨는가 하고 후회하는 날이 올 것이다."

이 말을 들은 솔하르나이는 손에 들고 있던 그릇의 물을 바닥에 쏟아 버렸다. 마침 그 물은 노간주나무 잎에 떨어졌는데, 그후 노간주나무는 여름이나 겨울이나 변하지 않고 항상 푸른빛을 띠게 되었다.

4. 영생의 감로①

보르항 박시는 항상 푸른 나무를 만들기 위한 영생의 감로를 이 세상에 보낼 까치를 선발했다. 까치는 감로를 입에 머금고 날아가다가 영생의 감로가 어떤 효능이 있는지 궁금하여 깃털 위에 그 물을 약간 떨어뜨려 보았다. 검정, 흰색 깃털이 검푸른색으로 변했다. 계속 날아가던 까치는 전나무 위에 앉아 잠시 휴식을 취한 다음 그 위에 감로 한 방울을 떨어뜨렸다. 그러자 전나무가 푸르게 되었다. 또 날아가다가 지쳐 잣나무 위에 앉은 까치가 또 한 방울을 떨어뜨리자 잣나무 역시 푸르게 변했다. 이윽고 허기를 느낀 까치가 마황 골짜기로 내려가 붉은 완두콩을 배가 터지도록 먹은 다음 마황 위에 감로 한 방울을 떨어뜨리자 마황 역시 영원히 푸르게 되었다.

그리고 마지막 남은 약간의 감로는 까치 스스로 삼켰다. 그러나 감로는 뱃속에 다다르지 않고 목구멍에 걸려 영원히 푸른 쓸개가 되고 말았다. 이 때문에 까치의 쓸개는 뱃속이 아닌 목구멍에 생기게 되었다. 그리고 까치의 목구멍에 있는 영생의 감로를 빼앗으려 해도 놀란 까치가 입으로 뿜어내기 때문에 빼앗을 방법이 없다고 한다.

5. 영생의 감로②

보르항 박시가 하늘나라에 있을 때 아래 세상 사람들이 어떻게 살아가고 있는가 알고 싶어 했다. 그리하여 하이당과 자브살이라는 두 제자를 등에 짐을 진 탁발승의 모습으로 세상에 내려보냈다.

보르항 박시는 두 제자에게 당부했다.

"너희들은 아래 세상 사람들이 어떤 고통과 재난을 겪고 있는가 알아오도록 하라."

이렇게 해서 두 제자는 인간 세상으로 갔다. 그들은 살을 에는 듯한 추운 겨울에도 사람들이 얼어 죽지 않은 것을 보고 몹시 놀랐다. 보르항 박시가 바늘 끝에 낟알을 찔러 위를 향하게 세워 놓고 말했다.

"바늘 끝 위의 곡식처럼 세상 사람의 삶은 고달프다. 이들을 영원히 행복하게 해 주어야 한다."

그리고 보르항 박시는 영생의 감로를 만들기 시작했다. 그러나 보르항 박시가 영생의 감로를 만들어 놓고 잠깐 자리를 비운 틈에 라흐(해와 달의 적)가 감로를 훔쳐먹고 도망가고 말았다. 보르항 박시가 해에게 물어보았다.

"내가 만들어 놓은 감로를 누가 마셨느냐?"

"라흐라는 녀석이 마셨습니다."

"그놈, 지금 어디 있느냐?"

"저 멀리, 멀리! 달아났습니다. 하지만 그는 감로를 마셨기 때문에 죽지 않는 힘을 갖게 되어 당신의 생명마저 위험할지 모릅니다."

라흐의 뒤를 쫓던 보르항 박시는 달을 만나 다시 물었다.

"너, 라흐를 보았느냐?"

"보았습니다. 조금 전 내 곁을 지나 뛰어갔습니다."

그리고 달은 라흐가 달아난 방향을 알려 주었다. 곧 라흐를 뒤따라 잡은 보르항 박시가 금강저金剛杵로 허리를 때려 두 조각을 내어 팽개쳤다. 그러자 엉덩이 부위는 땅에 떨어지고, 가슴 부위는 하늘로 올라갔다. 라흐의 잘린 배에 오줌이 고이자 보르항 박시는 이를 그릇에 담은 다음 '이것을 땅에 쏟으면 모두가 멸망할 것이다. 하늘에 뿌려도 역시 하늘에 나쁜 일이 생길 것이다'고 하면서 자신이 마셔 버렸다. 이 때문에 보르항의 얼굴빛이 푸른빛을 띠게 되었으며, 또한 불화나 불상도 이러한 모습으로 그려지게 되었다.

라흐는 비록 엉덩이 부위와 가슴 부위로 쪼개졌지만, 영생의 감로를 마신 덕분에 여전히 강력한 힘을 가지고 있었다. 라흐는 달이 보르항에게 자신이 어디에 있는지 사실대로 말해 주었기 때문에 그를 괴롭히며 삼키려고 한다. 반면에 해는 제대로 이야기해 주지 않았기 때문에 가끔씩 잡아먹게 되었다. 그뒤 보르항 박시는 영생의 감로를 다시 만들어 까마귀에게 주면서 세상에 가지고 가서 인간의 머리 위에 뿌리라고 했다. 보르항의 명에 따라 이 세상에 온 까마귀는 어느 비오는 날 전나무 위에 앉아 사람이 옆으로 지나가면 그 머리 위에 물을 뿌리려고 준비를 하고 있었다. 이때 부근에 있던 부엉이가 갑자기 소리를 치는 바람에 깜짝 놀란 까마귀는 전나무 위에 감로를 쏟고 말았다. 이 덕분에 전나무의 잎과 가지는 영원히 푸르게 되었으나 인간에게 영생의 물을 주려고 했던 보르항의 두 번째 노력은 이처럼 좌절되고 말았다. 이로써 사람은 결국 영원히 사는 존재가 되지 못했던 것이다.

6. 시베리아 낙엽송과 작나무

먼 옛날 시베리아 낙엽송과 작나무(고비 지대에 서식하는 나무)가 서로 자리를 빼앗으려고 싸우다가 시베리아 낙엽송이 승리하여 항가이 지대(몽골 중부의 물과 풀, 나무가 있는 지역)를 차지하고 작나무를 고비 지대로 내몰았다. 시베리아 낙엽송은 산꼭대기와 산등성을 따라 듬성듬성 자라고 있는데, 이는 작나무가 다시 오지 않을까 하여 망을 보고 있는 것이다. 또 산 북서면에 자라는 작은 나무는 시베리아 낙엽송의 아이들이다. 시베리아 낙엽송의 마디는 못을 박아 놓은 듯한 모습을 하고 있는데, 이는 작나무가 쏜 화살이 그의 몸에 남아 있기 때문이다.

Ⅳ 가축, 야수, 조류

1. 말의 기원

먼 옛날 어떤 호숫가에 암말 한 마리를 가진 사람이 있었다. 어느 날 이 암말이 새끼를 낳았는데, 새끼는 일어나지도 못하고 그만 호수에 미끄러져 빠져 죽었다. 그래서 어미 말의 젖이 불어올라 통증이 심해지자 주인은 직접 젖을 짜 모았다. 그 집안은 산에 사는 명상가에게 종종 공양을 했다. 주인은 명상가를 찾아가 물었다.

"저에게는 단 한 마리의 암말이 있었는데 그만 새끼가 죽어 버렸습니다. 제가 어미의 젖을 짜서 모았는데 이상하리만큼 맛이 좋습니다."

"젖을 가지고 오시오! 그것은 아이락(젖술로 속칭 마유주라고 함)이오. 그리고 아무나 힘있는 사람이 나서서 나무에 올무를 매고 있으시오."

사람들은 명상가가 말한 대로 나무에 올무를 매놓고 준비하고 있는데, 먼지가 피어 올라 안개가 되는가 싶더니 하늘에서 수많은 말들이 내려왔다. 사람들은 능력이 되는 대로 몇 마리씩 말을 붙잡았다. 이렇게 해서 사람들은 말을 갖게 되었다. 사람들은 처음에 말을 무서워했기 때문에 '아이닥'(무서워하다)이라 부르다가 나중에 '아도馬'라고 부르게 되었다. 이렇게 해서 '아도', 즉 말이 생겨났다.

2. 말이 사람의 탈것이 된 사연

말이 아직 사람의 손에 길들여지지 않았던 시절에, 말은 초원을 돌아다니며 스스로 풀을 뜯어먹고 살았다. 그러던 중 한 번은 사슴떼가 말의 풀을 계속 뜯어먹었다. 화가 난 말은 사슴을 뒤쫓았지만 놓치고 말았다. 사슴을 놓친 말은 더욱 화가 나서 어떻게 하면 사슴에게 복수를 할 수 있을지 사람에게 그 방법을 물었다. 그러자 사람이 대답했다.

"만약 네가 재갈과 조자이(재갈에 다는 둥근 쇠고리)를 감당할 수 있다면 내가 너를 타고 가서 네 원수를 갚아 주겠다."

사슴에게 복수한다면 어떤 것도 상관없다고 생각한 말은 앞뒤 가리지 않고 사람이 시키는 대로 안장과 굴레를 매었다. 그리고나서 사슴에게 복수하려고 했지만, 말은 곧 자신이 사람의 탈것이 되었다는 사실을 깨닫게 되었다. 그리고 사람은 말에게 약속한 대로 사슴에게 복수하기 위해 사슴을 사냥하게 되었다.

3. 낙타①

먼 옛날에 보르항 박시와 에를렉 칸(염라대왕)이 사람들이 시샘할 만큼 놀랄 만한 동물을 만들기로 내기를 했다. 보르항 박시는 말떼의 으뜸인 준마를 만들었는데 이는 진정으로 남자들에게 행운을 가져올 만한 아름다운 동물이었다. 시샘이 난 에를렉 칸은 준마보다 더욱 신기하고 아름다운 동물을 만들기 위해 고심했다. 그리고 마침내 뒤로 처진 긴 목에, 불룩하고 커다란 배에, 짧고 가느다란 꼬리에, 부루퉁한 혹癘을 가진 신기한 동물을 만들었다. 에를렉 칸이 이렇게 하여 낙타를 창조했다. 낙타가 이처럼 신기한 동물이기 때문에 '사람과 다르고, 낙타보다 뒤로 처진'[40]이라는 말이 생겨났다.

4. 낙타②

원래 낙타는 탕구트 사람들[41]의 저주로 인해 몽골에 왔다. 탕구트인들은 몽골의 어떤 사람을 저주하여 해치려고 했지만 나이(십이간지)를 모르기 때문에 토끼의 코, 소의 눈, 쥐의 귀, 원숭이의 혹, 용의 목, 닭털, 호랑이의 허벅지, 뱀의 꼬리, 양의 눈, 말의 목덜이, 돼지의 배, 개의 발톱 등 열두해 동물의 특징을 담은 낙타라는 동물을 만들어 보냈다.

5. 사슴과 낙타

먼 옛날 보르항 박시가 동물을 만들다가 그만 소의 콩팥과 낙타의 고환을 잊어버렸다. 소가 콩팥을 달라고 오자 보르항 박시는 남은 콩팥 조각을 붙이고 손질하여 가까스로 콩팥 하나를 만들어 주었다. 이 때문에 소의 콩팥은 여러 개를 붙여 만든 것처럼 알록달록하게 되었다. 그리고 낙타가 고환을 받으려고 오자 남아 있는 조그마한 고환을 주었다. 그러나 낙타는 자신의 몸집에 비해 고환이 너무 작다고 거절하며 받지 않았다.

그러자 화가 난 보르항은 받으려면 받고, 싫으면 그만두라고 소리치면서 등 뒤에서 두 개의 조그마한 고환을 던져 버렸다. 낙타 고환이 뒤쪽에 처져 있는 것은 이 때문이다.

보르항이 동물에게 선물을 준다는 말을 들은 사슴은 그에게 가서 뿔을 달라고 했다. 그러나 보르항은 '가장 아름다운 뿔은 낙타에게 주었다. 네가 낙타를

---

40) 보통과 다른 이상한 모습을 지칭하는 표현이다. 원래 낙타는 고개가 뒤로 젖혀져 있는데 이보다 더 젖혀져 있는 것은 보통과 다른 이상한 모습이다.
41) 탕구트: 서하(1038~1227 중국의 서북부에 있었던 탁발부가 세운 왕조로 하서회랑 지대의 실크로드 요로의 무역을 독점하여 번성하다가 1227년 칭기스칸의 공격으로 멸망했다)를 세운 티베트 계통의 사람들.

속여 그에게서 뿔을 얻어낼 수 있을 것이다'고 하며 사슴을 돌려보냈다.

이 말을 들은 사슴은 곧 낙타를 찾아가서 간청했다.

"오늘 동물 잔치에 가려고 하는데 딱 하루만 뿔을 빌려 주겠니. 내일 물가에서 만나 꼭 되돌려주겠다."

사슴의 간청에 못 이겨 낙타는 뿔을 빌려 주었다. 다음날 낙타는 물가로 가서 뿔을 돌려받으려고 한참 동안 기다렸지만 사슴은 오지 않았다. 이때부터 낙타는 물을 마실 때마다 사슴이 뿔을 돌려줄지 모른다는 기다림 때문에 이쪽저쪽 먼 곳을 쳐다보게 되었다. 반면에 사슴은 낙타를 속여 뿔을 빼앗았기 때문에 매년 뿔이 빠지게脫角 되었다.

6. 낙타의 뿔이 없어진 사연

먼 옛날 낙타는 지금의 사슴처럼 열두 가지의 뿔과 털이 촘촘하고 긴 아름다운 꼬리가 있었다. 하지만 그때 사슴은 뿔이 없는 민머리였고, 말 역시 있는지 없는지 모를 만큼 짧고 가느다란 꼬리를 가지고 있었다. 그래서 낙타는 자신의 당당하고 아름다운 뿔과 꼬리를 뽐내고 다녔다. 그런 어느 날 낙타는 물을 마시려고 호숫가에 왔다가 물에 비친 자신의 위풍당당한 모습을 매우 만족스럽게 바라보았다. 그때 숲속에서 사슴이 나타났다. 사슴은 머리를 숙인 채 슬픈 모습을 하고 낙타에게 말했다.

"오늘 저녁에 나는 숲속 동물들의 모임에 참석해야 하는데, 이 못난 민머리로 어떻게 참석할 수 있겠나. 잠깐 동안이나마 자네처럼 아름다운 뿔을 달고 가 보았으면 좋겠네. 부디 나를 어여삐 여겨 자네 뿔을 잠깐만 빌려 주게. 그러면 내일 이곳에 자네가 물 마시러 올 적에 되돌려주겠네."

낙타가 사슴을 보니, 정말 가련할 만큼 위엄도, 아름다움도 없어 보였다. 그래서 낙타는 다음날 반드시 되돌려주도록 당부를 하고 뿔을 풀어 주었다.

길을 가다가 말을 만난 사슴은 자신이 어떻게 뿔을 얻었는지 말해 주었다. 이 말을 들은 말 역시 아름다운 것을 얻고 싶은 생각에 낙타를 찾아가 꼬리를 부탁했다. 마음씨 착한 낙타는 또다시 말의 얘기를 듣고 그와 꼬리를 바꾸었다. 하지만 날이 가고 해가 가도 가련한 낙타는 뿔과 꼬리 중 어느 것도 되찾을 수 없었다. 사슴과 말을 만나 뿔과 꼬리를 되돌려주기로 한 사실을 상기시키면 그들은 오히려 비웃기까지 했다. 특히 사슴은 '야생 염소의 뿔이 하늘까지 닿도록 낙타의 (새) 꼬리가 땅까지 이르도록 해 주겠다'[42] 고 비웃었다.

그후 지금까지 낙타는 물을 마실 때마다 대머리가 된 자신의 모습이 물에 비치는 것을 바라보고 낙담하며 머리를 흔들게 되었다. 또 물을 몇 모금 마시고는 이 산 저 산을 두리번거리거나 가끔 목을 쭉 펴서 위를 보고 서 있기도 한다. 이는 혹시 사슴이 뿔을 되돌려주러 올지도 모른다는 생각으로 기다리고 있기 때문이다. 한편 사슴의 뿔이 매년 떨어지는 것은 원래 그 뿔이 자신에게 점지된 것이 아니라 낙타를 속여 빼앗았기 때문이다.

7. 낙타가 재 위에 뒹굴게 된 사연 ①

옛날 몽골력曆의 열두해(십이간지)에 동물의 이름을 붙일 때 열한 가지 동물의 이름은 곧 정해졌지만, 마지막 해[혹은 열두해의 첫해]의 동물은 낙타와 쥐가 서로 자신의 이름을 올리기 위해 다투었다. 보르항은 어느 쪽도 미워하지 않았기 때문에 둘이 알아서 결정하라고 맡겨 두었다.

그리하여 낙타와 쥐는 다음날 아침 떠오르는 태양을 먼저 본 쪽이 열두해 중 첫해의 동물이 되기로 하자고 약속했다. 낙타는 해가 뜨는 동쪽을 바라보면서

---

42) '해가 서쪽에서 뜬다'와 같이 실현될 수 없는 사항을 말할 때 쓰는 관용적 표현이다. 실제로 낙타의 꼬리는 몸집에 비해 매우 짧다.

해뜨기를 기다리고, 쥐는 낙타 등의 혹에 올라가 서쪽 산꼭대기를 주시하고 있었다. 마침내 해뜰 때가 되어 떠오르는 태양의 맨 처음 빛이 서쪽 산꼭대기를 비추자 쥐가 햇빛을 먼저 보고 해가 떴다고 소리쳤다. 내기에 진 낙타는 화를 내며 쥐를 밟아 죽이려고 펄쩍 뛰었지만, 쥐는 재빨리 잿더미 속으로 들어가 목숨을 건졌다. 그후로 낙타는 재가 뿌려진 곳을 볼 때마다 가증스런 쥐를 박살내려고 재를 짓밟으며 그 위에서 뒹굴게 되었다. 결국 이렇게 쥐는 열두해에 포함되고 낙타는 제외되고 말았다. 하지만 낙타는 비록 열두해에 끼지는 못했지만 쥐의 귀, 소의 배, 호랑이의 발굽, 토끼의 코, 용의 몸, 뱀의 눈, 말의 갈기, 양의 털, 원숭이의 혹, 닭의 깃털, 개의 허벅지, 돼지의 꼬리 등 열두해에 낀 모든 동물의 특징을 두루 갖추게 되었다.

8. 낙타가 재 위에 뒹굴게 된 사연 ②

먼 옛날 이 세상에는 열두 개의 좀생이별이 나타나 여름과 겨울의 구분이 없이 날마다 춥기만 해서 사람과 동물이 살아갈 도리가 없게 되었다. 이때 소와 낙타는 서로 자신의 발굽으로 좀생이별을 짓밟아 없애 버리겠다고 다투었다. 그러다가 소가 먼저 좀생이별을 짓밟았다. 하지만 그 중 여섯 개가 소 발굽 사이로 빠져 나가 여섯 개의 좀생이별이 되었다. 나머지 여섯 개는 잿더미 속으로 들어가 버렸다. 이로써 겨울과 여름이 교대하게 되었다. 한편 낙타는 재 속으로 들어간 좀생이별을 짓밟아 죽이기 위해 재 위에서 뒹굴게 되었다고 한다.

9. 소의 콩팥에 얽힌 사연

먼 옛날 보르항이 여러 동물들에게 콩팥을 나누어 주었다. 소는 '하나 둘 하나 둘' 하면서 느릿느릿 걷다가 맨 나중에 도착했다. 하지만 먼저 온 동물들이 마음에 맞는 콩팥을 골라 자기 몸에 맞추었기 때문에 콩팥은 다 떨어지고 잘라 낸 조각들만이 남아 있을 뿐이었다. 그리하여 보르항은 소에게 '너는 가장 나중에 왔으니 할 수 없다. 이 조각들을 모두 가져라' 하고 남아 있는 콩팥 조각들을 죄다 긁어 모아 주었다. 이 때문에 소의 콩팥은 갖가지 조각들을 합친 것처럼 커다란 콩팥이 되었다.

10. 양의 눈이 두 개가 된 사연

원래 양은 네 개의 눈을 가지고 있었다. 그러던 어느 날 양과 야생 양, 타르바가 등 세 동물이 간책奸策에 대해 논의하다가 먼저 타르바가가 물었다.

"누가 간책을 얻었느냐?"

야생 양과 양이 대답했다.

"인간이 얻었다."

"그러면 네 단단한 뿔은 고개 위에서 마르고, 나의 두텁고 큰 입술은 간자가 (말 등에 싣는 짐을 매다는 가죽끈)에서 마를 것이다."[43]

이 말을 들은 양은 사람의 통제를 받게 될 것을 걱정하여 두 눈이 말라 없어지도록 운 나머지 눈이 두 개가 되고 결국 사람의 손에 길들여졌다.

11. 홀랑[44]과 타히[45]

보르항 박시가 거지 행세를 하고 길을 가다가 도트 바얀(소리의 부자), 두눈

---

43)사람의 사냥감이 된다는 뜻이다.

바얀(네 살배기 부자)이라는 유명한 두 부자가 사는 곳에 이르렀다. 이들은 얼마나 부자였는지 자신의 가축이 얼마나 되는지 알 수 없어서 단지 '두눈 골짜기'에 가축을 몰아 넣어 꽉 채움으로써 가축 수를 파악했을 정도였다.

어느 날 보르항 박시가 두눈 바얀의 집에 이르러 먹을 것을 구걸했다. 이때 나무를 깎고 있던 두눈 바얀이 그에게 말했다.

"우리는 나무부스러기를 먹는다. 우리 집에 이것 말고 먹을 것이라곤 아무것도 없다."

그런 다음 그는 동냥그릇에 나무부스러기를 넣어 주었다. 화가 난 보르항 박시는 두 부자의 가축을 모두 야생 동물로 만들어 버렸다. 두눈 바얀의 말은 지금도 타히와 홀랑의 모습으로 고비 지방에 살고 있으며 도트 바얀의 낙타 떼는 하브트가이(야생 낙타)가 되었다.

12. 토끼

먼 옛날 가장 나이가 많은 토끼가 모든 토끼들을 모아 놓고 말했다.

"이 세상 동물은 모두 다른 동물을 위협할 수 있는 지혜와 자기의 목숨을 보호할 수단을 가지고 있다. 하지만 세상에 우리처럼 가련한 동물은 없을 것이다. 나뭇잎이 부딪히는 소리만 나도 허파와 염통이 입으로 나올 듯이[46] 놀라 정신을 잃을 만큼, 우리는 세상에서 가장 나약한 동물로 태어났다. 맨 밑바닥 벌레까지도 우리를 무서워하지 않는다! 형제들이여 이렇게 무서워 마음을 졸이고 사느니 차라리 우물에 빠져 죽어 버리는 편이 낫다."

---

44)몽골에 서식하는 야생 당나귀. 홀랑과 말을 교배시키면 순마늘 낳는다고 인다. 학명: *Dzuus hemionus.*
45)몽골 말의 조상인 프르제발스키 말이다. 몽골 지역에서 멸종된 뒤 최근 유럽에서 들여와 고비-알타이아이막과 투브아이막에서 방목되고 있다. 학명: *Equus prezewalskii.*
46)몽골 설화에 자주 나오는 정형구로 가슴이 터지도록 놀란다는 뜻이다.

이렇게 말한 그는 나머지 토끼들을 거느리고 매우 슬픈 모습을 하고 우물로 갔다.

도중에 만난 까치가 몹시 놀라 무슨 일이냐고 물었지만 토끼들은 아무 대답도 하지 않았다. 하지만 까치는 무슨 까닭으로 그처럼 애처롭게 가고 있는지 알려 달라고 끈질기게 졸라댔다. 할 수 없이 가장 나이가 많은 까치가 나서서 사실대로 대답했다.

"이 세상에서 우리는 모든 동물을 무서워하며 살고 있지만 우리를 무서워하는 동물은 단 하나도 없다. 이렇게 사느니 차라리 우물에 빠져 죽자고 합의하고 그리로 가고 있다."

"어떻게 그런 바보 같은 생각을 했소?"

"바보는 무슨 바보! 우리의 실제 삶이 그렇지 않은가?"

"자, 그러면 여러분 모두 땅바닥에 몸을 숨기고 누우십시오. 지금 양치기가 우물에서 물을 먹이려고 양떼를 몰고 오고 있습니다. 양떼가 옆으로 오거들랑 여기저기서 일어나 뛰십시오. 그러면 여러분들은 무엇이 진실인지를 보게 될 것입니다."

그리고 까치는 날아가 버렸다.

토끼들은 까치가 말한 대로 수풀 밑에 몸을 숨기고 있다가 양떼가 옆으로 오자마자 모두 일어나 껑충껑충 뛰었다. 그러자 놀란 양들은 떼지어 도망가기 바쁘고, 양치기는 뒤에서 양떼를 한데 모으기 위해 채찍을 치켜들고 소리를 지르며 뛰어갔다. 토끼들은 그 순간 깜짝 놀라 멈추어 서서 "우리가 이 많은 양들을 주인과 함께 놀라게 하다니 세상에 이런 신기한 일도 있구나" 하면서 궁둥이를 뒤로 뺀 채 상체를 치켜세우고 두 다리로 앉아 신나게 웃었다. 웃다가 또 웃고, 또 웃다가 아주 윗입술이 갈라 찢어지도록 웃었다. 토끼의 입술이 갈라져 있는 것은 바로 이 때문이다.

13. 여우

옛날에 보르항 박시가 예순한 가지 계책을 만들었다. 여우는 이 많은 계책들을 통째로 얻으려고 공을 들였다. 하지만 보르항 박시는 예순한 가지 계략을 사람에게 주기로 했기 때문에 여우는 예순 가지 계책만을 받게 되었다. 이로써 사람은 여우보다 한 가지 계책을 더 갖게 되어 여우를 사냥하게 되었고, 여우는 한 가지 계략을 사람에게 빼앗겼기 때문에 죽으면서 심한 저주를 남기게 되었다. 사람들이 여우를 죽일 때 자기를 알아보지 못하도록 한쪽 눈을 감는 것은 여우의 저주를 두려워하기 때문이다.

14. 개①

먼 옛날 보르항 박시가 진흙으로 두 사람을 만들어 놓고 볼일을 보러 갔다. 그동안에 소가 뿔로 사람의 쇄골鎖骨을 들이받아 진흙 일부가 부서져 나갔다. 그렇게 부서져 떨어진 조각이 개가 되었다. 개는 '원래 나는 귀한 사람의 몸으로 태어날 좋은 운명이었지만 소가 들이받아 개가 되었다'고 하며 소를 증오하게 되었다. 몽골에 "진실을 말한 사람은 사람이 증오하고, 소를 탄 사람은 개가 증오한다"는 속담이 있다. 이 말 역시 위의 이야기에 꼭 들어맞는다.

사람들은 개를 인간과 친류親類로 간주하여 개가 죽으면 꼬리를 자르고 입 속에 양꼬리 조각이나 비계덩어리를 물리는데, 여기엔 개가 다시 태어나기를 기원하는 뜻이 담겨 있다. 개는 사람을 대신하여 죽기 때문에 남자는 개가 죽었다고 슬퍼하지 않았다. 한편 노인들의 말에 따르면 몽골인들의 몸은 진흙으로 만들었다고 한다. 또 사람으로부터 개가 떨어져 나왔기 때문에 사람의 뼈와 개의 뼈는 똑같다고 여긴다. 사람이 뼈를 다쳤을 때 개의 뼈로 치료하면 좋다고 하는 이유도 이 때문이다.

15. 개②

개는 본래 동무도 없이 혼자서 살고 있었다. 그래서 개는 함께 살 동무를 찾아가다가 이리를 만났다.

"이리님! 우리 둘이 함께 지냅시다."

"좋다."

이리하여 개와 이리는 같이 살게 되었다. 하지만 개는 밤마다 일어나 밀리서 들리는 소리를 듣고 짖어 대는 바람에 이리는 잠을 이루지 못했다.

그러자 이리가 사정했다.

"너, 제발 좀 짖지 말아라. 네가 짖는 소리를 듣고 곰이 찾아올지도 모른다."

개는 아침 일찍 일어나 이리가 아직 잠자고 있는 사이에 그를 혼자 남겨 두고 그곳을 떠났다. 곰과 동무하기 위해서이다. 그는 '이리가 몹시 무서워하는 것을 보면 곰은 필시 매우 힘센 동물일 것'이라고 생각하고 곰을 찾아 삼림을 헤매다가 가까스로 곰을 만났다.

"곰님! 나는 당신과 동무하러 왔습니다."

곰이 허락하고 개는 곰과 같이 살게 되었다. 여기서도 개는 밤새 짖어 대어 곰이 편히 쉬지 못하게 했다. 그러자 곰이 개에게 부탁했다.

"너, 제발 소리 좀 지르지 말아라. 네 소리를 듣고 사자가 와서 우리를 해칠지도 모른다."

개는 사자가 곰보다 힘센 동물이라는 사실을 알고 다시 사자와 동무하기 위해 곰 곁을 떠났다. 사자를 만난 개가 함께 살기를 청하자 사자 역시 허락했다. 여기서도 개는 배운 습관대로 밤마다 짖어 댐으로써 사자가 편히 쉬지 못하게 했다. 그러자 사자가 사정했다.

"너, 제발 소리 좀 지르지 말아라. 사람이 푸른 쇠를 들고 와서 우리를 죽일지도 모른다."

개는 다음날 아침 사자가 무서워하는 그 사람이라는 동물과 동무해야겠다고 하고 역시 사자 곁을 떠났다. 마침내 사람을 만난 개가 함께 살기를 청하자 사람 역시 이를 기꺼이 허락했다. 이렇게 하여 개는 사람과 같이 살게 되었다. 그런데 어느 날 밤 개가 또다시 짖어 대자 사람이 벌떡 일어나더니 개에게 '물어라! 물어라!' 라고 했다. 그리하여 개는 사람보다 더 힘센 동물은 없다고 여기고 사람과 동무하여 지금까지 함께 살고 있다.

16. 개가 수풀에 오줌을 싸는 이유

먼 옛날 이 세상에는 눈이 내리지 않는 대신 하늘에서 밀가루가 내렸다. 그런데 무슨 일이든 끼어들기 좋아하는 어떤 며느리가 시아버지에게 날씨가 어떻냐고 묻자 시아버지는 잿가루 같은 것이 날리고 있다고 대답했다. 그때 우주를 주유하고 있던 호르마스트 텡게르가 이 말을 듣고 명했다.

"큰 눈을 내리게 하라."

그리하여 너무나 많은 눈이 내려 모든 가축이 죽고 집안에는 개 한 마리만 남게 되었다. 사람들은 무슨 일이든 참견하기 좋아하는 며느리가 함부로 지껄인 말 때문에 이렇게 되었다는 것을 알고, 그 며느리를 하늘로 보내 텡게르의 노여움을 풀고 다시 음식을 내려 달라고 간청하고 오라고 했다.

여인은 호르마스트 텡게르에게 가서 음식을 내려 달라고 애원했다. 그러자 호르마스트는 다음과 같이 명해 그녀를 되돌려보냈다.

"먹을 것은 어머니이신 대지 위에 있다. 이제 너희들은 곡식을 심어 목숨을 부지하라. 그리고 더러운 물은 네가 먹고 곡식은 개에게 주어라!"

여인은 호르마스트의 칙령을 잊어버리지 않으려고, 그 칙령을 입으로 열심히 중얼거리며 뛰어오다가 그만 수풀에 걸려 넘어졌다. 그녀는 낭황한 나머지 곡식을 사람이 먹으라고 했는지, 더러운 물을 사람이 먹으라고 했는지를 기억하지 못하고 '곡식을 사람이 먹고 더러운 물을 개에게 주라' 고 했다고 중얼거리며 되돌아왔다.

그리하여 이때부터 사람들은 곡식을 먹게 되고, 개는 더러운 물을 먹게 되었다. 한편 수풀 때문에 자기가 더러운 물을 먹게 되었다는 사실을 알게 된 개는 그때부터 수풀을 보기만 하면 그 위에 오줌을 싸게 되었다.

17. 고양이 ①

굴 속에서 1천 년을 지낸 아르시라는 명상가는 머리카락과 손톱, 발톱이 땅바닥에 닿도록 자라나 뒤로 질질 끌릴 정도였다. 그러던 어느 날 아르시는 문득 자기의 머리카락과 손톱, 발톱이 없어진 것을 알게 되었다. 웬일인가 하고 주변을 살펴보니 쥐라는 동물이 그것을 잘라다가 저장식으로 펴 놓은 것을 발견했다. 그로 인해 아르시 명상가는 쥐를 잡아먹는 동물, 즉 고양이가 되었다. 고양이는 잠자는 것처럼 눈을 감고 있으며, 누워 있을 때는 무언가를 읽고 있는 것처럼 가슴을 벌렁거린다. 그것은 고양이가 명상가였을 적에 경전을 읽던 모습이다.

18. 고양이와 쥐

먼 옛날 고양이와 쥐는 형제가 되어 한집에서 살았다. 고양이는 매우 게으르고 잠자기를 좋아하는 동물이었다. 그런 어느 날 고양이는 쥐에게 다음과 같이 부탁하고 잠을 잤다.

"내일 아침 일찍이 나를 깨워라. 열두해를 뽑는 동물회의에 참석하러 가야 한다."

하지만 다음날 아침 새 옷을 차려입은 쥐는 고양이를 깨우지 않고 자기가 열두해를 뽑는 동물회의에 참석하기 위해 몰래 집을 빠져나갔다. 고양이는 물론 계속 잠을 자다가 동물회의에 참석하지 못했다. 여러 동물이 모인 뒤 코끼리가 개회를 선포했다.

"자, 지금부터 열두해를 뽑는 전체 동물회의를 개최하겠습니다. 회의에 참석한 많은 동물 중 키가 가장 큰 동물을 열두해를 시작하는 동물로 정합시다."

이때 목이 길고 키가 큰 어떤 동물이 회의장 문에 이르러 옷을 가지런히 한 다음 농담조로 말했다.

"아, 쥐는 정말 키가 크구먼."

그는 가장 키가 작은 쥐를 놀려 주고 싶었던 것이다. 영리한 쥐는 이 말을 듣자마자 코끼리에게 말했다.

"가장 키가 큰 동물이 나를 크다고 했겠다. 그러면 나보다 더 큰 동물은 없는 셈이다."

그래서 코끼리는 쥐를 열두해 중 첫해의 동물로 선언했다. 이 말을 듣고 있던 낙타가 버럭 화를 내며 말했다.

"나는 쥐보다 이렇게 키가 큰데 왜 나를 열두해의 첫 동물로 하지 않느냐?"

그는 코끼리에게 대들면서 회의장 문을 가로질러 누워 버렸다. 이에 코끼리가 다시 중재안을 내놓았다.

"그러면, 여러분 중 해뜨는 것을 먼저 본 쪽이 열두해의 첫해가 되도록 하라."

낙타는 자신이 이길 수 있다고 기뻐하며 동남쪽을 향해 해뜨기를 기다리며 누워 있었다. 그러나 쥐는 단념하지 않고 낙타 머리 위에 올라가 자기 몸으로 낙타의 눈을 가리고 있다가 해가 떠오르자마자 소리쳤다.

"산봉우리에 해가 비쳤다! 내가 낙타보다 먼저 해뜨는 것을 보았다!"

그리하여 코끼리는 다시 쥐가 열두해를 시작하는 첫 번째 동물이 되었다고 전체 동물들에게 선포했다. 하지만 쥐가 자기 눈을 가리고 해뜨는 것을 못 보게 했다고 또다시 문제를 제기하자 코끼리가 말했다.

"너는 비록 열두해에 끼지는 못했지만 네 몸은 열두해에 낀 모든 동물의 특징을 갖고 있다. 쥐의 귀, 소의 갈라진 발, 호랑이의 발굽, 토끼의 입술, 용의 목, 뱀의 눈, 말의 갈기, 양의 털, 원숭이의 허벅지, 닭의 깃털, 개의 아킬레스건, 돼지의 꼬리가 바로 그것이다.”

　이렇게 열두해를 뽑는 동물들의 회의가 끝났다. 쥐는 전체 동물회의에 참석해서 자신이 열두해를 시작하는 첫 번째 동물로 뽑힌 사실을 생각하고 발이 땅에 닿지 않을 만큼 기뻐하며 집으로 달려와 곤히 잠자고 있던 고양이 형을 깨워서 그 사실을 알려 주었다. 그러자 고양이가 버럭 화를 내며 그만 쥐를 잡아먹고 말았다. 이때부터 고양이는 쥐를 증오하고 잡아먹게 되었다.

19. 고양이 ②

　먼 옛날 파이캄바르(인명)라는 매우 유식하고 부유한 카자흐인이 길을 가다가 하천가에서 휴식을 취하고 있었다. 그때 무서운 독사가 그를 해치려고 막 옷자락 사이로 기어올랐다. 그러자 옆에 있던 고양이가 덮쳐 뱀의 목을 물어뜯어 죽였다. 파이캄바르는 고양이에게 크게 감사하고 '어디를 가든 네 허리가 절대로 땅에 닿지 않을지어다' 라고 축원을 해 주었다. 그후로 고양이는 어디에서 뛰어내리든 허리 대신 언제나 네 다리로 내려오게 되었다.

20. 낙타 귀에 얽힌 사연

　옛날에 보르항이 여러 동물들에게 귀를 나누어 주었다. 가장 먼저 이 사실을 듣게 된 당나귀가 가장 먼저 도착하여 가장 큰 귀를 받아갔다. 반면에 성질이 사납고 많은 동물들에게 자신을 과시하기를 좋아하는 낙타는 속으로 '보르항은 내 몸이 크다는 것을 잘 알고 있으니 분명히 가장 크고 아름다운 귀를 남겨 놓을 것이다. 그러면 모든 동물들이 내 귀를 놀라운 눈으로 바라보겠지' 라고 생각하며 일부러 천천히 그곳으로 갔다. 하지만 모든 동물들이 자기 마음에 맞는 귀를 받아 챙긴 뒤 당나귀에게나 어울릴 듯한 볼품없는 귀 하나를 남겨 놓았다.

낙타가 그것을 보고 거절하며 말했다.

"보르항이 나에게 이런 것을 남겨 놓아 다른 동물들의 웃음거리가 되게 하려는군!"

낙타는 인상을 찌푸리며 그냥 돌아가려 했다. 이에 화가 난 보르항이 귀를 내던지며 말했다.

"받으려면 받고! 받기 싫으면 말아라!"

그런데 그것이 그만 낙타 뒤에 거꾸로 붙어 버렸다. 그리하여 낙타의 귀는 모든 동물의 귀와 색다르게 되었다.

21. 이리

먼 옛날 보르항 박시가 사람과 동물에게 먹을 것을 나누어 주다가 그만 이리의 몫을 깜빡 잊어버렸다. 그리하여 보르항은 이리에게 한 가지 방법을 가르쳐 주었다.

"너에게 배당된 음식이 없으니, 너는 100마리 양 중에서 한 마리를 물어 가라."

하지만 이리는 나가면서 '뭐 100마리 중에서 한 마리만 남기라고?' 하면서 물러났다. 그리하여 이리는 양을 습격할 때, 먹지도 않으면서 많은 양을 물어뜯어 놓는다.[47]

이리는 먹을 것을 찾기 위해 매우 많이 돌아다니는 동물이다. 하룻밤에 단련

---

47)실제로 이리는 양떼를 습격하면 먹지도 않으면서 닥치는 대로 물어뜯어 놓는다.

된 씨말種馬 다섯 마리가 달리는 거리를 질주해서 먹이를 찾아 먹는다. 사냥꾼은 이리를 사냥하여 가죽을 벗긴 다음 네 다리의 여덟 개 관절의 힘줄을 모두 잘라내서 버린다. 이렇게 힘줄을 끊어 버리지 않으면 이리는 총알도 끄덕하지 않는 무서운 동물이 되어 돌아온다고 믿기 때문이다.

22. 타르바가①

먼 옛날 타르바가가 활을 메고 다니면서 사람을 잡아먹었다. 이렇게 타르바가가 사람을 죽이고 해를 입히자 보르항이 그의 활쏘는 엄지손가락을 끊어 버리고 쇄골과 견갑골을 부순 다음 다음과 같이 말하고 놓아 주었다.

"사내의 간자가(말 등에 짐을 매달기 위해 사용하는 가죽끈)의 먹을 것이 될지어다(즉 사내의 사냥감이 될지어다라는 뜻이다)."

그리하여 타르바가는 구멍을 파고 들어가며 맹세하였다.

마른 풀을 먹지 않고
맹물을 마시지 않고
둔덕에 굴을 파고
남아를 괴롭히며 살리라

그러던 중 한 사람이 길을 가다가 활로 타르바가를 쏘았는데, 타르바가는 화살을 맞은 채로 굴로 들어갔다. 사람들이 모여 굴을 파본 즉, 타르바가는 활과 화살을 쥔 세 살 된 아이로 변해 한구석에 쪼그리고 있었다. 그후로 활로 타르바가를 사냥하는 것을 금하게 되었다. 이유인 즉, 활로 타르바가를 쏜 사람 자신이 타르바가가 되기 때문이다.

또한 사람들은 타르바가를 죽여 가죽을 벗길 때 사람의 뼈라고 하여 쇄골을,

사람의 고기라 하여 상박부 위쪽 부위 분홍색 부위를, 사람의 콩팥이라 하여 두 개의 콩팥 옆에 붙어 있는 조그마한 부위를 반드시 골라내 버린다. 타르바가가 옛날에 사람을 잡아먹었기 때문에 이처럼 사람 몸의 일부 기관과 고기가 그대로 남아 있는 것이다.

23. 타르바가②

무슨 이유인지 모르지만 타르바가는 보르항 박시가 재물을 분배할 때 참석하지 못했기 때문에 자기 몫을 받지 못했다. 돌아가는 길에 자기 몫을 받아 가지고 가는 야생 양(암컷)을 만나 보르항이 현명한 지혜를 누구에게 주었냐고 물었다. 사람에게 주었다는 말을 들은 타르바가는 사람에게 원한을 품고 땅속에 굴을 파고 들어가며 노래했다.

아, 그러면 나는
맹물을 마시지 않고
마른 풀을 먹지 않고
둔덕에 구멍을 파고
남자를 괴롭히고
안장의 가죽끈에 매달리고
유능한 사내의 하루 식사가 되고
무능한 사내의 사냥감이 되리라

옛날부터 사람들은 타르바가를 무서워하고 조심했다. 타르바가가 범시손가락을 가지게 되면 굴 모퉁이에서 활과 화살을 만들어 사람을 쏜다고 한다. 그리하여 타르바가를 잡을 때는 석궁石弓을 설치하거나 활을 쏘는 것을 금한다. 또

한 석궁을 설치하고 일주일 안에 거두지 않으면 타르바가는 자기의 요골橈骨로 활을 만들고 석궁에서 발사된 화살로 도리어 사람을 쏘아 죽인다고 한다.

24. 타르바가는 왜 발가락이 네 개가 되었는가

아주 먼 옛날 아들이 하나밖에 없었던 대왕은 아이를 숨겨 놓고 절대로 사람들에게 보여 주시 않았다. 그리고 백성들의 아이들을 차례로 불러 자기 아들을 돌보도록 했는데 그 아이들은 집으로 돌아오지 않았다. 사람들은 모두 이 기묘한 사건을 듣고 두려움에 떨었다. 그곳에 외동딸을 가진 어떤 노파가 있었는데 마침내 그 노파의 딸이 대왕의 아들을 볼 차례가 되었다. 노파는 딸을 대왕의 궁전에 데려다 주면서 자신의 젖으로 만든 아롤(딱딱한 치즈)을 주었다. 밤낮없이 대왕의 아들을 돌보는 소녀는 매우 무서웠지만 배고픔에 못 이겨 어머니가 주신 아롤을 먹었다. 그러자 대왕의 아들이 한참 동안 쳐다보고 있다가 소녀에게 물었다.

"네가 먹는 것이 무엇이냐? 나에게도 좀 다오!"

소녀는 그에게 아롤을 주었다. 아롤을 먹은 아들은 다시 소녀에게 물었다.

"이렇게 맛있는 것이 대체 어디에 있느냐? 그것을 나에게 가져오라!"

"우리 어머니가 만든 것입니다."

"가서 그것을 구해 오라! 하지만 사람들에게 나에 대해 이야기하면 안 된다. 만일 꼭 말을 하려면 타르바가 굴에 가서 외쳐라!"

그리하여 소녀는 집에 돌아왔다. 몹시 놀란 사람들은 갖은 방법을 동원하여 그녀의 이야기를 듣고자 했지만 아무런 말도 듣지 못했다. 그러나 소녀는 장난 삼아 초원의 타르바가 굴에 가서 "대왕의 아들은 아주 못생겼다. 소처럼 뿔이 있고 돼지처럼 이빨이 있다"고 외쳤다. 그러자 길 가던 사람들이 이 말을 들었다. 그후로 사람들은 대왕의 아들을 돌보는 데 자기 자식들을 보내지 않았다.

화가 난 대왕은 그 말을 누가 했는가 수소문한 결과 초원의 타르바가의 짓으로 판명되었다. 대왕은 타르바가를 산 채로 잡아다가 다섯 발가락 중 하나를 꽉 조였다. 그뒤로 타르바가의 발가락은 네 개가 되었다.

25. 곰①

먼 옛날 용감하고 능력 있는 사냥꾼이 있었다. 그는 무엇에도 지지 않는 힘센 사람이었다. 하지만 보르항이 그의 엄지손가락을 빼앗아 버렸다. 그로 인하여 그의 힘이 약해지고 곰이 되었다. 사냥꾼들의 말에 따르면 원래 곰은 사람이었기 때문에 사람처럼 뒷발로 서서 다니며 사람의 말을 알아듣고, 사냥하는 데도 매우 능숙한 동물이라고 한다.

뱃속에 든 곰의 새끼를 '엘'이라고 하는데, 사람들은 태아를 가진, 즉 새끼를 밴 곰을 사냥하지 않는다. 만약에 새끼를 밴 곰을 만나면 곰의 굴에 포크나 쇠꼬챙이를 꽂아 놓고 '새끼를 가졌으면 새끼를 낳고, 그렇지 않았으면 네 스스로 나와'고 소리를 지른다. 그러면 곰은 사람이 말한 대로 새끼를 가졌으면 새끼를 낳고 밖으로 나온다.

곰은 일반적으로 매우 쉽게 새끼를 낳기 때문에, 사람들은 아이를 낳는 데 도움이 된다고 하여 암컷의 다리를 취한다. 또 사냥꾼이 곰을 사냥할 때 미처 총이 장전되지 않았을 경우에 '용사가 준비하고 있다. 사나이가 아직 무기를 준비하지 못했다'고 몸을 흔든다. 그러면 곰 역시 답례로 몸을 흔드는 시늉을 하는데, 사냥꾼은 그 사이에 총을 장전하여 곰을 잡는다.

곰이 사람과 비슷하다는 또 한 가지 특징은 곰의 생식기가 여자의 생식기와 매우 비슷하다는 점이다. 그래서 암컷을 죽인 뒤 젊은이를 곧바로 그곳으로 보내지 않고 젊은이로 하여금 가죽을 벗기게 하지 않는다. 젊은 사람은 암컷의 생식기를 보고 웃음을 참지 못하고 계속 웃다가 간이 딱딱해져 죽기 때문이다.

26. 곰②

통桶 만드는 가난한 사람이 통의 테두리를 만들려고 쓸 만한 나무를 찾아 헤매다가 바다 가운데 있는 섬으로 갔다. 그곳에서 마침 통 테두리를 만들 만한 빨간 버드나무를 발견했다. 그가 나무를 베려고 다가가자 나무가 애원했다.

"제발, 저를 베지 마십시오! 당신이 원하는 모든 것을 드리겠습니다."

그러자 그 사람이 말했다.

"그럼 베시 않겠다. 대신 나에게 조닥[48] 하나를 달라."

그후 얼마 안 되어 그는 조닥을 갖게 되었다.

그는 또 빨간 버드나무에게 부자가 되게 해 달라고 하여 부자가 되었다. 그후 얼마 지난 뒤 그 사람은 다시 빨간 버드나무에게로 가서 대왕이 되게 해 달라고 했다. 그의 말대로 빨간 버드나무는 그를 대왕이 되게 해 주었다.

그러나 대왕이 된 그는 왕비와 함께 덮개가 있는 마차를 타고 병사를 거느리고 빨간 버드나무를 베러 갔다. 병사들이 대왕의 명령대로 막 버드나무를 베려고 할 때 버드나무가 그들에게 말했다.

"너희들의 대왕과 왕비를 보아라!"

병사들이 되돌아보니 왕과 왕비는 곰이 되어 숲속으로 도망가고 있는 중이었다. 병사들은 무서워 버드나무를 베지 못하고 흩어져 버렸다. 이 때문에 부리야트 사람들(바이칼호 부근의 몽골족)은 곰을 과거에 대왕이었다고 여기고 만약 벌판에서 곰을 만나면 '대왕님, 길을 비켜 주십시오' 라고 부탁한다. 그러면 곰은 다른 길로 간다고 한다.

---

48)조닥(Zuudag): 뜻이 분명하지 않다. 몽골어로 'Zuudag' 은 '물어 뜯는' 이라는 뜻이며, 'Zuudag nohoi' 하면 '물어대는 개' 를 말한다. 그래서 혹시 '개' 를 지칭하는 말인지도 모르겠다.

27. 곰③

먼 옛날에 쿠르빈강 상류에 오로촌족[49] 여자가 살고 있었는데, 어느 날 그녀는 혼자 숲속에 들어가 과일을 따고 나물을 캐다 길을 잃어버리고 어떤 나무 구멍 속으로 들어가 쉬게 되었다. 이와 같이 몇 년을 보낸 뒤 그녀는 이웃과 친척들을 새까맣게 잊어버리고 마침내 곰이 되고 말았다.

어느 날 사냥꾼이 곰의 앞다리에 부상을 입히자 곰은 나무를 뿌리째 뽑아 사냥꾼을 나무 밑에 깔아 버렸다. 그러나 곰은 사냥꾼을 해치지 않고 오히려 그를 나무 밑에서 구해 굴속으로 데리고 가서 상처를 치료해 주고 그와 부부가 되어 함께 살았다. 얼마 후 부부는 아이를 갖게 되었다. 곰은 매일 밖으로 나가 먹을 것과 마실 것을 구해 왔다. 그러나 곰은 밖으로 나아갈 때마다 돌로 굴 입구를 막아 놓았다. 어느 날 사냥꾼은 곰이 없는 틈을 타 바위를 밀쳐내고 굴에서 나와 해뜨는 쪽을 향해 뛰어갔다. 그렇게 뛰어가다가 하천을 만나자 뗏목을 타고 물살을 따라 도망갔다. 이때 곰이 어린아이를 껴안고 하천 가로 쫓아와서 외쳐댔다. 그러나 사냥꾼은 이를 거들떠보지도 않았다. 이 때문에 몹시 화가 난 곰은 어린아이를 두 조각 내어 한 조각은 사냥꾼 쪽에 버리고 다른 한 조각은 자기 쪽에 놓고서 목놓아 울었다.

28. 곰④

예전에 곰은 카라브트라는 이름을 가진 대왕이었는데, 그는 어떤 고아에게 에를렉 칸(염라대왕)을 습격하여 차양이 달린 여우털 모자를 빼앗아 오라고 명령했다. 고아는 에를렉 칸의 차양이 달린 모자를 빼앗기 위해 그곳으로 가서 외

---

49)오로촌(Orochoon): 헤이룽강(黑龍江) 상류 지역에 거주하는 북방 퉁구스계의 소수 민족.

쳤다. 그가 외치는 소리는 100명이 외치는 소리와 같았고 그의 말발굽 소리는 100마리 말의 발굽 소리와 같았다. 에를렉 칸이 이를 두려워하고 있다는 것을 안 고아는 그의 모자를 빼앗아 도망가려고 했다. 그러자 뒤에서 에를렉 칸이 무엇 때문에 모자를 빼앗았느냐고 소리쳤다. 고아는 카라브트 대왕이 빼앗아 오라고 했다고 대답했다. 이에 에를렉 칸이 다음과 같이 저주를 내렸다.

"카라브트 대왕은 곰이 될지어다. 그 부인은 돼지가 될지어다!"

그리하여 카라브트 대왕은 곰이 되고 말았다.

29. 곰과 줄무늬다람쥐

어느 날 곰이 벼룩으로 만든 음식을 먹고 있는데 줄무늬다람쥐가 왔다. 이것이 누구의 음식이냐고 곰이 묻자 줄무늬다람쥐는 자기가 만든 음식이라고 대답했다. 그러자 곰은 "너 참, 좋은 녀석이구나. 이 맛있는 음식을 실컷 먹었다"고 하며 줄무늬다람쥐의 등을 문질러 주었다. 이렇게 문지른 다음부터 줄무늬다람쥐의 등에 곰 발톱으로 긁은 것 같은 얼룩무늬가 생기게 되었다.

30. 호랑이털에 줄무늬 반점이 생긴 사연

옛날에 나이 든 호랑이가 아들을 불러 놓고는 유언을 남겼다.

"애야! 네 힘을 믿고 사람이라는 동물에 가까이 가면 안 된다."

이 말을 남기고 늙은 호랑이는 죽었다. 그러나 어린 호랑이는 '대체 사람이라는 것이 어떤 동물이기에 가까이 가서는 안 된다는 말인가. 내가 한 번 사람과 힘을 겨루어 보겠다'고 마음먹고 사람을 찾아 나섰다.

그러던 중 황소를 만나 물어보았다.

"네가 바로 사람이라는 동물이냐?"

"나는 사람이 아니라 황소다."

"그러면 너, 사람이라는 동물을 아느냐?"

"물론이다. 나는 바로 사람의 종이다. 내 코의 코뚜레를 보아라! 사람들은 이렇게 코뚜레를 만들어 나를 몰고 다니며 수레를 매달고 그 위에 타고 다니기도 한다."

"그러면 사람은 매우 힘센 동물이겠구나?"

"그건 아니다. 내가 머리로 들이받으면 뿔에 걸려 이리저리 나뒹군다."

'그렇다면 정말 이상하구나. 이 딱딱하고 큰 뿔, 넓은 가슴, 큰 몸집을 가진 동물을 사람이 어떻게 부릴 수 있다는 말인가!' 라고 생각하며 호랑이는 계속 길을 갔다. 그러던 차에 씨낙타(종낙타)를 만나 그에게 물어보았다.

"네가 사람이라는 동물이냐?"

"아니, 나는 씨낙타다. 그런데 사람을 왜 찾는 거지?"

"사람과 힘을 겨루어 보려고 한다."

"에에, 호랑아! 사람은 이 세상에서 가장 힘센 동물이다. 사람과 힘을 겨루는 것은 부질없는 짓이다."

"그러면 사람은 엄청나게 큰 동물이냐?"

"아니, 아주 조그마한 동물이다. 나는 사람이 탈 수 있도록 이렇게 무릎을 꿇어 준다."

"뭐, 그렇다면 너 역시 사람이라는 동물의 종이냐?"

"물론이다. 내 코의 코뚜레를 보아라! 사람들은 이렇게 나를 고삐로 묶어 타고 다닌다."

"사실인지 아닌지 그것 참 이상하군."

호랑이가 놀라운 표정을 짓자 낙타가 말했다.

"사람의 힘은 머리지혜에 있다. 이 세상에 그렇게 영리한 동물은 없다."

낙타와 헤어진 호랑이는 혼자 길을 가며 생각했다.

"사람이라는 동물은 힘이 약하다고 했다. 또 몸집도 작다고 했으니 분명히 그렇게 무서운 동물은 아닐 게다. 그렇다면 지혜라는 것이 도대체 무엇인지 바로 그것을 빼앗아야겠군."

지치도록 숲속을 헤매던 호랑이는 나무꾼을 만나 그에게 다가가 사람이라는 동물이 어디 있느냐고 물어보았다. 그러자 나무꾼은 매우 무서웠지만 태연한 모습으로 자신이 사람이라고 대답했다.

그러자 호랑이는 깜짝 놀라며 버럭 소리를 질렀다.

"뭐? 사람이라는 동물이 이렇게 생겼단 말이냐?"

그리고 호랑이는 '가죽도 없는 정말 칠칠치 못한 동물이구나. 단 한 번에 때려 죽일 수 있는 녀석이 아닌가'라고 생각하고 사람을 조롱했다.

"너, 뭐 나에게 보여 줄 무슨 힘이나 능력이 있기나 하느냐?"

"호랑이님, 왜 없겠습니까. 내 힘과 능력은 지혜에 있습니다."

그렇지 않아도 사람에게서 지혜를 빼앗아야겠다고 마음먹고 왔기 때문에 호랑이는 서둘러 말했다.

"자, 그놈의 지혜를 어서 보여 다오!"

"호랑이님, 나는 여기서 당신에게 지혜를 보여 준다는 것을 미처 생각하지 못하고 그것을 집에 두고 왔습니다."

"자, 그러면 가서 보도록 하자."

호랑이는 이렇게 말하고 웅웅거리며 사람을 따라 나섰다. 하지만 사람이 그런 호랑이를 말렸다.

"호랑이님, 당신은 저를 따라 우리 집 가까이 와서는 안 됩니다. 가축을 지키는 개들이 당신을 보면 달려들어 당신의 생명이 위태롭게 될지도 모릅니다. 여기서 기다리는 것이 좋을 듯합니다."

그리하여 호랑이는 그곳에 남게 되었다. 나무꾼은 몇 발자국 가다가 주저하면서 호랑이를 불렀다.

"호랑이님, 무섭습니다."

"무엇을 그렇게 무서워하느냐?"

"당신이 뒤에서 나를 붙잡지 않을까 그것이 두렵습니다."

그러자 호랑이는 '사람이라는 녀석이 이렇게 겁이 많으니 어떻게 힘과 능력이 있다고 할 수 있겠느냐'고 생각하고 자기를 나무에 묶어 두고 가라고 말했다. 나무꾼은 허리띠로 호랑이를 꽁꽁 묶은 다음 지혜를 가져오겠다며 떠났다.

"자, 호랑이님 내가 가서 현명한 지력을 갖고 오겠습니다. 조금만 기다리시오!"

잠시 후 나무꾼은 마른 나뭇가지를 가지고 와서 호랑이 곁에 쌓은 다음 호랑이에게 말했다.

"자, 이제 지혜를 가지고 왔으니 어디 한 번 보십시오."

그리고 부싯돌을 쳐서 쌓아 놓은 나무에 불을 붙이고 나무꾼은 도망갔다. 여기저기서 불이 타오르기 시작하자 호랑이는 심장이 터지도록 무섭고 당황하던 차에, 마침 묶어 둔 허리띠가 불에 타 풀리자 황급히 불 사이로 도망쳐 겨우 목숨을 건질 수 있었다. 이처럼 호랑이는 사람의 현명한 지혜를 보려고 하다가 털을 태우고 여기저기 불에 탄 나머지 검정 반점의 줄무늬가 생겨나게 되었다.

31. 하르 훌[50]

옛날에 고양이는 자기가 낳은 새끼를 팽개치고 더 힘센 새끼를 낳기를 애쓰다가 초원고양이를 낳았다. 그러나 고양이는 초원고양이 역시 자기보다 나은 것이 없고 몸집도 작다고 하며 또다시 팽개치고 이번에는 스라소니를 낳았다. 하지만 이번에는 꼬리가 짧고 위엄이 없다고 하여 팽개친 다음 표범을 낳았다.

---

50)훌(Hul)/쿨(Kul)은 고대 투르크─몽골어에서 '귀'를 뜻한다. 따라서 하르 훌(har hul)은 '검은 귀'라는 말이다.〈저자 주〉

표범은 힘은 그런 대로 괜찮았지만 얼룩무늬 털색에다 꼬리가 너무 길다고 하면서 그도 역시 팽개쳤다. 그러다가 호랑이를 낳았지만 불에 탄 것처럼 얼룩무늬 반점에다가 성격이 사납다고 하여 역시 탐탁지 않게 여겼다. 그리하여 다시 새끼를 낳았는데, 이번에는 이마에 불꽃 같은 붉은 눈을 가진 하르 홀이라는 동물을 낳았다. 하지만 하르 홀은 태어나자마자 어미를 잡아먹으려고 하여 접시에 젖을 주어 팽개치고 말았다. 그후 고양이는 좋은 새끼를 낳으려는 생각을 그만두고 미(고양이의 조상)를 낳으면 그것으로 만족하게 되었다.

32. 미의 다섯 아들

고양이의 조상인 '미'라는 동물은 처음에 고양이를 낳았다. 그러나 고양이는 들쥐 외에 다른 것을 잡아먹지 못하기 때문에 능력 없는 나약한 동물이라고 하면서 그를 팽개치고 초원고양이를 낳았다. 초원고양이 역시 마음에 들지 않아 팽개치고 더 좋은 새끼를 낳기를 바라다가 표범을 낳았다. 표범은 그런 대로 힘은 있었지만 그 역시 흡족하지 않아 더 힘센 새끼를 바라다가 호랑이를 낳았다. 호랑이는 그런 대로 유능하고 다른 대부분의 동물을 이길 만큼 힘은 있었지만 야수의 대왕인 사자를 무서워하기 때문에 그 역시 만족하지 못하고 더 힘센 동물을 기대했다. 그러다가 하르 홀이라는 막내를 낳았다. 그는 이마 가운데 커다란 외눈이 있어 아주 먼 곳을 볼 수 있었으며 장난 삼아 꼬리를 치면 삼림의 나무가 넘어지는 엄청난 힘을 가진 동물이었다. 그러나 하르 홀은 어미로부터 머리가 나오자마자 되돌아서 어미를 잡아먹으려 했다.[51] 미는 가까스로 목숨을 구하고 그후로는 고양이만 낳게 되었다.

---

51) 어떤 사람들은 하르 홀이 태어나자마자 어미를 잡아 먹었기 때문에 더 이상 번식하지 못했다고 한다.〈저자주〉

33. 용

옛날에 한 사냥꾼이 바위 협곡으로 새처럼 생긴 물체가 떨어지는 것을 보고 그곳으로 가본 즉, 마치 막 태어난 낙타 같은 동물이었다. 그것은 바로 용이었는데, 용은 곧 지상을 떠나 하늘로 날아가 버렸다. 이때부터 사람들 눈에 띄지 않게 된 사냥꾼은 이간질하기 좋아하는 어떤 여자에게 작대기로 얼굴을 얻어맞음으로써 다시 사람의 눈에 띄게 되었다. 그는 여자의 작대기에 맞아 부어오른 머리를 치료하기 위해 스님에게 갔다. 하지만 스님은 밀가루를 반죽해 놓은 채 외출을 하고 없었다. 사냥꾼은 밀가루 반죽으로 말상馬像을 만들어 그것을 만져도 보고 올라타 본 뒤 스님의 경전을 들고 밖으로 나갔다. 그러자 밀가루로 만든 말은 근사한 조로모리(뛸 때 한쪽 두 다리를 동시에 움직이는 말)로 변하고, 사냥꾼은 그 말을 타고 그곳에서 떠나가 버렸다. 그런데 이상한 것은 스님이 집에 와보니 밀가루로 만든 상像만 남아 있고 경전은 없었다.

34. 로스[52]

오치르바니(금강불)는 매우 힘이 세다고 한다. 그의 외모를 보면 오른쪽 다리는 무릎을 구부려 올리고, 오른쪽 손으로 금강저를 치켜들고, 왼손을 가슴에 놓고, 입을 벌리고 있다.

먼 옛날부터 물속에 살고 있는 로스라는 거대한 뱀이 대지의 동물과 사람을 해치고 세상을 소란하게 했다. 그리하여 텡게르가 로스를 유순하게 만들기 위

---

52)로스(Lus): 티베트어 'klu'에서 기원한 말. 몽골 샤머니즘 관념에 따르면 인간이 사는 대지 아래에 물의 세계가 있고, 그 안에 '로스 오르드'(龍宮)이 있다고 한다. 또한 용궁에는 그곳의 주인인 '칸'이 있다고 한다. 후대에 이러한 관념이 점차 변화 발전해 각종 수신(水神)을 '로스'라 하고, 그 우두머리를 '로싱칸'(龍王)이라 부르게 되었다.(『中國各民族宗教與神話大詞典』, p.452) 참고로 몽골 민간신앙의 '올 오스 타히흐 요스'(山川祭) 중에도 '로스 타히흐 요스'(水神祭)가 있다.

해 오치르바니를 세상에 보냈다. 그러나 오치르바니의 힘이 부족하여 로스를 당하지 못했다. 그러자 오치르바니는 세상 위로 올라가 엄청나게 높은 숨베르산(수미산)에 가서 일주일 동안 향香을 피우고, 에젱 텡게르(주인 천신 즉 최고의 천신)께 빌었다. 그러던 중 7일째 되는 날 그에게 엄청난 힘이 생기고, 그는 항가리드(설화에 등장하는 날짐승의 대왕)의 모습으로 변했다. 그는 로스의 머리를 낚아채 숨베르산을 세 번 감은 다음 다시 끌어당겨 돌로 머리를 눌렀다. 로스의 몸이 얼마나 컸던지 숨베르산을 세 번 감은 뒤에도 머리는 꼭대기에 있고 꼬리는 물속에 그대로 있을 정도였다.

로스가 오치르바니에게 물어보았다.

"너, 누구냐?"

"나는 오치르바니다."

"너는 원래 이렇게 힘이 세지 않았는데……."

"나는 일주일 동안 텡게르께 빌고 이렇게 큰 힘을 갖게 되었다."

그리하여 로스는 유순해지고 오치르바니의 힘에 눌려 그에게 머리를 숙이게 되었다. 이렇게 하여 로스는 물의 주인水神이 되고 항가리드는 산에서 살게 되었다.

35. 마타르[53]

바다에 사는 마타르라는 괴물은 단지 허리 부분만 눈에 보이는데, 그 크기가 얼마나 큰지 어깨뼈와 갈비뼈로 다리를 만들면 한쪽 끝에서 반대쪽 끝까지 가는데 말을 타고도 스무날이 걸릴 정도다.

---

[53]마타르(Matar): 고대 인도 설화에 나오는 악어의 몸에, 코끼리 머리에, 초식동물의 뿔을 가진 바다의 괴물.(*Mongol Helnii Har' Ügiin tol*'(몽골어 외래어 사전), p.156)

먼 옛날 이 세상에 아무것도 없고 단지 물만 있었던 시절, 오치르바니 보르항 금강불이 제자에게 바닷물을 저으라고 명했다. 처음 바다를 저으니 바닷물 속에서 해가 빛을 비추고 나왔다. 그러자 오치르바니가 낮에 빛을 비추라고 명하고 해를 하늘로 올려 보냈다. 다시 바닷물을 저으라고 칙령을 내리자 제자들이 다시 한 번 바닷물을 저었다. 그러자 이번에는 빛을 발하는 달이 나타났다. 다시 오치르바니가 세 번째로 바닷물을 젓게 하니 영생의 감로가 나타났다.

　이로써 되었다고 오치르바니가 만족할 때 어떤 제자가 호기심으로 다시 바닷물을 저으니 거대한 몸집을 가진 무서운 동물이 나타났다. 오치르바니는 그 동물을 보자마자 금강저로 후려쳐 가슴과 궁둥이 부위로 두 조각을 내어 버렸다. 그러자 괴물의 가슴 부위는 하늘로 올라가 라흐(해와 달의 적)라는 동물이 되고 궁둥이 부위는 바다에 떨어져 마타르라는 동물이 되었다. 마타르는 한 번 먹고 마시면 6개월 동안 여덟 개 하천의 물을 마시고, 마을 전체를 사람과 가축과 함께 삼켜 버리고, 12개월 동안 잠을 잔다.

36. 쇠파리와 잠자리

　먼 옛날에 잠자리 머리 위에 터키석이 붙어 있었다. 그가 잠자고 있을 때 쇠파리가 터키석을 훔쳐다가 자기 머리 위에 달았다. 그때부터 쇠파리는 녹색 머리를 갖게 되었다. 이 사실을 알게 된 잠자리는 쇠파리를 잡으려고 했지만 놓치고 말았다. 하지만 잠자리는 겹날개를 단 다음 마침내 쇠파리를 붙잡아 녹색 머리를 잘라 버렸다. 잠자리가 나타나면 쇠파리가 없어지는 이유는 바로 이 때문이다.

37. 개구리

먼 옛날 봄이 오자 조물주는 이 세상의 호숫가에 왕림하여 물고기, 고슴도치, 뻐꾸기, 후투티(새 이름), 까마귀, 비둘기 등 여러 동물들과 대화를 나누려고 했다. 이때 개구리가 펄쩍 뛰어 물고기 곁으로 왔다. 이를 본 물고기가 물었다.

"어, 개구리 형님! 봄이 되어 모든 동물이 즐거워하는데 무슨 일로 이렇게 뒤늦게 굴에서 나왔습니까?"

개구리는 천천히 눈을 감고 아무런 말도 하시 않았다. 그러자 조물수가 동물들을 향해 말했다.

"자, 세상의 주인들이여! 여러분 중 누가 가장 먼저 따스한 봄 소식을 전해 주는가? 누가 따뜻한 봄이 왔다는 사실을 사람들에게 전해 주는가?"

그때 후투티가 점박이 구슬을 출렁거리면서 대답했다.

"바로 저 말고 누가 있겠습니까? 봄이 되면 제가 가장 먼저 지저귑니다. 제 목소리를 듣고 동네 아이들은 어린 버드나무 가지를 꺾어 놀고 모든 식물은 파랗게 변한답니다."

그러자 후투티에게 시샘난 뻐꾸기가 살짝 날아올라 고개를 끄덕이며 말했다.

"아니, 그 듣기 싫은 목소리를 누가 듣는답니까? 아름답고 감동적인 내 목소리가 들리면 모든 사람들이 나를 보고 신기해 할 때 세상의 모든 꽃이 순식간에 피어난답니다."

조물주가 주위를 두리번거리자 여러 동물들이 떠들어 댔다.

"맞습니다. 맞습니다."

그때 한쪽 구석에 웅크리고 누워 있던 개구리가 버럭 화를 내고 일어나 엉금엉금 기어 오더니 몸을 치켜세우고 앉아 가슴을 치며 노래했다.

후투티의 우는 소리도
원한을 씻지 못한다!

뻐꾸기 우는 소리도

얼음을 녹이지 못한다!

호수의 주인인 우리들이

개굴개굴 소리내면

세상은 흔들흔들 하고

멋진 꽃이 푸릇푸릇 맞이한다

이렇게 노래하고 개구리는 호수로 펄쩍 뛰어 들어갔다. 여러 동물들은 모두 머리를 끄덕이며 개구리의 말에 동의했다. 그때부터 농부들은 개구리가 울면 곡식이 자라날 시기를 알게 되었다.

38. 세상의 세 걱정꾼

두루미가 사뿐사뿐 걸어가면서 머리를 위아래로 끄덕거리는 이유는 만일 자기가 힘차게 걸으면 세상이 무너져 많은 동물이 구덩이에 빠져 죽을지 모른다는 걱정 때문이다. 또 여치가 조약돌 위에 올라가는 이유는 이 세상에 홍수가 나서 모든 것이 물에 떠내려갈지 모르기 때문에 이를 살피기 위해서다. 그리고 박쥐가 높은 곳에 매달려 있는 이유는 하늘이 무너져 모든 동물이 멸종되어 버릴지도 모른다는 걱정 때문에 하늘을 살피기 위해서다.

39. 올챙이, 구더기, 거미

옛날에 한 대왕이 살고 있었다. 그 대왕은 '나라에 거지나 주인이 없는 개가 없는 나라를 만들겠다. 또 누구든 무엇이든 원하는 것이 꼭 이루어지도록 하겠

다. 결코 나는 못한다는 말을 말을 하지 않겠다' 고 맹세했다. 그런데 이웃나라
에는 사악함이 세상 모든 것을 이길 수 있다고 믿는 사악한 마음을 가진 세 사
람이 살고 있었다. 그 세 사람은 세상 모든 사람들에게 해를 입히겠다고 작정하
고 길을 떠났다. 그렇게 세 사람은 계속 길을 가다가 어느 날 어느 한 곳을 정해
서로 만나 누가 어디 어디를 갔는지 이야기하기로 했다. 그해 여름 세 사람이
한 자리에서 만났다. 그중 한 사람이 얘기를 시작했다.

"우리나라 남쪽에 엥흐 암갈랑[54]이라는 매우 부유한 대왕이 있는데, 그는 무
엇을 원하든 반드시 그것을 실현하겠나, 절대로 '못한다' 는 말을 하시 않겠나
고 맹세를 했다네."

세 사람은 그곳으로 가 대왕의 입에서 '못한다' 라는 말이 나오도록 만들기로
의기투합하고, 어떻게 골탕을 먹일 것인지 의논을 하기 시작했다. 한 사람이 의
견을 내놓았다.

"아, 그거 식은 죽 먹기다. 사람이 할 수 없을 뿐 아니라 생각조차 할 수 없는
일을 요구하세. 그러면 그는 하는 수 없이 '못한다' 는 말을 할 수밖에 없지 않겠
는가."

길을 떠난 세 사람은 마침내 대왕을 만났다. 그 중 첫 번째 사람이 말했다.

"나는 이 세상 전체를 비단으로 덮어 버리려고 합니다! 그러니 저에게 세상
전체를 덮을 만큼 충분한 비단을 주시기 바랍니다."

그리고 두 번째 사람은 바깥바다의 수평선을 가득 채울 만큼 밀가루를 달라
고 요구하고, 세 번째 사람은 숨베르산(수미산)을 덮을 만큼의 황금을 달라고
요구했다.

대왕은 도저히 이들의 요구를 들어줄 수 없는 것을 알고 당황했지만 이미 맹
세를 했기 때문에 '못한다' 는 말을 할 수 없었다. 그리하여 결국 그들의 요구를

---

54)엥흐 암갈랑 칸: 직역하면 청나라의 강희제. 이로 미루어 후대에 이렇게 윤색되었거나 청 지배 하에서
   중국에서 전해진 듯하다.

들어주겠다고 약속을 하고 말았다.

"너희들은 나에게 너무 큰 것을 요구했지만 별 수 없구나. 너희들이 요구한 것을 들어줄 테니 21일 후에 다시 오너라."

세 사람을 떠나 보낸 뒤 대왕은 곧 바로 나라 전체의 모든 학인學人과 현자들을 소집하여 사실을 털어놓았다.

"우리나라를 골탕먹이려고 이렇게 세 거지가 왔다. 이들의 요구는 실현은 고사하고 생각조차 못할 일들이다. 상황이 이러할진대 어떻게 했으면 좋겠느냐?"

그들은 일주일 동안이나 회의를 거듭했다. 이때 회의에 참석한 사람들 중 집이 궁전에서 가까운 어떤 관리가 대왕의 허락을 받고 집으로 갔다. 그 집에는 8년 전에 타르바가 굴에서 얻은 이제 여덟 살짜리 아들이 있었다. 아이는 아버지가 돌아오자 물었다.

"아버지! 밥도 먹지 않고 잠도 주무시지 않고 여러 날 동안 무엇을 하고 있습니까?"

아버지는 아이의 뺨을 때리며 말했다.

"네까짓 어린애는 나랏일에 끼어들 자격이 없다."

그러나 아버지가 집을 나서려고 하자 아들은 울음을 멈추고 말했다.

"아버지! 암흑을 깨뜨리려면 작은 빛도 작다고 하지 않습니다! 바위를 부수려면 나쁜 도구도 나쁘다 하지 않습니다!"

가는 도중에 관리는 속으로 '조그만 녀석이 참 대단한 말을 하는구나. 필시 자신이 어리다는 말일 것이다'라고 생각하며 궁전에 돌아왔다. 그리고는 회의에 참석한 다른 관리에게 집에서 일어난 일을 말해 주었다.

이윽고 대왕이 큰 소리를 쳤다.

"우리는 일주일 동안이나 회의를 했다. 이제 회의를 끝내겠다. 어린 사람을 어리다 하지 않고 노인을 늙었다 하지 않고 그늘의 의견과 충고를 보으겠다! 사람의 지혜는 가지각색이라고 하지 않았느냐."

대왕이 말을 마치자 방금 집에 다녀온 관리로부터 아이에 대한 말을 들은 한 관리가 사람들에게 집에서 일어난 얘기를 전해 주고, 아이의 아버지와 함께 곧장 아들에게 가서 사악한 세 사람이 부탁한 요구 사항에 대해 말했다.

그러자 아들이 말했다.

"이렇게 사소한 일로 무슨 걱정을 그렇게 하고 있습니까. 사악한 세 사람을 돌려보내는 일은 아주 간단합니다. 아버지께서는 지금 대왕에게 가서 혼자 있을 때 이렇게 말하십시오. 사악한 사람들은 21일이 아니고 14일 지나서 올 것입니다. 그들이 오면 '이 세상에서 승인된 세 가지 계량기'를 가져오라고 하십시오. 그리고 '누가 전세계를 비단으로 덮겠나고 했느냐? 비단을 얼마나 주면 되느냐? 얼마만큼의 비단이 필요하느냐? 계량기로 측정해서 그만큼 비단을 주겠다'고 하십시오. 그리고 '누가 숨베르산을 금으로 덮겠다고 했느냐. 밑바닥에서 산꼭대기까지 측정해 오너라! 얼마나 되느냐? 그러면 그만큼 주겠다'고 말하여 보내십시오. 또한 '고기, 꼬치고기, 진흙, 물과 함께 바깥바다의 무게가 얼마나 되는지 측량해 오너라! 그러면 그 무게만큼의 밀가루를 주겠다'고 말하여 보내십시오. 그러면 세 사람은 다시는 오지 않을 것입니다."

대왕이 혼자 있는데 과연 14일이 지나 세 사람이 찾아왔다. 그리하여 그들에게 이 세상의 세 가지 계량기를 구해 오라고 말해 보냈다. 세 사람은 세 개의 계량기를 구해 왔다. 그러자 대왕은 아이가 가르쳐 준 대로 말해 보냈다. 그후 지금까지 사악한 세 사람은 산과 대지와 바다의 측량을 끝내지 못하고 있다. 나중에 세 사람은 각각 올챙이, 구더기, 거미가 되고 말았다.

올챙이는 위를 한 번 보았다 아래를 한 번 보았다 하는데, 이는 바다의 크기를 재기 위한 것이다. 구더기는 양끝으로 꿈틀대며 다니는데, 이는 이 세상의 크기를 재기 위한 것이다. 거미는 위로 올라갔다 아래로 내려왔다 하는데, 이 역시 숨베르산의 높이를 재기 위한 것이다.

40. 원앙새

원앙새는 본래 스님이었다. 그 때문에 원앙새를 람 쇼보(스님 새)라고도 한다. 스님이 호숫가에 있는 한 바위굴에서 명상하고 있을 때 후흐데이 메르겡(인명)이라는 사냥꾼이 산꼭대기에 안치한 오하 두는 보가(지혜의 네 살배기 사슴)의 머리를 어머니, 아버지 머리와 함께 삼 년 동안 제사를 지냈다.

어느 날 후흐데이 메르겡이 세 개의 머리에 제사를 지내기 위해 그곳으로 갔더니 세 가지 빛깔의 무지개가 떠서 하늘로 올라가고 있었다. 그때 그는 '죄 많은 검은 사냥꾼인 나는 선량한 동물을 많이 죽였다'고 후회하고 일흔 발이나 되는 푸른 무기를 바위에 쳐서 세 조각으로 부숴 버렸다. 그런 다음 바위에서 떨어져 죽으려고 하자 세 산봉우리가 삼면三面에서 받쳐 주어 하늘로 올라갔다. 바위굴에서 명상하다 이 광경을 본 스님이 '제 나이보다 많은 동물을 죽인 몹쓸 죄 많은 검은 사냥꾼을 하늘의 새들이 모시고 간 것을 보면 나도 분명히 데려갈 것이다'라고 생각하고, 바위 절벽에서 뛰어내렸다. 하지만 아무도 그를 받쳐 주지 않아 그대로 호수로 떨어졌다. 스님은 호수로 떨어짐과 동시에 원앙새로 변했다. 그 때문에 원앙새에는 스님의 옷(승복)처럼 노랑과 빨간 반점이 있다.

41. 원앙새가 새끼를 잡아먹게 된 사연

먼 옛날 보르항 박시가 어떤 잔치에 가려고 고운 옷을 찾았지만 옷이 없었다. 그리하여 그는 모든 동물들을 모아 놓고 누가 옷을 훔쳐갔느냐고 물었다. 그러나 옷을 훔쳤다고 나서는 동물은 아무도 없었다. 그때 보르항의 하녀인 원앙새의 새끼가 실수로 사실을 털어놓고 말았다.

"우리 어머니가 당신의 고운 옷을 훔쳤습니다."

이 말을 들은 보르항이 원앙새에게 당장 옷을 가져오라고 시켰지만 원앙새는 자기가 옷을 훔치지 않았다고 거짓말을 하고서는 자기 말을 믿도록 하려고 자기가 낳은 새끼를 영원히 잡아먹고 살겠다고 맹세했다. 그때부터 원앙새는 보르항의 연미복처럼 무지개가 드리운 황갈색의 아름다운 털을 가지게 되었다. 하지만 영원히 새끼를 잡아먹겠다고 한 약속 때문에 원앙새는 두 마리를 제외한 나머지 새끼를 모두 잡아먹게 되었다.

42. 메추라기가 꼬리가 짧은 사연

먼 옛날 얼룩무늬 반점이 있는 까치 한 마리가 잎이 무성한 나무 위에 둥지를 튼 다음 알 세 개를 낳고 편안히 쉬고 있었다. 그러던 어느 날 사뿐사뿐 달리는 꾀 많은 여우가 와서 알 하나만 달라고 했다. 까치는 여우의 제의를 거절하며 말했다.

"나는 방금 겨우 알 세 개를 낳았다. 그런데 무엇 때문에 너에게 내 알을 주느냐?"

여우는 버럭 화를 내며 소리쳤다.

숲속 저쪽에서 후닥닥 뛰어와
버드나무를 세차게 들이받아
산산이 부서진 알을 주워 먹겠다
바위 저쪽에서 잽싸게 달려와
느릅나무를 확 들이받아
산산이 부서진 알을 주워 먹겠다.

이 말을 들은 까치는 몹시 두렵고 어찌할 바를 모르다가 알 하나를 여우에게 주었다. 까치는 나머지 두 개를 품고 울면서 누워 있었다. 그러나 다음날 여우가 다시 와서 알을 하나만 달라고 했다. 까치는 또 거절하며 말했다.

"이제 겨우 알이 두 개밖에 없으니 도저히 줄 수 없다."

여우는 어제와 똑같이 다시 소리쳤다.

숲속 저쪽에서 후닥닥 뛰어와
버드나무를 세차게 들이받아
산산이 부서진 알을 주워 먹겠다
바위 저쪽에서 잽싸게 달려와
느릅나무를 확 들이받아
산산이 부서진 알을 주워 먹겠다.

두려움에 떨던 까치는 어찌할 바를 모르다가 결국 또 하나를 여우에게 주고 말았다. 그리하여 까치는 단 하나 남은 알을 품고 여우가 다시 돌아오면 어떻게 하느냐 걱정하며 비탄에 젖어 울고 있었다. 이때 메추라기 한 마리가 날아와 까치에게 물었다.

"까치 언니, 까치 언니! 무슨 일로 웁니까?"

"못된 여우가 와서 내 알 두 개를 먹어 버렸다. 내일 또 와서 나머지 하나마저 먹어 버릴까 두려워 울고 있단다."

이 말을 들은 메추라기는 못된 여우가 다시 나타나거든 다음과 같이 물어보라고 일러 주었다.

숲속 저쪽에서 후다닥 뛰어올
회색 말이 어디 있느냐?
버드나무를 세차게 들이받을
뿔이 어디 있느냐?
바위 저쪽에서 잽싸게 달려올

암갈색 말이 어디 있느냐?

느릅나무를 확 들이받을

뿔이 어디 있느냐?

그런 다음 메추라기는 절대로 자기에게서 들었다는 말을 하지 말라고 부탁하
고 날아갔다. 다음날 재미가 들린 여우가 다시 와서 까치에게 나머지 알을 달라
고 소리쳤다. 까치는 메추라기에게서 들은 대로 여우에게서 물어보았다.

숲속 저쪽에서 후다닥 뛰어올

회색 말이 어디 있느냐?

버드나무를 세차게 들이받을

뿔이 어디 있느냐?

바위 저쪽에서 잽싸게 달려올

암갈색 말이 어디 있느냐?

느릅나무를 확 들이받을

뿔이 어디 있느냐?

그러자 여우가 누가 이 말을 가르쳐 주었느냐고 물었다. 겁에 질린 까치는 그
만 메추라기가 가르쳐 주었다고 대답하고 말았다. 화가 난 여우는 메추라기를
잡아먹으려고 관목과 버드나무 사이를 킁킁거리며 며칠을 헤매다 마침내 메추
라기를 붙잡았다. 여우가 막 집어삼키려고 할 때 메추라기가 말했다.

"여우님! 원하는 대로 나를 잡아먹으세요! 그러나 자비로운 동물은 음식을 먹
을 때 입을 벌리고 씹는답니다! 자비롭지 못한 동물들만 음식을 먹을 때 입을
벌리지 않고 우물우물 씹는답니다!"

여우는 이 말을 듣고 내심 기뻐하며 나처럼 자비로운 동물이 또 어디 있겠느
냐고 하고 막 씹으려고 입을 벌렸다. 이 틈을 타 메추라기가 휙 날아가는 바람

에 여우는 메추라기의 꼬리만 물어뜯고 말았다. 현명한 메추라기의 꼬리가 짧은 것은 이 때문이다.

43. 메추라기와 여우

옛날에 먹이를 찾아 광대한 벌판을 끙끙거리고 헤매던 여우 한 마리가 관목 밑동에서 메추라기 새끼를 발견하고는 군침을 흘리면서 맛있는 먹이를 찾았다고 기뻐했다. 이때 어미 메추라기가 와서 간청했다.

"여우님! 당신이 배가 고프다는 것을 잘 알지만 제 새끼를 위해 자비를 베푸소서!"

"정 그렇다면 네 새끼를 잡아먹지 않겠다! 대신 내 배를 채울 어떤 방법이 있느냐?"

"조용히 나를 따라 오십시오! 내가 당신의 배를 채울 방법을 찾아 주겠습니다."

그리고 메추라기는 여우를 한 부잣집으로 데리고 가서 거기에 앉혀 놓고, 자신은 그 집의 문 위에 가로 댄 나무에 앉아 있었다. 부잣집 사람들이 모두 일어나 메추라기를 멀리 쫓아냈다. 그 사이에 여우는 부잣집에 있는 모든 것을 실컷 먹고 남은 음식 위에 오줌과 똥을 누고 갔다.

어느 날 여우는 또 배가 고파 메추라기 새끼를 잡아먹으려고 했다. 어미 메추라기가 와서 다시 한 번 자비를 베풀기를 간청했다. 그러자 여우는 자기를 한번 크게 웃게 만들어 주면 새끼를 잡아먹지 않겠다고 약속했다. 메추라기는 여우를 데리고 다시 부잣집으로 가서 꽤 멀리 떨어진 곳에 앉혀 놓은 뒤 집 밖에서 가죽끈을 사르고 있던 부사의 머리 위에 살며시 내려앉았다. 그때 마침 소젖을 짜고 있던 부인이 남편 머리 위에 앉아 있는 메추라기를 보고 부자에게 말했다.

"움직이지 말아요! 메추라기가 머리 위에 앉아 있어요. 제가 가만히 가서 채찍으로 때려 죽이겠습니다."

그리하여 부자의 아내는 긴 채찍을 가지고 남편 뒤로 살며시 다가가 힘껏 내리쳤다. 하지만 채찍은 메추라기를 맞추는 대신 부자의 머리를 때리고 말았다. 화가 난 남편이 아내를 쫓아가 때리는 동안 여우는 푸른 간이 뻣뻣해지도록 웃고 고기와 음식을 배가 터지도록 먹은 다음 메추라기와 만나 즐거운 마음으로 돌아갔다.

어느 날 또다시 배가 고파진 여우는 메추라기 새끼를 잡아먹으려고 했다. 그러자 다시 메추라기가 나타나 자비를 베풀어 달라고 간청했다. 그러자 여우가 또 다른 제안을 했다.

"이번에는 나를 겁나게 해 보아라! 그러면 다시는 네 새끼를 잡아먹으려고 하지 않겠다."

"좋습니다. 그러나 눈을 꼭 감고 나를 따라 오십시오."

눈을 꼭 감은 여우를 데리고 가던 메추라기는 저 멀리서 개를 데리고 오는 사냥꾼을 보고서 고랑으로 들어갔다. 그리고 사냥꾼 쪽으로 가까이 가서 도랑 위로 올라가며 말했다.

"자, 여우님 눈을 뜨십시오! 그리고 내 새끼의 목숨을 가지고 장난질한 당신에게 위험이 닥쳤는지 아닌지 이제 보십시오!"

그러자 말을 탄 사람들이 질주해 오고 개가 짖어 대며 따라왔다. 이 광경을 보고 겁에 질린 여우는 오줌을 싸고 밀림으로 도망쳐 겨우 목숨을 구했다. 그곳에서 돌에 벗겨진 발바닥의 피를 핥고 누워 있을 때 메추라기가 와서 말했다.

"여우님, 이번엔 정말 놀랐지요. 괜찮습니까? 아직도 조금 부족합니까?"

화가 치민 여우는 여우는 메추라기의 길다랗고 아름다운 꽁지를 물어뜯어 버렸다. 이 때문에 메추라기 꼬리는 짧게 되고 여우의 꼬리는 길다랗게 되었다. 또 여우는 그놈의 시커먼 마음씨 때문에 침침한 굴에서 살게 된 반면 메추라기는 비록 꽁지가 짧아졌지만 탁 트인 환한 곳에서 자유롭게 살게 되었다.

44. 독수리

먼 옛날 독수리는 사람이었다. 어떤 젊은 뵈(남샤먼)[55]가 독수리로 변신하여 서쪽 끝까지 날아갔다가 집에 돌아와서는 예전처럼 사람이 되곤 했다. 다음에 그는 다시 독수리로 변신하여 동쪽 끝까지 날아갔다. 그곳에서 한참 머문 다음 집으로 돌아오던 길에 몹시 배가 고파진 그는 어떤 동물의 주검에 앉아 발바닥을 쪼아 먹었다. 그는 동물의 시체를 실컷 먹은 후 집을 향해 날아갔다. 하지만 독수리는 이처럼 더러운 시체를 먹었기 때문에 집에 돌아와서도 다시는 사람으로 변하지 못하고 그대로 독수리가 되었다.

독수리는 부리야트인(바이칼호 주변의 몽골족)의 수호신이다. 그래서 그들은 독수리를 숭배하고 사냥하지 않는다. 만약 사람이 두 마리 독수리 중 한 마리를 잡으면 남은 독수리는 올리한섬[56] 위를 밤새도록 날아다닌다. 그곳에서 독수리는 짝을 구한다. 그리고 다음날 다시 보면 정말로 두 마리가 되어 날아다니는 것이다.

45. 박쥐와 항가리드

항가리드(설화에 등장하는 날짐승의 대왕)가 아직 날짐승의 대왕이 되지 못한 시절의 얘기다. 날짐승들은 가장 높이 날아가 순식간에 아래로 내려올 수 있는 자를 대왕으로 추대하기로 하고 모두 위로 날아갔다. 이때 박쥐는 가슴에 돌

---

55)일부 이본(異本)에 따르면 이 세상 최초의 샤먼이 독수리가 되었다고 한다. 그리고 이를 올리한섬(즉 오이홍섬)의 포악한 주인 호토이(hotoi) 신설과 관련시키 언급하고 있다.(G.I.Mikhailov, 1900, *O nekotorykh parallelyakh v mifologii buryat i tyurkskikh narodov sibiri*(부리야트와 시베리아 투르크계 민족 신화체계의 몇 가지 유사성), p.6).〈저자 주〉
56)보통 오이홍섬이라고 한다. 오이홍은 바이칼호에 있는 작은 섬으로 흔히 시베리아 샤머니즘의 메카로 언급되는 곳이다.

을 품고 항가리드의 등 위에 올라탔다. 항가리드는 이 사실을 알지 못했고 다른 새들도 전혀 의심하지 않은 채 모두 높이 날아갔다.

다른 날짐승들보다 훨씬 높이 올라간 항가리드가 외쳤다.

"내 위에 누가 있느냐?"

그러자 박쥐가 맞장구쳤다.

"바로 내가 있다! 자, 이제 아래로 내려가겠다."

이렇게 말하고 박쥐는 돌을 가슴에 바짝 끌어안고 항가리드의 등에서 펄쩍 뛰어 땅으로 내려왔다. 이렇게 해서 날짐승들은 박쥐에게 여러 가지 공적 의무를 면제하고 특권을 주는 한편 그에게 둥지를 만들어 주었다. 이 때문에 새둥지를 '박쥐의 둥지'라고 하게 되었다. 그후 수년이 지나 항가리드는 나이가 들어 대를 이을 자식을 낳으려고 후실을 들였다.

배고플 땐 음식마다 맛있고
늙어선 아내마다 예쁘다

바로 이 이야기처럼 항가리드는 세상에 둘도 없는 아름다운 아내를 얻었다고 하면서 후실을 지극 정성으로 사랑했다. 그리하여 그녀가 무슨 말을 하든 그대로 따랐다. 그러던 차에 그녀가 아이를 낳았다. 항가리드는 아내에게 이제 무엇을 해 주었으면 좋겠냐고 물었다. 아내는 하나밖에 없는 자식을 위해 이 세상에서 가장 아름다운 요람을 만들어 주었으면 좋겠다고 대답했다. 날짐승의 대왕은 그 정도는 아무것도 아니라고 하면서 다시 아내에게 물었다.

산호와 진주로 해 주오
순금으로 해 주오
순은으로 해 주오
단단한 백단목白檀木으로 해 주오

이에 아내가 대답했다.

"이 세상에 금과 은으로 만든 요람은 수없이 많습니다. 당신은 모든 날짐승의 대왕이시니 새의 일부분으로 요람을 만들어 주시면 당신의 태생에도 합당할 것입니다."

그러자 항가리드가 다시 물었다.

"자, 그러면 새의 어떤 부분으로 해 줄까? 깃털로 해 주랴? 가슴뼈로 해 주랴? 뼈로 해 주랴? 껍데기로 해 주랴? 말해 보아라."

"새의 부리로 만들어 주시면 때깔도 좋고 정말로 튼튼한 요람이 될 것입니다."

이 말을 들은 항가리드는 즉시 칙령을 내리고 사방에 사자를 보내어 모든 새들을 불러모은 다음 부리에 구멍을 뚫어 코뚜레로 연결해 놓았다. 하지만 불려온 새들을 살펴보니 유독 박쥐만 빠지고 오지 않았다. 항가리드는 화가 머리 끝까지 치밀어 박쥐를 빨리 잡아오도록 특사를 보냈다. 항가리드의 사자가 박쥐에게 가서 대왕의 칙령을 전달하자 박쥐는 말했다.

"나는 요즘 사흘 동안 세 가지 큰 궁리를 하느라 겨를이 없었다. 그것을 죄다 궁리한 다음 내일 가겠다."

다음날 박쥐는 매우 허둥대는 모습으로 헉헉거리며 나타나자 항가리드가 물었다.

"네가 사흘 내내 세 가지 큰 문제를 궁리하고 있다고 들었는데, 그것이 무엇인지 당장 말해 보아라."

"첫 번째는 이 세상에 낮이 많은가 밤이 많은가 세어 보았습니다."

"그래 어느 쪽이 더 많더냐?"

"새벽의 여명, 저녁의 박명에다가, 해가 없는 날을 더하면 밤이 훨씬 많습니다."

"그건 그렇다고 치자. 두 번째는 무슨 궁리냐?"

"이 세상에 죽은 새가 많은가 아니면 살아 있는 새가 많은가 생각해 보았습니다. 그런데 잠자고 있는 새를 죽은 새로 친다면 살아 있는 새보다 죽은 새가 훨씬 많습니다."

"자, 그렇다고 치고, 세 번째는 무슨 궁리냐?"

"이 세상의 새들 중 암컷이 많은가 아니면 수컷이 많은가 생각해 보았습니다. 암컷이 시키는 대로 하는 수컷을 암컷으로 치면 암컷이 훨씬 더 많습니다."

이렇게 박쥐에게 낭패를 당한 힝가리드는 부리를 뚫어 코뚜레를 해놓은 모든 새를 풀어 주었다. 그리하여 새는 알을 낳을 때 요람을 만들지 않고 둥지를 틀게 되었다. 그리고 힝가리드가 모든 새에게 코뚜레를 했기 때문에 새의 부리에 구멍이 생겨나게 되었다. 그러나 박쥐는 코뚜레를 하지 않았기 때문에 부리가 온전하게 보존될 수 있었다.

46. 박쥐와 독수리

박쥐가 암독수리 한 마리와 동무가 되어 밤에 함께 날아다니고 함께 잠자게 되었다. 그들은 밤늦게까지 함께 있지만 아침이면 박쥐가 날아가 버리기 때문에 독수리는 그의 얼굴을 볼 수 없었다. 그리하여 독수리는 어느 날 박쥐의 얼굴을 낮에 한번 보겠다고 마음먹고 박쥐 다리에 빨간 줄을 묶어 놓았다. 다음날 힝가리드가 모든 새를 불러모았다. 선임의 큰 새들은 백단목 꼭대기에 앉았는데, 독수리 역시 그 가운데 앉아 있었다. 아래쪽에는 갖가지 작은 새들이 앉아 있고, 맨 아래쪽에는 참새가 앉아 있었다. 독수리는 다리에 빨간 끈이 달린 새를 찾아보았지만 위쪽에서는 찾을 수 없었다. 그래서 아래쪽에 앉아 있는 새들로 눈을 돌려보니 맨 끝 땅바닥에 앉아 있는 박쥐가 햇빛을 무서워하면서 나무 그늘 쪽으로 얼굴을 돌리고 있는 것이 보였다. 그때부터 암독수리는 박쥐와 다니지 않게 되었다.

47. 박쥐와 곤줄박이

먼 옛날 박쥐와 곤줄박이는 한집에서 살고 있었는데, 박쥐는 아침 일찍 집을 나갔다가 밤중에 돌아오곤 했다. 어느 날 아내 곤줄박이는 박쥐에게 어디를 그렇게 돌아다니는가 물어보았다. 그러자 박쥐는 매일 날짐승의 대집회에 다닌다고 대답했다. 그래서 마음속으로 그곳에 가보겠노라 생각한 곤줄박이가 다음날 날짐승의 대집회장에 갔지만 남편은 거기에 없었다.

집에 돌아온 곤줄박이는 밤에 박쥐가 돌아오자 물었다.

"나는 회의장에서 당신을 전혀 보지 못했소. 어디를 갔었소?"

이에 박쥐는 거만하게 되물었다.

"당신 중앙의 상석에 누가 앉아 있는가 보았소?"

"보았소."

"그게 바로 나요."

사실 그는 날짐승의 대왕인 항가리드였다. 그후 곤줄박이는 그 말이 거짓인지 아닌지 시험해 보기로 하고 어느 날 아침 박쥐의 다리에 길고 가느다란 끈을 묶어 놓고 그 뒤를 좇아 날짐승의 집회장으로 갔다. 회의장 맨 상석에 항가리드가 앉아 있었지만 다리에 묶은 끈은 보이지 않았다. 그래서 곤줄박이는 집회에 참석한 모든 날짐승의 다리를 가만히 살펴보았지만 역시 끈은 보이지 않았다.

곤줄박이는 집으로 날아가던 도중에 잠시 쉬어 가려고 나뭇가지에 앉아 사방을 두리번거렸는데 옆에 있는 나무껍데기 사이로 끈이 늘어져 있는 것이 보였다. 그곳으로 가 보니 남편인 박쥐가 아무런 이유도 없이 나무껍데기 저쪽에 들어가 햇빛을 피해 누워 있었다. 곤줄박이가 당신 무엇을 하고 있느냐고 묻자 박쥐는 나무가 넘어질 것 같아 자기가 버티고 있노라고 대답했다. 이렇게 박쥐의 본 모습을 깨닫고 그가 한 거짓말에 환멸을 느끼고 곤줄박이는 그를 떠나고 말았다.

그후 박쥐는 잃어버린 아내를 찾아 이리저리 헤매게 되었다. 반면에 곤줄박

이는 언제 박쥐가 뒤따라올지 모른다고 두려워하면서 머리를 흔들고 여기저기
쳐다본다.

48. 박쥐

먼 옛날 들짐승과 날짐승 사이에 무시무시한 싸움이 벌어져 날짐승의 깃털과
들짐승의 털이 수풀처럼 이 세상을 뒤덮었다. 그때 이리와 까마귀가 싸워 처음
에는 이리가 이겼다. 그러자 박쥐가 이리에게 말했다.

"나는 이빨이 있는 들짐승에 속한다. 때문에 또 싸움이 벌어지면 나는 당신과
힘을 합해 까마귀를 때리겠다."

그후 이리와 까마귀 사이에 또 싸움이 벌어졌지만 이번에는 까마귀가 이겼
다. 그러자 박쥐는 까마귀에게 가서 말했다.

"나는 날짐승에 속한다. 그러니 또 싸움이 벌어지면 나는 당신과 힘을 합해
이리를 공격하겠다."

그러다가 싸움을 그만두고 화목하게 지내게 된 이리와 까마귀는 박쥐를 어떻
게 할 것인지 얘기를 나누었다. 먼저 이리가 박쥐는 나에게 자기 이빨을 보이면
서 자신이 들짐승에 속하므로 다음에는 나와 힘을 합해 까마귀를 때리겠다고
말했다고 했다. 그러자 까마귀 역시 그 녀석은 또한 내게 와서 자신의 깃털을
보여 주면서 나는 날짐승에 속하기 때문에 당신과 힘을 합해 이리를 때리겠다
고 말했다고 했다.

이렇게 박쥐의 이중적인 성격을 알게 된 이리와 까마귀는 얼굴이 벌겋게 되
도록 그를 나무랐다. 그후로 박쥐는 날짐승, 들짐승 모두를 부끄럽게 여기며 낮
에는 바위 틈새나 구멍 속에 숨어 있게 되었다.

49. 비둘기와 참새

　옛날에 비둘기와 참새가 티베트를 향하여 날아가고 있었다. 그들은 티베트에 거의 다 와서 잠시 쉬어 가려고 한 집에 앉아 있는데 거기서 여자의 신음소리가 들렸다. 그러자 비둘기는 그녀를 보살펴 주어야 한다고 말했지만 참새는 어서 빨리 티베트에 가서 스님들이 어떻게 경經을 읽고 법회를 하는가 보아야 한다면서 날아가 버렸다. 이렇게 하여 비둘기는 환자를 간호하려고 홀로 남고 참새는 티베트로 가서 사원의 지붕에 둥지를 틀고 스님들이 어떻게 경을 읽고 복을 비는가를 살펴보았다. 한 달 뒤 비둘기와 참새는 다시 만나 자기들이 겪은 일을 이야기하려 했지만 서로 상대방의 말을 전혀 이해하지 못했다. 왜냐하면 비둘기는 계속 신음하듯이 구구─구구 소리밖에 내지 못하고 참새는 계속하여 움움 움움 웅얼거리는 소리만을 냈기 때문이다. 비둘기는 병든 여인의 신음 소리를 잊어버리지 못하고, 참새의 귀에는 아침부터 저녁까지 이해할 수 없는 말로 중얼거리는 스님들의 독경 소리와 기도 소리가 남아 있었던 것이다. 그래서 지금까지도 비둘기와 참새는 서로를 이해하지 못한다.

50. 닭이 새벽에 울게 된 사연

　닭은 원래 말을 탄 사람이 내리고 걷는 사람이 앉아서 볼 마음이 생길 만큼 무지개 색 공작의 깃털처럼 크고 아름다운 꼬리를 가지고 있었다. 그때 공작은 짧은 깃털에 꼬리도 잘룩한 볼품없는 동물이었다. 공작은 닭의 아름다운 깃털과 당당한 꼬리를 몹시 부러워하며 어떻게 하면 그것을 빼앗을까 궁리하며 다녔다. 그러던 어느 날 저녁, 무지개 빛깔의 아름다운 깃털과 꼬리를 치켜들고 만면에 미소를 머금고 걸어가는 닭과 마주친 공작이 닭에게 애원했다.
　"오늘 밤 우리 공작새 친척들이 모여 잔치를 벌이려고 하는데, 네 깃털 좀 빌려 다오. 단 하룻밤만이라도 너의 아름다운 깃털로 꾸미고 잔치에 참가하고 싶다."

"그러면 언제 내 깃털을 가져다 주겠니?"

공작은 아침 일찍 동물과 사람들이 일어나기 전, 여명이 밝아 올 무렵에 가져다 주겠다고 하면서 연신 고개를 숙였다. 이 모습에 닭은 결국 다른 닭들이 깨어나기 전에 깃털을 가져다 달라고 신신당부하고 공작에게 자기의 깃털을 빌려주었다. 깃털을 빌려 준 닭은 그날 밤잠을 제대로 자지 못한 채 일찍 깨어나 여명이 밝아 오자마자 '공작아! 내 깃털을 가져다 다오!' 라고 소리쳤다. 그러나 공작의 모습은 보이지 않았다. 닭은 그후로 여명이 틀 무렵이면 일어나 '공작아! 내 비단 옷을 가져다 다오!' 라고 소리치면서 꼬끼오 꼬끼오 하고 울게 되었다. 반면에 공작은 닭이 깃털을 빼앗아 갈지 모른다는 걱정 때문에 가만히 고개를 숙이고 항상 주변을 경계하면서 다니게 되었다.

51. 딱따구리와 황금 목을 가진 벌레

옛날에 구두쇠 대왕의 아들과 며느리가 있었다. 보르항 박시가 시주를 받으려고 다니다가 한 번은 구두쇠 대왕의 아들집에 이르렀다. 아름답게 치장한 대왕 아들의 부인이 보르항 박시에게 무엇을 주면 좋겠냐고 물어보자 보르항 박시는 아무거나 주는 대로 받는다고 대답했다. 그러자 부인은 덮개의 틈새를 붙인 가축 똥을 가져 가시오라고 하면서 그것을 주었다. 그것을 가지고 밖으로 나가자 대왕의 아들이 마침 나무를 다듬고 있었다. 대왕의 아들 역시 무엇을 주면 좋겠냐고 물었다. 보르항 박시 역시 아까와 마찬가지로 아무거나 주는 대로 받는다고 대답했다. 그러자 아들은 그러면 이것을 가져 가시오라고 하면서 대왕의 나무부스러기를 주었다. 그리하여 보르항 박시는 구두쇠 대왕의 아들을 딱따구리가 되게 하고 부인을 황금 목을 가진 벌레라는 똥벌레가 되게 했다. 이 벌레를 또한 부인벌레라고도 한다. 부인벌레의 가슴에는 금박의 가는 계란 모양이 있는데 대왕 아들의 아름다운 부인 모습을 본뜬 것이다. 황금 목을 가진 벌레는 또한 사람을 물어뜯는 데도 매우 능숙하다.

52. 올빼미의 노래

먼 옛날 어떤 부잣집에 구두쇠 처녀가 살고 있었다. 처녀는 열다섯 살이 되어 결혼을 하게 되었는데 수많은 사람들이 집에 몰려와 고기와 술을 모두 먹어 치우고 갔다. 이에 화가 치민 구두쇠 처녀는 밤중에 밖으로 뛰쳐나가 강가의 울창한 숲속으로 들어가 울면서 노래했다.

접시 가득 고기를 주십시오
여러 가지 맛있는 음식을 주십시오
살찐 양고기 가슴 부위를 주십시오
평원에 놓고 먹겠소, 내가
구—구—구
큰 비단으로 만든 물건들을 주십시오
갖가지 아름다운 옷가지를 주십시오
어머니의 단 하나 올빼미 딸, 나는
나 홀로 따로 살아가리라, 나는
구—구—구
부드러운 가죽 담요를 주십시오
기쁨과 자만에 찬 사위를 주십시오
계곡의 하얀 집을 주십시오
벌판에서 살아가리라, 나는

구—구—구

처녀는 이렇게 노래하다 죽고 말았다. 비분에 죽은 처녀의 영혼은 그뒤 올빼미로 변하여 밤마다 집 부근의 나무에서 슬피 울며 노래하며 누워 있게 되었다. 어느 날 동네 아이들이 이를 보고 놀려 댔다.

올빼미 올빼미 울보야
능허리 털이 듬성듬성한
얼굴에 반점이 있는
잠자지 않고 울어대는

이렇게 놀려 대며 아이들은 올빼미를 숲으로 쫓아보냈다. 그후로 올빼미는 밤새도록 운 다음, 낮에는 하루 종일 해를 보지 않고 잠만 자게 되었다. 올빼미는 추운 밤중에 산과 물의 주인 사브닥[57]을 불러 따뜻한 집을 달라고 애원한다.

지독한 구두쇠 올빼미, 나
탐욕스런 마음에 애끓고
검은머리의 올빼미, 나
컴컴한 밤에 추위에 떤다.
구—구—구
내일 나는
따뜻하고 좋은 둥지를 지어
추위에 떨지 않고
행복하게 지낼 것이다, 나는

---

57)사브닥(Savdag): 티베트어 'sa bdag'에서 기원한 말로 대지와 물의 주인, 즉 지역신을 가리킨다.

구-구-구

올빼미는 이렇게 노래하다가 해가 떠서 따뜻해지면 집 짓는 것을 잊어버리고 다시 하루 종일 잠을 잔다. 그러다 황혼녘에 깨어나 다시 춥고 배가 고프면 따뜻한 집을 생각하는 노래를 부르며 살아간다.

53. 제비와 차브차하이[58]

따뜻한 봄이 되어 나뭇가지에 푸르름이 맺히자 암수 두 마리 제비가 먼 나라에서 날아와 나뭇가지에 둥지를 틀고 새끼를 키우자 하고 풀잎을 물어다 둥지를 지었다. 어느 날 제비가 알을 낳을 때가 되어 자신을 도와 줄 산파를 찾아 헤매다가 나무 숲속에 누워 있는 푸른 반점의 뱀을 불러 왔다. 뱀은 갈퀴 같은 이빨을 움죽거리면서 알을 좀 보자고 했다. 제비는 뱀에게 둥지를 가리켜 주고 먹이를 구하러 날아갔다. 하지만 저녁에 돌아와 보니 알도 없고 뱀도 없어졌다. 제비는 뱀을 찾아 헤맸으나 찾지 못했다.

제비가 다음날 다시 알 하나를 낳고 있는데, 그 뱀이 갈퀴 같은 이빨을 움죽거리며 나타나 나무를 휘감고 누웠다. 제비는 알을 낳아 감춰 두고 날아갔다. 그러나 둥지로 되돌아와 보니 뱀이 알을 먹고 있었다. 제비는 어쩔 수 없이 차브차하이에게 가서 애원했다. 녹색 차브차하이는 차브초르 다리를 보여 주며 말했다.

"나는 뱀을 잡는 자다. 자, 가자."

그리하여 제비는 차브차하이를 날개에 태우고 둥지로 돌아왔지만 뱀도 없고 알도 없어졌다. 제비는 차브차하이에게 제발 자신의 집에서 이틀만 머물다 가

---

58)도요새의 일종으로 부리가 길고, 꼬리가 짧고, 다리가 길다.

라고 애원했다. 그리하여 차브차하이는 나무의 푸른 가지에 올라가 제비의 알을 지키게 되었다. 그러던 차에 푸른 얼룩 뱀이 나무를 감고 올라와 제비의 알을 먹으려고 하자 차브차하이는 뱀의 한쪽 눈을 찔러 실명시켰다. 뱀이 경련을 일으키며 이리저리 뒹굴고 있을 때 차브차하이는 뱀의 또 다른 눈을 찔러 실명시켰다. 그리고 뱀은 나무에서 떨어져 죽었다. 제비가 둥지로 되돌아 와 보니 알이 그대로 있었다. 그리하여 제비는 매년 둥지를 틀 때 차브차하이를 부르게 되었다.

54. 제비와 땅벌

먼 옛날 날짐승의 대왕 항가리드가 제비와 땅벌에게 지상의 동물 중 어떤 동물의 고기가 가장 맛있는가 알아보고 오라고 명했다.

"너희 둘은 냉큼 지상으로 가서 어떤 고기가 맛있는지 알아보고 오라!"

제비와 땅벌은 항가리드의 칙령을 받잡고 날아갔다. 하지만 맑은 날씨와 화창하고 따뜻한 햇볕 때문에 대왕의 명령을 잊어버린 제비는 창공으로 올라가 즐겁게 지저귀고 햇볕에 몸을 태우며 실컷 돌아다녔다. 반면에 사악한 땅벌은 길가에서 만난 모든 동물을 찔러 따뜻한 피를 맛보고 다녔다. 그러던 중 해가 지고 돌아갈 시간이 되었다. 둘은 약속한 장소에서 만나 항가리드 대왕에게 돌아갔다. 도중에 제비가 땅벌에게 물었다.

"어떤 동물의 고기가 가장 맛있는가 알아보았느냐?"

"사람 고기가 가장 맛있다는 것을 알았지. 존경하는 대왕께서는 이제 사람 고기로 식사를 하게 될 거야."

제비는 매우 비탄한 마음으로 불쌍한 사람들을 어떻게 그 해악에서 구할까 하고 생각하다가 다시 땅벌에게 물었다.

"그런데 어떻게 산 사람의 피를 맛보았느냐?"

"아, 그거 쉬운 일이지. 침으로 찔러 혀로 맛보았다."

"그 대단한 혀는 어디 있느냐?"

이에 땅벌이 이것이다 하고 입을 벌려 혀를 보여 주자 제비는 그 혀를 뽑아 버렸다. 그때부터 땅벌은 예전처럼 소리를 내지 못하고 그냥 윙윙거리게 되었다. 그리하여 땅벌은 항가리드의 앞뒤를 따라다니며 자신의 억울한 사연을 알리려고 힘을 다해 윙윙거려 보았지만 이미 혀가 없어졌기 때문에 아무 말도 할수 없었다. 날짐승의 대왕은 화를 내며 제비에게 물었다.

"무어라고 그렇게 윙윙거리는지 아무 말도 이해할 수 없구나. 제비 네가 말해보아라! 무슨 고기가 가장 맛있느냐?"

이에 제비는 가장 맛있는 고기는 뱀고기라고 대답했다. 날짐승의 대왕은 제비의 말을 믿고 뱀을 잡아먹게 되었다. 항가리드의 후손 중 지금까지 남아 있는 것은 오직 솔개뿐이다. 그 역시 항가리드처럼 뱀을 즐겨 잡아먹는다. 이처럼 제비는 사람에게 큰 도움을 주었기 때문에 늘 인간과 가까이 지내고 둥지를 게르(몽골의 이동식 천막)처럼 불룩하게 짓게 되었다.

55. 비둘기와 땅벌

먼 옛날에 모든 동물을 잡아먹는 거대하고 힘센 항가리드라는 날짐승이 있었다. 항가리드는 세상에 있는 수많은 동물 중 가장 맛있는 고기를 먹었으면 했다. 그래서 어느 날 땅벌 두 마리를 불러 놓고 말했다.

"너희 둘이 가서 모든 동물 고기를 맛보고 어떤 동물의 고기가 가장 맛있는지 알아 오라."

두 땅벌이 떠난 뒤 며칠이 지나갔다. 그들을 기다리다 몹시 배가 고파진 항가리드는 화가 치밀어 올랐다. 그리하여 비둘기 두 마리를 시켜 땅벌을 불러오라고 시켰다. 땅벌을 찾아 나선 두 비둘기는 저 앞에 오는 두 땅벌을 만났다.

"자, 너희들 다녀보니 어떤 동물의 고기가 가장 맛있더냐?"

"사람과 말보다 더 맛있는 고기를 가진 동물은 없다."

이 말을 들은 두 비둘기는 두 땅벌을 붙들고 혀를 뽑아 버렸다. 혀가 없어진 두 땅벌은 비둘기보다 먼저 항가리드의 처소에 도착했지만 아무런 말도 못하고 쓸데없이 윙윙거리며 주변을 돌고 있었다. 마침내 두 비둘기가 도착하자 항가리드가 물었다.

"너희 둘과 만났을 때 땅벌의 혀가 있었느냐?"

"예, 있었습니다."

"그럼 어떤 고기가 가장 맛있는가 물어보았느냐?"

"물어보았습니다."

"무엇이라고 했느냐?"

"큰 뱀의 고기보다 더 맛있는 것은 없다고 말했습니다."

이 말을 들은 후 항가리드는 큰 뱀의 고기 외에 다른 동물의 고기를 먹지 않았다. 이처럼 비둘기는 사람과 말의 생명을 구한 고마운 날짐승이다. 또 혀가 있을 때 사람과 말의 고기와 피를 맛본 땅벌은 지금까지 말과 사람을 찌르려고 옆에서 윙윙거리며 날아 다니게 되었다.

56. 큰 매

큰 매大鷹는 예전에 텡게르에게서 엄청난 힘을 받았기 때문에 사람의 두개골을 탁탁 쪼아 골을 파먹었다. 그 무렵 세상을 주유하던 보르항 박시가 큰 매를 만나 무엇을 먹고 있느냐고 물었다. 큰 매는 사람의 두개골을 쪼개 골을 빼먹고 있다고 대답했다. 그러자 보르항 박시는 큰 매에게 말했다.

"아, 그래 그걸 어떻게 먹는지 나에게 한 번만 보여 줄 수 있느냐? 내가 죽은 사람의 두개골을 준비하고 있을 테니 네가 날아가다가 어떻게 사람을 찾아내

먹는지 내게 보여 다오."

보르항 박시는 옆에 사람의 두개골을 놓고 앉아 있었다. 이윽고 큰 매가 하늘 높이 날아오르자 보르항 박시는 두개골 대신 둥글고 하얀 돌로 바꿔 놓았다. 그러자 전속력으로 내려와 흰 돌에 코를 부딪힌 매는 정신을 잃어버렸다. 보르항 박시는 흰 돌을 사람의 두개골로 바꿔 놓고 큰 매가 깨어나자 이렇게 말했다.

"이제 사람의 두개골을 쪼아 골을 빼먹는 시기는 지났다. 너는 죽은 사람의 두개골도 완전히 깨뜨리지 못한 처지이니 산 사람의 두개골은 아예 생각조차 하지 말아라."

이렇게 말하고 그는 큰 매에게서 사람의 두개골을 뚫는 강력한 힘을 빼앗아 버렸다.

57. 송골매는 왜 사람을 먹지 않게 되었는가

옛날에 송골매는 사람의 두개골을 쪼아 그 안의 골로 배를 채웠다. 그래서 세상의 모든 동물의 창조자인 텡게르에게 사람을 잡아먹을 수 있게 해 달라고 간청했다.

그러자 텡게르가 물었다.

"만약 네가 사람의 두개골을 깨뜨릴 수 있다면 그것을 먹고 살아도 좋다. 그러나 먼저 네게 죽은 사람의 두개골을 완전히 깨뜨릴 수 있는 힘이 있는지 시험해 보자."

이렇게 말하고서 텡게르는 죽은 사람의 두개골을 옆에 놓고 앉아 있다가 송골매가 하늘 높이 올라간 사이에 두개골을 둥근 흰 돌과 바꿔 놓았다. 이윽고 송골매는 위에서 화살같이 낙하하여 흰 돌이 부서지도록 쏘아내나가 그만 의식을 잃고 쓰러졌다. 그 사이 텡게르는 옆에 사람의 두개골을 가져다 놓고 깨진 돌을 치워 버렸다. 송골매가 깨어나 보니 사람의 두개골은 그대로 있었다. 송골매는 이를 수치스럽게 여기고 그 후로는 사람을 잡아먹겠다는 생각을 완전히 버렸다.

58. 뻐꾸기

먼 옛날에 뻐꾸기는 아무하고나 돌아다니는 방탕한 여자였다. 그녀의 이러한 행실을 알게 된 보르항 박시는 사람 자격이 없다고 생각하고 그녀를 뻐꾸기로 만들었다. 그래서 뻐꾸기는 지금까지도 자신이 낳은 알을 스스로 품지 않고 다른 새의 둥지로 가져가는데 이는 예전에 그녀가 방탕하게 생활한 때문이다.

59. 까마귀 ①

먼 옛날에 까마귀는 날짐승의 관리였다. 그러던 중 그는 탐욕스러운 마음 때문에 관리의 특권을 박탈당했다. 그뒤 까마귀는 무엇이 없어서 형편이 어려워지면 똥이라도 좋다고 하면서 '까악 까악' 소리를 지른다. 까마귀는 두 다리를 벌리고 걸어다니는데, 이는 예전 관리였을 때처럼 폼을 잡기 때문이다. 까마귀는 또한 장수하고 알을 적게 낳는 날짐승이다.

60. 까마귀 ②

날짐승의 대왕인 항가리드는 모든 날짐승으로 하여금 공납을 바치라는 칙령을 내렸다. 그런데 일부는 납부했지만 또 다른 일부는 이를 거부했다. 까마귀도 거부자들 중의 하나였다. 화가 난 날짐승의 대왕은 공납을 바치지 않은 불순한 날짐승들을 즉시 끌어오도록 명했다. 이렇게 하여 맨 먼저 까마귀가 끌려왔다. 항가르디는 까마귀를 엄히 질책했다.

"나는 너에 대해 익히 들었다. 너는 정말 어찌할 수 없는 추잡하고 혐오스러운 도둑놈이다."

그러자 까마귀는 어깨를 으쓱거리며 대답했다.

"만약 내가 없었다면 모든 새들이 완전히 눈이 멀었을 것입니다. 당신은 눈먼 동물에게서 무슨 공납을 받겠습니까?"

까마귀는 결국 날짐승들의 무리에서 떠났다. 까마귀는 원래 날짐승의 눈을 치료하는 의사였다. 그래서 까마귀는 지금도 가장 오래 살고 가장 멀리 볼 수 있다. 과거에는 까마귀의 눈물은 눈먼 사람이나 눈이 나쁜 사람에게 효험이 있다고 여겼다.

61. 산까마귀

사람들은 오전에 산까마귀를 만나면 길조라고 기뻐하지만 오후에는 달가워하지 않는다. 왜냐하면 산까마귀는 오전에는 보르항의 명을 받고, 오후에는 숄마스(악령)의 명을 받들고 다니는 이중적인 동물이기 때문이다. 한편 부엉이와 산까마귀는 서로 화목하게 지내지 않는 날짐승이다. 낮에는 산까마귀가 부엉이를 편히 쉬지 못하게 하고, 밤에는 부엉이가 산까마귀를 편히 두지 않고 깃털을 뽑아낸다.

62. 부엉이의 눈에 관한 사연

옛날에 보르항은 밤중에 지붕의 천창天窓의 덮개를 덮지 않았다. 그런데 밤마다 집안의 등불의 기름이 없어졌다. 분명히 어떤 날짐승이 천창으로 들어와 등불의 기름을 먹어 치운다고 생각한 보르항은 날짐승들을 불러모아 누가 도둑질을 하는지 물었다. 그러자 박쥐가 말했다.

"저는 먹지 않았습니다. 하지만 저는 누가 먹었는지 압니다. 제 눈으로 보았습니다."

그러자 부엉이는 눈을 부릅뜨고 박쥐를 협박하듯 싸늘하게 웃으며 소리쳤다.

"자, 아-하-하-하, 우-후-후-후!"

그때 까마귀는 툭 튀어나온 부엉이의 누런 눈을 보고 저주했다.

"이것 좀 봐라, 이것 좀 봐라! 기름을 훔쳐 먹은 도둑의 눈이 누렇게 될지어다!"

그후로 부엉이의 눈이 누렇게 되고 까마귀에게 원한을 품게 되었다.

63. 부엉이와 까마귀

옛날 날짐승의 대왕인 항가리드에게 대를 이을 아들이 없었다. 그리하여 항가리드는 '눈에 광채가 있고 얼굴에 불이 있는 아들이다'[59] 하며 부엉이를 양자로 삼았다. 그러나 부엉이는 항가리드의 아들이 된 후 아무 일도 하지 않고 아버지가 구한 것을 먹고 마실 뿐 나태하게 지내고 기름진 음식이나 탐닉하고 비단 위에서 뒹굴며 지냈다. 그러다가 겨울이 되고 날씨가 추워졌다. 항가리드가 투덜거리며 말했다.

"날씨가 왜 이렇게 춥냐. 내 평생에 이런 추위는 보지 못했다."

이 말을 들은 부엉이는 문득 자신의 많은 경험과 견문을 자랑하고 싶어졌다.

---

59)몽골 문어에 자주 나오는 일종의 정형구. 『몽골비사』(유원수 역주, 1994, 혜안, p.46)에도 테무진(칭기스칸의 아명)을 가리켜 '눈에 불이 있고, 얼굴에 빛이 있는 아이입니다' 라는 표현이 나온다.

"에이, 아버지 이 정도 추위는 아무것도 아닙니다. 제가 어렸을 때는 두 다리를 가진 타원형(즉 사람)이 침을 흘리면 그 침이 땅에 닿기도 전에 얼어 버렸습니다. 또한 세 살배기 소의 뿔이 꽁꽁 얼어붙는 것도 보았습니다. 그런데도 저는 높은 나무 위에 앉아 눈에 묻히지도 않고 눈에 얼어붙지도 않았습니다."

이처럼 부엉이를 앞뒤를 생각하지도 않고 자랑을 늘어놓았다. 이 말을 들은 항가리드는 벌컥 화를 내며 말했다.

"그렇다면 네가 나보다 나이가 많다는 말이냐? 어쩐지 자라지 않더라. 이 늙고 시꺼먼 놈아."

부엉이는 결국 집에서 쫓겨났다. 그후로 부엉이는 들어갈 집이 없어 나무 구멍에 의지해 살아가게 되었다. 그러다가 항가리드가 죽었다. 날짐승들이 모여 누구를 대왕으로 추대할 것인지 논의했다. 어떤 새들은 부엉이를 추대하자고 제안했다.

"비록 항가리드에게 쫓겨났지만 그의 양자인 부엉이를 왕으로 추대하는 것이 옳다. 그는 군중들 사이에서 위엄이 있고 밤눈이 밝기 때문에 분명히 다른 새들을 다룰 수 있을 것이다."

그러자 까마귀가 반대하고 나섰다.

"도대체 무슨 그런 쓸데없는 말을 하느냐? 부엉이는 발이 굽은 데다가 털은 혐오감을 줄 만큼 누런 반점 투성이가 아니냐. 또 부엉이는 고기를 훔쳐 먹는 버릇 때문에 의붓어머니에게 붙들려 눈에 기름이 있는 국물을 뒤집어쓴 뒤 저렇게 눈이 황록색으로 변해 버렸다. 또한 '부엉 부엉' 하는 소리는 세상의 모든 동물들이 불길하게 여긴다. 비록 새와 같은 머리를 가졌지만 소와 같은 뿔을 가진 이런 자를 대왕으로 추대할 수 없다."

까마귀의 격렬한 반대에 부딪혀 결국 부엉이를 대왕으로 추대하지 못했다. 이때부터 부엉이와 까마귀는 서로 원수가 되어 밤중에는 부엉이가 까마귀를 편히 쉬지 못하게 하고, 낮에는 까마귀가 부엉이를 편히 쉬지 못하게 했다.

64. 솔개와 닭

번 옛날 솔개와 닭은 한집에서 화목하게 살았다. 그러다가 아는 것이 많은 솔개는 매일 닭에게 나는 법을 가르쳐 주었다. 그러던 어느 날 닭이 주의깊게 살펴보니 아름다운 옷을 입고 머리에는 터키옥과 산호 같은 울긋불긋한 벼슬을 달고 있는 솔개가 정말 우아하고 아름답게 보였다. 보면 볼수록 질투심이 생긴 닭은 '만약 내가 이렇게 아름다운 벼슬을 가졌다면 얼마나 우아하게 보일까?' 하고 생각하던 끝에 마침내 사악한 마음이 발동하여 그의 벼슬을 훔치기로 작정했다.

얼마 후 솔개의 서른 번째 생일을 맞이하여 큰 잔치가 벌어졌다. 모두들 술을 마시며 즐거워했다. 솔개 역시 기쁘고 마음이 흡족하여 취하도록 마셨다. 잔치가 끝난 뒤 솔개는 술에 골아 떨어졌다. 닭은 이때다 하고 솔개의 빨간 벼슬을 훔쳐 달아났다. 솔개가 아침에 깨어나 보니 닭도 보이지 않고 자기의 벼슬도 없어졌다. 솔개는 닭에게 속은 사실을 알고 '닭을 그의 알과 함께 먹어 치워 버리겠다'고 작정하고 닭을 찾아 창공을 헤맸다. 닭에게 원한을 품은 솔개는 이때부터 갓 깨어난 병아리를 낚아채 잡아먹게 되었다.

65. 솔개와 초그초고[60]

먼 옛날에 솔개와 초그초고는 여러 가지 아름다운 소리를 배우러 먼길을 떠났다. 그들은 멀리 날아가 고요하고 광대한 들판에 도착하여 어떤 바위 위에 앉아 갖가지 진기한 소리를 들었다. 하지만 초그초고가 아름다운 소리들을 흉내내면서 수많은 소리를 배우는 동안 솔개는 둥지를 틀고 앉아 있다가 그만 잠이

---

60)참새와 비슷한 작은 새의 일종이다.

들어 버렸다. 솔개가 잠에서 깨어나니 어미를 잃은 망아지가 우는 소리가 들렸다. 그리하여 솔개는 망아지가 우는 소리만 배우게 되었다. 이 때문에 초그초고는 사람처럼 휘파람소리를 내고 피리소리를 내는 등 여러 가지 아름다운 소리로 지저귀지만 솔개는 오직 소리 높여 울어대는 망아지와 같은 소리만 내게 되었다.

66. 쑥독새의 지혜

날짐승의 대왕인 항가리드의 부인이 새의 부리로 만든 둥지 위에 알을 낳겠다고 했다. 부리를 베어 둥지를 만들려고 한 항가리드는 모든 백성을 소집하여 부리에 구멍을 뚫어 코뚜레를 만들어 매어 놓았다. 그리고 막 부리를 베려고 하던 차에 쑥독새가 뒤늦게 도착했다. 잔뜩 화가 난 대왕은 쑥독새에게 물었다.

"왜 이렇게 늦었느냐?"

"고이방 고이방(흔들흔들) 오다가 고로브(사흘) 늦었습니다. 다이방 다이방(천천히) 오다가 타방(닷새) 늦었습니다. 또한 오는 도중에 어떤 회의에 참석하고 왔습니다."

"그래 무슨 회의에 참석했느냐?"

"이 세상에 밤이 많은가 낮이 많은가. 여자가 많은가 남자가 많은가를 논의했습니다."

"그래서 어떤 결론이 내려졌느냐?"

"밤보다 낮이 적고 여자보다 남자가 적다는 결론이 내려졌습니다."

"어째서 그런 결론을 내렸느냐?"

"흐린 날을 밤으로 계산하여 밤이 많다고 결론지었으며 여자에게 권력을 준 남자를 여자로 계산하여 여자가 많다는 결론을 내렸습니다."

이 말을 듣고 부끄러워진 날짐승의 대왕은 날짐승들을 잡아다 코뚜레를 뚫어 부리를 자르는 일을 그만두게 했다. 하지만 이로 인하여 모든 새들의 부리에 구멍이 생겨나게 되었다.

67. 현명한 독수리

먼 옛날 포악하고 머리가 아둔한 날짐승의 대왕이 성격이 못된 부인과 함께 살았다. 그러던 어느 날 부인이 알을 낳자 대왕과 부인은 후손을 퍼뜨릴 자식을 갖게 되었다고 하며 발이 땅에 닿지 않을 만큼 기뻐하며 부인은 알을 품기 시작했다. 오래지 않아 새끼가 태어났지만 뜻밖에도 아주 나약한 놈이었다. 대왕과 부인은 새끼가 태어나서 다행이라고 생각은 했지만 한편으로는 나약한 새끼 때문에 마음을 졸이면서 녀석을 어떻게 하면 가장 깨끗하고 가장 아름답게 키울 수 있을까 많은 궁리를 했다. 그렇지만 신통한 방법을 찾아내지 못한 채 며칠이 지나갔다. 그러던 어느 날 대왕이 부인과 자식 문제를 상의하는데 성격이 못된 부인은 머리를 몇 번이나 긁적거리며 대왕에게 말했다.

"영감! 독수리를 비롯하여 모든 날짐승의 부리로 요람을 만들어 주면 우리 새끼를 우아하고 아름답게 키울 수 있을 것 같습니다."

이 말을 듣고 대왕은 즉시 모든 날짐승에게 명했다.

"독수리를 비롯하여 모든 날짐승들을 아침 일찍 날이 밝을 무렵 내 곁으로 오도록 하라! 새의 부리 1천 개가 필요한 때가 되었다."

이 기묘한 말을 들은 날짐승들은 매우 두려웠지만 어떻게 해야 할지 뾰족한 방법을 찾지 못했다. 이에 독수리가 나섰다.

"여러분 걱정하지 마십시오. 내가 여러분을 대표하여 대왕과 상의를 해보겠습니다. 비록 벌을 받는 일이 생긴다고 하더라도 우리 모두를 위한 일이니 달갑게 받겠습니다."

그런 다음 독수리는 날짐승들을 보내고 좋은 방법을 찾느라 날밤을 새웠다.

다음날 날이 밝았지만 독수리는 물론 어떤 날짐승도 대왕 앞에 나타나지 않았다. 이에 날짐승의 대왕은 거듭 세 번이나 칙령을 내리고, 네 번째에는 드디어 독수리를 붙들어 오도록 명했다. 독수리는 매우 당황한 모습으로 대왕의 처소에 나타났다. 날짐승의 대왕은 크게 화를 내며 독수리를 질타했다.

"몇 번이나 칙령을 내렸는데도 오지 않고 법을 어기며 대왕에게 저항하고 있는 너는 도대체 어떤 놈이냐? 이제 네 부리를 뽑아내고 네 눈을 파내겠다."

그러나 독수리는 태연하게 맞받아쳤다.

"제가 새들을 이끌고 오고 있을 때 호르마스트 텡게르가 몇 번이나 거듭 칙령을 내렸습니다. 저는 그 칙령을 따르느라 시간에 늦었다는 것을 대왕께 말씀드리고 싶습니다."

날짐승의 대왕은 인상을 찌푸리며 되물었다.

"어떤 명령이었는지 빨리 말하라."

"첫번째 부름에 늦은 이유는 밤중에 호르마스트 텡게르가 사자를 보내 저에게 '하늘과 땅 어느 쪽이 더 크냐?'고 물었기 때문입니다. 그래서 저는 '하늘은 산, 강, 웅덩이, 구릉이 없기 때문에 땅보다 작다'고 대답했습니다."

이 말을 들은 날짐승의 대왕은 잠자코 있다가 '네 답변이 옳기는 하다'고 마치 무언가를 아는 것처럼 말했다.

"두 번째 부름에 늦은 이유는 호르마스트 텡게르가 다시 사자를 보내어 '밤과 낮 어느 쪽이 더 많으냐?'고 물었기 때문입니다. 그래서 저는 여러모로 궁리하다 '흐린 날은 해가 보이지 않기 때문에 흐린 날을 밤으로 계산하여 밤이 더 많다'고 대답했습니다."

날짐승의 대왕은 역시 할 말을 찾지 못하고 '말이야 맞는 말이다'라고만 했다. 다시 독수리는 세 번째 부름에 늦은 이유를 말했다.

"그런데 내가 막 이곳으로 오려고 하는데 호르마스트 텡게르가 또다시 사사를 보내 '이 세상에 남자와 여자 중 누가 더 많으냐?'고 물었습니다. 그래서 그냥 저의 몽매한 생각으로 '여자의 말을 따르는 사람을 여자로 쳐서 여자가 더 많다' 고 했습니다."

이 말을 들은 날짐승의 왕은 자신이 여자의 말을 따랐다고 생각하고 크게 부끄러워하며 독수리를 처벌하지 않고 그냥 되돌려보낸 다음 날짐승들의 부리를 뽑는 일을 그만두게 했다. 이렇게 하여 많은 날짐승들은 다시 즐겁게 살 수 있게 되었다. 날짐승의 대왕을 속인 독수리의 현명한 책략은 곧 전세계로 퍼져 나가고, 날짐승들은 독수리를 칭송하여 '현명한 독수리' 라 부르게 되었다.

V 인간과 인간 관련 동물

1. 사람이 벌거숭이가 되고 개가 털을 갖게 된 사연

아주 먼 옛날에

이제 막 대지가 모양을 갖추고

이제 막 불씨가 타오르기 시작하고

젖바다가 아직 진흙 수렁일 때

숨베르산(수미산)이 아직 작은 봉우리일 때

이제 막 해가 떠오를 때

이제 막 나뭇잎이 피어날 때

이제 막 달이 떠오를 때

이제 막 창포가 푸르른 빛을 낼 때[61]

보르항이 사람을 창조하기 위해 진흙으로 남자와 여자 두 사람의 형상을 빚은 뒤, 그들에게 생명氣을 불어넣기 위해 영생의 감로를 구하러 가게 되었다. 자신이 떠난 뒤 추트구르(유령)가 남자와 여자를 해칠지도 모른다고 우려한 보르항은 개와 고양이에게 진흙으로 만든 두 사람을 지키도록 했다.

---

61)몽골 구비문학에 자주 등장하는 정형구. '세상의 형성'을 이르는 전형적인 표현으로 원문은 두운(頭韻)이 되어 있지만 할 수 없이 위와 같이 번역했다.

"이 두 사람을 잘 지키고 있거라! 내가 영생의 감로를 가져올 때까지, 어떤 동물도 이들에게 접근하지 못하도록 하라! 두 사람은 너희들의 주인이 되어 앞으로 너희들을 보살피게 될 것이다. 그러므로 정신을 똑바로 차리고 잘 보살피고 있어야 한다!"

이렇게 당부하고 보르항은 자리를 비웠다. 그런데 정말 걱정한 대로 추트구르가 나타났다. 그러나 개와 고양이는 보르항의 작품(인간)을 지키기 위해 추트구르의 접근을 막았다. 그러자 추트구르는 재빨리 고양이에게 젖을 주고 개에게는 고기를 주었다. 개와 고양이가 먹는 데 정신이 팔려 있는 동안, 추트구르는 진흙으로 빚은 두 사람 위에 오줌을 누고 사라졌다.

잠시 후, 보르항이 영생의 감로를 가져왔다. 남자와 여자에게 막 생명을 불어넣으려고 한 순간, 보르항은 몸을 덮은 두 사람의 털이 이미 더럽혀진 것을 발견했다. 보르항은 버럭 화를 내며, 고양이에게 더럽혀진 사람의 털을 벗겨내고 그것을 핥아 깨끗하게 하라고 했다. 이렇게 고양이로 하여금 털을 벗겨내고 핥아내게 했는데, 오로지 머리털에 악마의 오줌이 닿지 않았기 때문에 머리털은 그대로 두게 하고, 겨드랑이와 사타구니 등 고양이의 혀가 닿지 않은 곳에도 더러운 털이 조금씩 남았다. 그리고 추트구르가 오줌을 싼 더러운 털을 개에게 덮어 씌움으로써 개를 처벌했다.

이렇게 하여 사람은 털이 없는 벌거숭이가 되고 개는 털을 갖게 되었다. 또한 이 때문에 사람들은 고양이의 혀와 개의 털을 더럽다고 여기게 되었다. 한편 사람은 추트구르에 의하여 한 번 더럽혀졌기 때문에 보르항이 입 안으로 영생의 감로를 떨어뜨렸음에도 불구하고 사람은 영원히 살지 못하는 존재가 되었다.

2. 사람이 벌거숭이가 된 사연

아주 먼 옛날에

이제 막 대지가 모양을 갖추고

이제 막 불씨가 타오르기 시작하고

젖바다가 아직 진흙 수렁일 때

숨베르산(수미산)이 아직 작은 봉우리일 때

이제 막 해가 떠오를 때

이제 막 나뭇잎이 피어날 때

이제 막 달이 떠오를 때

이제 막 꽃이 피어날 때

보르항이 사람을 창조하기 위해 진흙으로 남자와 여자 두 사람을 빚었다. 아직 생명을 불어넣기 전이었다. 보르항은 먹고 마신 다음, 잠시 휴식을 취한 뒤 돌아와서 생명을 불어넣으려고 했다. 그러나 자신이 자리를 비운 사이에 검은쪽(동방)[62]의 아타 텡게르[63]가 사람을 시샘하여 해칠지도 모른다고 생각한 보르항은 개를 불러 단단히 명했다.

"두 사람을 잘 지키고 있거라! 네 주인이 될 사람들이다! 나는 잠깐 쉬고 오겠다. 그때까지 어떤 동물도 접근하지 못하게 해라. 네가 두 사람을 잘 보살피고 있으면 너의 벌거숭이 몸을 가려줄 털을 내릴 것이다."

이렇게 일러 두고 보르항은 자리를 비웠다. 그가 없는 틈을 타서 아타 텡게르가 추트구르(유령)를 보냈다. 개에 접근한 추트구르는 진흙으로 빚은 두 사람을 힐끗 보고는 "어디 한번 구경 좀 하자. 너는 이 뼈다귀나 핥고 있거라!"라고 하며 개에게 뼈다귀를 던져 주었다. 개가 뼈다귀를 핥고 있는 사이에 추트구르는 보르항이 만든 두 진흙 인형人形 위에 오줌을 누고 가 버렸다. 뼈다귀에 정신이

---

62)몽골 샤머니즘 관념에는 수많은 텡게르가 있다. 이는 거주지에 따라 선행의 신과 악행의 신으로 나뉜다. 그리고 사람과 동물을 이롭게 하는 55텡게르는 서쪽에 거주하고, 해를 끼치는 44텡게르는 동쪽에 거주한다고 한다. 또한 전자를 하얀쪽(白, 곧 선행), 후자를 검은쪽(黑, 곧 악행)이라고도 한다.
63)아타 텡게르(Ata tenger): 몽골 샤머니즘의 악신(惡神)의 하나.

팔린 개는 이 사실을 몰랐다.

　잠시 후 보르항이 돌아왔다. 이제 막 여자와 남자에게 생명을 불어넣을 참이었다. 그런데 진흙으로 빚은 두 사람은 추트구르의 악취와 오줌으로 더럽혀진 채 뒹굴고 있었다. 보르항은 개를 불렀다.

　"두 사람을 잘 지키고 있으라고 했는데, 어째서 일이 이 지경이 되었느냐? 애석하게도 악마에게 더럽혀졌구나! 마땅히 너에게 벌을 주겠다!"

　보르항이 화를 내며 호령하자 개가 대들듯이 말했다.

　"신이시여, 당신은 자신만 생각할 뿐이군요! 당신이 목마르고 배고프면, 나역시 목마르고 배고픕니다! 주인이 될 동물이 아직 축축한 진흙 덩어리인 채로누워 있을 때, 당신은 그들을 지키는 나에게 먹을 것을 주는 일을 생각하지 못했고, 진흙 인형 또한 나의 배고픔을 알지 못합니다. 그러나 추트구르는 나를불쌍히 여겨 뼈다귀 하나를 던져 주었습니다. 그로 인해 나는 그가 오줌을 싸는것을 알지 못했습니다."

　보르항은 두 사람의 몸에 묻은 오줌을 칼로 털어냈다. 오줌이 묻지 않은 부위와 칼이 닿지 않은 곳을 제외한 더러운 털을 몸에서 긁어낸 다음 개를 향해 말하였다.

　"자, 이미 너에게 털을 주겠다고 약속했으니, 이 털을 주노라. 이제 겨울을 따뜻하게 보낼 것이다. 결국은 네가 사람의 털을 더럽혔으므로, 그에 대한 벌로이 더러운 털을 준다."

　이렇게 하여 사람은 벌거숭이가 되고 개는 털을 갖게 되었다. 개의 혀는 깨끗하고 털은 더럽다고 하는 말은 여기에서 비롯되었다.

3. 사람의 기원

　저 위의 하늘이 남자 열여덟 명, 여자 여덟 명을 주고, 이 땅에 인간의 씨앗을 퍼뜨리라고 했다. 처음에 사람들은 남녀 관계를 모르고 지내다가 나중에야 비로소 성性을 알게 되었다. 그뒤 아이가 태어났을 때 그들은 '무슨 일이냐'고 하면서 몹시 두려워하였다.

그 무렵 세상은 해도 별도 없는 완전한 암흑이었다. 사람들은 아이를 낳으면, 무서움 때문에 그 즉시 아이를 내다버렸다. 이렇게 버려진 아이들의 태반에서 나무가 자라나 꽃이 피고 그 나무에 과일이 열려 익으면, 아이들은 그 과일을 따먹고 연명했다. 과일나무와 아이들의 배꼽은 연결되어 있다가 아이들이 자라면, 나무와 아이는 서로에게서 떨어졌다. 그때는 사람마다 과일나무가 있었으므로, 오직 자신의 과일만을 먹고 살았다. 다른 사람의 과일은 따먹지 않았다.

또한 세상은 완전히 캄캄했기 때문에 사람마다 빛을 가지고 있었고, 그래서 한 사람이 있는 곳에 반드시 하나의 빛이 있었다. 망가스(괴물)는 그 빛을 보고 그곳에 사람이 있다는 것을 알고, 거기로 가서 사람을 잡아먹었다.

한동안 암흑뿐이었던 세상에 어느 날, 샥자모니(즉 석가모니)가 어디선가 해를 가져다가 매달아 주었다. 처음에 그 해를 망가스일 거라고 생각한 사람들은 놀라서 허겁지겁 구멍을 파고 들어가 숨어 버렸다. 왜냐하면 망가스는 사람이 어떤 동물인지 잘 알고 있었지만, 사람은 망가스가 어떤 동물인지 잘 몰랐기 때문이다. 망가스를 알아본 순간, 그 사람들은 모두 그에게 잡아먹히고 말았다. 또한 밤에는 불빛을 가지고 있으라고 별들을 가져다 주었는데, 사람들은 작은 망가스가 왔다고 하면서 더 큰 굴을 파고 숨었다고 한다.

4. 사람과 은하수의 기원

텡게르가 대지를 창조할 때 거기에 한 노파가 있었다. 그런데 그 노파는 뜻하지 않게 아이를 갖게 되었다. 그 무렵 하늘은 아직 완성되지 않았다. 하늘이 세상의 양쪽에서 천천히 가까워지면서 하늘의 문이 닫히고(마치 덮개를 덮는 것처럼) 땅의 위쪽을 둥글게 덮고 있었다. 오랜 시간이 흘렀는데도 하늘은 완전히 닫히지 않았으며 아이도 태어나지 않았다. 그러자 뱃속의 아들이 어머니에게 조르듯 묻곤 했다.

"어머니 하늘의 문이 닫혀 가나요?"

노파는 그때마다 똑같은 대답을 했다.

"아직 멀었다."

그러다가 하늘이 거의 다 완성되어 갈 무렵, 아들이 똑같은 질문을 반복했다. 노파는 오랫동안 태어나지 않으면서 쓸데없이 미련한 질문만 해대는 우둔한 아들에게 화를 내며 퉁명스럽게 말했다.

"하늘〔대문〕이 닫혔다."

그러자 아들은 어머니에게 왼팔을 올리라고 했다. 아이는 어머니의 겨드랑이를 통해 태어났다. 그런데 아이는 태어날 때 이미 나이가 든 어른이었다. 그는 뱃속에서 나오자마자 위로 하늘을 올려다보았다. 하늘이 아직 닫히지 않았다는 것을 안 순간, 그는 재灰를 한 움큼 집어 하늘로 뿌렸다. 뿌려진 재는 미처 하늘을 완전히 덮지 못한 채, 길고 가느다란 띠를 이루었는데, 이것이 하늘의 재봉선(즉 은하수)이 되었다. 그리고 이 세상에 맨 처음 태어난 사람이 예정보다 일찍 태어났기 때문에, 사람의 수명이 짧게 되었다. 또 노파가 거짓말을 했기 때문에 지금도 사람들이 거짓말쟁이 혹은 도둑이 되기도 한다는 것이다.

5. 사람이 두 손을 갖게 된 이유

예전에 보르항 박시가 동물을 창조할 때의 일이다. 망아지가 딸린 말, 송아지가 딸린 암소, 새끼가 딸린 암낙타, 아이가 딸린 여자 이 네 가지 동물을 만들어 부근의 협곡에 몰아다 놓았다. 그 무렵 여자도 앞의 가축들처럼 네 발로 기어다녔다.

하룻밤을 자고 난 다음 보르항 박시가 그 동물들에게 가 보니, 모두 바위 협곡에서 풀을 뜯어 먹으면서 잘 지내고 있었다. 하지만 아이가 딸린 여자만이 유독 초췌한 모습을 하고 있었다. 이 광경을 본 보르항 박시는 그대로 두면 여자와 아이는 틀림없이 굶어 죽을 것이라고 생각했다. 생각이 여기에 미친 보르항 박시는 사람으로 하여금 가축과 야생 동물을 잡아먹게 하고, 앞쪽의 두 발을 각각 두 손으로 만들어 주었다.

6. 사람이 벌거숭이가 되고 속력이 줄어든 사연

처음에 사람은 온몸이 털로 덮여 있었다. 온몸에 털이 나 있었기 때문에 사람은 결코 추위에 떨지 않았다. 또 영양 등 초식동물을 뒤쫓아가서 잡을 만큼 놀라울 정도로 빨랐고, 키도 매우 컸다. 그리고 야생동물들보다 훨씬 힘이 좋았다. 사람은 사냥감을 놓치는 법이 없었다.

이렇게 하여 세상의 동물이 하나도 남지 않을 지경에 이르자, 보르항 박시는 사람을 붙잡아 다리를 짧게 만들고, 몸에 난 모든 털을 없애 버렸다. 그때, 사람은 손으로 자신의 머리를 누르고, 겨드랑이와 사타구니를 오므렸기 때문에 그곳의 털은 그대로 남았다. 이때부터 사람은 연약해졌으며, 더 이상 영양을 따라 잡지 못하게 되었다. 또 추위에 떨면서 굴 속에서 살게 되었다. 굴 입구에 나뭇가지를 어긋나게 세우고, 그 위에 풀이나 흙과 야생 동물의 가죽, 털 등으로 덮은 거처(집)를 갖게 되었다.

사람은 처음에 네 발로 기어다녔다. 그후 보르항 박시가 붙잡아 사지를 짧게 민드느라 부러뜨려서 겹쳐 놓았고, 이때부터 사람의 종아리뼈가 두 갈래로 갈라지게 된 것이다. 이와 같이 다리가 약해지고 짧아지자, 사람은 뒤쪽의 두 다리를 딛고 서서 먼 곳의 맹수나 적을 바라보게 되었다. 그뒤부터 사람은 두 다리를 가진 두개골이라는 이름을 얻었다.

7. 사람의 마음씨

옛날에 두 보르항이 사람을 창조한 뒤 마음心을 어떻게 만들 것인지에 대해 논의했다. 한쪽이 말했다.

"백조처럼 하얀(착한) 마음을 갖도록 하자."

그러나 다른 한쪽은 생각이 달랐다.

"까마귀처럼 새까만(나쁜) 마음을 갖도록 하자."

그러자 첫번째 보르항이 맞섰다.

"만약 사람의 마음이 까마귀처럼 새까맣게 되면 추트구르(유령), 숄람(악령)처럼 사악한 생각을 품게 될 것이다."

이에 두 번째 보르항이 지지 않고 주장했다.

"만약 사람의 마음이 백조처럼 새하얗다면 먹고 마실 것을 모두 다른 동물에게 나눠 주고, 자신은 굶주려 죽을 것이다."

마침내 두 보르항은 사람의 마음씨를 까치처럼 얼룩덜룩하게 한다는 데 합의했다. 그래서 사람의 마음씨는 까치처럼 얼룩덜룩 희고 검게 되었다.

8. 사람과 가축의 수명

보르항 박시가 세상의 동물들에게 수명을 정하게 되었다. 사람은 매우 좋은 운명을 갖고 태어난 동물이므로 처음엔 수명에 제한을 두지 않고 오래 살게 하려고 했다. 그러자 누군가 만약 사람이 죽지 않고 오래 살면, 이 세상이 좁아져 모두 들어갈 수 없게 될 것이라고 하며 반대했다. 그리하여 보르항 박시가 물었다.

"그러면 사람의 수명을 어떻게 결정해야 하느냐?"

그러자 다른 사람이 대답했다.

"사람의 나고 죽는 비율을 맞추면 됩니다. 즉 하루에 100명이 태어나면 100명이 죽는 겁니다."

이렇게 하여 사람의 나이를 100세로 결정하게 되었다. 가축은 나쁜 운명을 가지고 태어난 동물로서, 사람의 탈것 먹을 것이 될 운명을 갖고 태어났다. 그래서 가축의 수명을, 사람 수명의 3분의 1로 계산하여 말에게 서른세 살을 내려 주었다. 그리고 양, 염소, 소, 낙타에게도 차례대로 수명을 내려 주었다. 맨 마지막으로 당나귀에게는 여든 살을 내려 주겠다고 하였다. 그러자 당나귀가 물었다.

"저는 어떤 운명을 가진 동물입니까?"

보르항 박시가 대답했다.

"너는 입 속에 싸늘한 쇠를 머금고, 허리에 짐을 싣고 다닐 운명을 갖고 태어난 동물이다."

이 말을 들은 당나귀는 자신의 수명을 줄여 달라고 했다. 그리하여 보르항 박시는 당나귀에게 서른 살을 내려 주었다. 또 가축 가운데 말이 사람과 가장 가까이 지내는 동물이라고 하여, 말에게 수명뿐 아니라 지혜도 더 많이 내려 주었다고 한다. 말이 인적이 드문 벌판에서 절대로 주인을 버리지 않는 이유도 그 때문이다.

9. 검은 양 1만 마리를 가진 툰트게르 하르 우브군

어느 날, 툰트게르 하르 우브군(불룩한 검은 노인)이 검은 양 1만 마리를 몰고 가게 되었다. 그러던 중 외눈박이 랄라르[64]라는 거대한 동물과 마주쳤다. 랄라르는 쇠막대기로 툰트게르 우브군(툰트게 노인)을 양들과 함께 바위 동굴로 몰

---

[64]랄라르(Lalar): 산스크리트어(lalātanetra)에서 기원하는 말로 '이마 혹은 관자놀이에 외눈이 있다'는 뜻으로서 '외눈박이 거인'을 말한다. 이어 나오는 랄(lal)이라는 단어를 참고.

아녕고 퇴석堆石으로 입구를 가로막았다. 동굴 안에는 이미 무시무시한 동물에게 붙잡혀 온 불쌍한 동물들이 매우 많았다.

달라르는 잡혀 온 동물들이 보는 앞에서, 동물 두 마리를 꼬챙이에 찔러 불에 구워 먹었다. 이때 툰트게르 우브군은 갇혀 있던 어떤 사람으로부터 통에 든 술을 얻어다가 랄라르에게 바쳤다. 그 술을 마시고 나자 거대한 괴물의 포악한 성질이 약간 누그러지는 듯했다. 랄라르는 포로들에게 날카로운 쇠꼬챙이를 달구고 있으라고 명한 다음, 땅바닥에 사지를 쭉 편 채 깊은 잠에 빠졌다. 그 틈을 타서 툰트세르 우브군은 다른 포로들과 함께 빨갛게 달군 쇠꼬챙이를 괴물의 애꾸눈에 재빨리 박아 넣었다. 랄라르는 고통 때문에 벌떡 일어났지만, 아무것도 보이지 않았으므로 부질없이 손만 휘젓고 다닐 뿐이었다.

이때 툰트게르 우브군을 비롯한 다른 포로들은 북실북실한 양의 가슴팍에 찰싹 달라붙어 있었다. 랄라르는 동굴 입구를 막아놓은 큰 돌을 치우고 양들이 일렬로 나갈 정도의 틈을 마련했다. 그리고 나서 손으로 양의 등을 더듬어 본 뒤, 양들을 한 마리씩 밖으로 내보냈다. 이렇게 하여 툰트게르 우브군은 다른 포로들과 함께 겨우 목숨을 건질 수 있었다. 포로들이 동굴을 빠져나간 사실을 알아차린 랄라르는 분에 못 이겨 돌로 자신의 머리를 산산이 조각내어 죽었다.

10. 랄[65]

옛날에 몽골 소년 세 명이 학업을 쌓기 위해 서방西方(몽골인들은 티베트의 라싸 등지를 서방이라 했다)을 향해 길을 떠났다. 도중에 세 소년은 인적이 드

---

[65]랄(Lal): 티베트어로 'kla klo', 즉 '이단자'라는 뜻으로서 무슬림을 이렇게 부른다. 'lalar'라는 외눈박이 거인의 이름은 이 'kla klo'에서 온 말이다.〈저자 주〉위의 두 텍스트에서 무슬림을 이처럼 '이단자'의 대명사 혹은 괴물로 표현한 것은 추측컨대 이슬람교의 동방 진출 과정에서 발생한 종교간의 대립의 결과로 보인다.

문 벌판에서 몸집이 엄청나게 크고, 이마에 푸른 털이 난 양 일곱 마리를 만났다. 소년들이 잠시 양의 주인이 오기를 기다리고 있는데, '탈'이라는 거대한 외눈박이 동물이 다가왔다. 그 동물은 몸집이 매우 거대하고 머리가 없었으며, 어깨에 눈이 있고, 입은 허리에 달려 있었다. 그리고 손에는 날카로운 쇠꼬챙이 하나를 쥐고 있었다. 괴물은 소년들이 있는 곳으로 오자마자 양떼와 함께 그들을 바위 동굴로 몰아넣고, 입구를 크고 납작한 바위로 막아 버렸다.

'탈'은 불을 피워 쇠꼬챙이를 벌겋게 달군 뒤, 한 소년을 그 꼬챙이에 꿰어서 먹었다. 그런 다음 쇠꼬챙이를 불 속에 넣고, 등을 돌린 뒤 잠시 누워 있었다. 쇠꼬챙이가 다시 벌겋게 달아오르자, 커다란 괴물은 또 한 소년을 조금 전처럼 꼬챙이에 꿰어 먹었다. 소년을 먹어치운 '탈'은 또다시 드러누워 애꾸눈을 감고 미동도 하지 않은 채 잠에 빠져들었다. 그 틈을 타서 살아 남은 소년은 벌겋게 달구어진 꼬챙이를 집어들어 잠든 괴물의 애꾸눈을 깊숙이 찔렀다. '탈'은 고통에 못 이겨 괴성을 지르며 소년을 붙잡기 위해 동굴 안을 이리저리 더듬고 다녔다. 그러나 양떼 속에 섞여 있는 소년을 붙잡지 못했다.

이때 한 가지 꾀를 생각해 낸 '탈'은 양들을 붙잡아 등허리를 손으로 쓸어 본 뒤, 한 마리씩 바위 틈으로 내보내기 시작했다. 소년은 매우 무서웠지만 털이 북실북실한 양의 배 쪽에 달라붙어 꼼짝하지 않았다. 이렇게 목숨을 구한 소년은 양을 타고서 다른 양들을 몰고 서방으로 떠났다. 소년은 거기서 교의敎義를 배워 훌륭한 승려가 되었다. 이 얘기는 오랫동안 몽골인들 사이에서 구전되어 온 것이다.

11. 소호르 노얀

사람들은 소호르 노얀(눈 먼 귀족)을 엄청난 힘을 가진 뵈(샤먼)라고도 하지만, 무릇 그가 어떤 사람이고, 어느 때 사람인지 아무도 알지 못한다. 그는 몽골

귀족이었으며 부리야트인(바이칼호 주변의 몽골족)들과 적대적인 처지였다. 어느 날, 그는 부리야트 지역을 습격하여 수많은 가축을 빼앗고, 또 그곳의 한 아름다운 부인을 사로잡았다. 그 부인에게는 바야마와 스데이라는 두 아들이 있었다. 바야마는 소호르 노얀처럼 매우 신통력이 있는 호빌강[66]이었다. 두 아이는 대여섯 살 쯤 되었을 때 어머니와 헤어졌다. 그 두 아들이 어른이 된 뒤, 어느 날 바야마가 동생 스데이에게 말했다.

"너는 집과 가축을 돌보고 있거라. 나는 어머니를 찾으러 가겠다."

이국 땅의 드넓은 사막을 지나던 중, 바야마는 사막의 모래 위에서 양떼의 커다란 발자국과 양치기의 맨발인 듯한 발자국을 발견했다. 그 흔적들을 자세히 살펴본 결과, 바야마는 양치기의 오른발 엄지발가락이 없다는 것을 알게 되었다. 그 순간 바야마는 자기 어머니가 오른발 엄지발가락이 없다는 것을 기억하고, 그곳에서 양치기를 기다리기로 했다.

다음날 한 여인이 양을 풀밭에 풀어놓으려고 왔다. 바야마가 물었다.

"이 양들은 누구의 것입니까?"

여인이 대답했다.

"소호르 노얀의 양이라네."

바야마는 여인에게 차와 고기를 대접하고 재차 물었다.

"당신은 이곳에 온 지 얼마나 되었습니까?"

그러자 여인은 자신이 처음에 어떻게 해서 집을 떠나게 되었으며, 소호르 노얀이 그녀를 아내로 맞이했다가 양치기로 부리게 된 사연 등을 차근차근 얘기해 주었다. 여인의 말에 귀를 기울이던 바야마가 말했다.

"당신에게 자식이 있었습니까?"

"바야마와 스데이라는 두 아들이 있었지. 애들은 다행히 고향에 남았다네."

이 말을 들은 바야마가 외쳤다.

---

66)호빌강(Hubilgaan): 원래 의미는 '붓다의 전생(轉生) 혹은 '화신(化身)'.

"제가 바로 그 아들입니다."

그러나 여인은 그의 말을 믿지 않았다.

"내일 내가 다시 이 자리에 왔을 때, 내 젖이 불어오른다면 너는 내 아들이 맞다."

다음날 여인이 바야마에게 왔을 때, 정말로 그녀의 젖이 탱탱하게 불었다. 여인은 다시 말했다.

"소호르 노얀에게 붙잡혀 갈 때, 나는 너희들의 겨드랑이에 두 줄을 그어 놓았다. 그 표시가 있다면 너는 정말 내 아들이다."

그러자 바야마는 옷을 벗고, 어릴 적 어머니가 표시해 둔 곳을 보여 주었다. 비로소 여인은 그의 말을 믿었다.

"정말 내 아들이 맞구나!"

어머니는 아들을 얼싸안고 울었다. 두 사람은 이제 사악한 소호르 노얀으로부터 도망칠 방법을 찾기 시작했다. 왜냐하면 소호르 노얀은 사방 100모드(거리를 표현하는 단위로 1모드는 약 1.06km) 떨어진 곳에서 적이 접근해 오는 것을 이미 열흘 전에 알아내기 때문이다. 어머니가 걱정어린 목소리로 아들에게 말했다.

"애야, 나는 이미 늙었다. 내가 더 이상 누구에게 쓸모가 있겠느냐? 너는 결코 소호르 노얀의 적수가 못 된다. 이대로 돌아가는 것이 좋을 성싶다."

그러나 바야마는 어머니의 말을 받아들이지 않았다. 어머니는 하는 수 없이 아들에게 말했다.

"네 생각이 정 그렇다면 할 수 없지. 소호르 노얀에게 준마 두 마리가 있단다. 장정 두 사람이 이 말들을 지키고 있다. 그들을 따돌리고 그 말을 얻을 수만 있다면, 우리는 여기서 도망칠 수 있다. 그 말을 구하지 못하면, 달리 아무런 방법이 없다."

다음날, 어머니는 그 자리에서 양을 돌보고 있기로 하고, 밤중에 바야마는 소호르 노얀의 말이 있는 곳으로 몰래 다가가 준마들을 붙잡았다. 이 말들은 정말

바람처럼 빨리 달리는 명마였다. 말을 돌보는 자들은 이튿날 아침 준마가 없어졌다는 것을 알고 즉시 말을 찾아 나섰다. 어머니는 바야마가 준마를 몰고 오는 것을 보고 너무나 기뻐했다. 그들은 밤중에 도주하기로 결정하고 저녁이 되기를 기다렸다. 바야마는 필요한 식량을 위해 살찐 양을 잡았다. 드디어 밤이 왔다. 그들은 준마를 타고, 소호르 노얀의 나머지 말떼마저 몰고 도망갔다.

없어진 준마를 찾아나선 사내들이 돌아왔을 때, 말은 단 한 마리도 남아 있지 않았다. 그들은 이 사실을 비밀에 부친 채 또다시 사흘 밤낮을 말을 찾아 헤맸다. 나흘째 되는 날, 그들은 어쩔 수 없이 말떼가 흔적도 없이 사라졌다는 사실을 소호르 노얀에게 알릴 수밖에 없었다. 자신의 신통력으로 바야마가 말떼를 훔쳐 달아났다는 사실을 알아낸 소호르 노얀은, 즉시 부하들을 소집하여 뒤쫓아갔다.

바야마 역시 병사들이 뒤쫓아오리라는 것을 대충 알고, 하마르 다바(현재의 굴툭긴 가차에서 6모드 떨어진 곳에 있다)라는 곳에 도착하여 작은 축사畜舍를 짓고, 그 안에 목에 방울을 매단 두 살배기 말을 매어 놓았다. 소호르 노얀이 이곳에 이르러, 축사로부터 계속 울려 대는 어떤 소리를 들었다. 바야마가 자신을 해치기 위해 어떤 비방秘方을 남겨 놓았을 거라고 생각한 그는 한참을 머뭇거렸다. 결국 하룻밤이 지난 뒤 축사로 들어가 보니, 안에는 목에 방울을 매단 말 한 필이 있을 뿐이었다. 바야마에게 속은 것을 알게 된 소호르 노얀은 화가 머리끝까지 치밀어 올랐다. 거기에는 또 편지 한 통이 남겨져 있었다. 그 편지에는 '나는 너의 말떼를 몰고 가는 바야마다. 말떼는 다이락긴 달란 돌론 구베(다이락의 일흔일곱 개의 언덕)라는 곳을 경유할 것이다. 그곳은 바이칼호로 흘러 들어가는 일흔일곱 개 하천 중 마지막 하천이다' 라고 씌어 있었다.

소호르 노얀은 바야마를 추격하여 굴툭 텡기스(굴툭호湖)에 이르렀다. 여기서 그는 바이칼호로 흘러드는 여러 지류 중 바야마가 말한 마지막 지류를 바라보았다. 하지만 더 이상 어떻게 해야 좋을지 알 수 없었다. 한편 바야마는 말떼를 지금의 굴투쉬산 반대편으로 몰고 가는 데 성공했다. 밤낮으로 하루를 꼬박 그를 찾아 헤매던 소호르 노얀은 마침내 바야마의 흔적을 발견하고 추격을 서둘렀다. 바야마가 후르테잉 올랑 나르스(후르테이의 적송赤松)라는 빽빽한 솔 숲으로 들어갔을 때, 비로소 바짝 따라 붙을 수 있었다.

바야마는 마법을 부려 많은 눈을 내리게 했다. 소호르 노얀은 눈 속에서 길을 잃었고, 어찌어찌해서 지금의 이르꾸츠끄에서 20모드 떨어진 안가라강에 도착했다. 그곳에서 잠시 음식을 먹은 다음, 강을 건널 작정이었다. 그때 강물 위에 떠서 흘러가고 있는 나무 부스러기들이 눈에 들어왔다. 그는 위쪽에 사람이 있을 거라고 추측하고, 병사들과 함께 안가라강 상류를 수색하며 나아갔다. 그들은 이르꾸츠끄강에 이르러 강을 건넌 뒤, 하이신산에 올라 아래쪽을 살폈다. 지금의 이르꾸츠끄에 해당하는 부근에 사람들의 모습이 눈에 띄었다. 소호르 노얀은 산을 내려와 사람들을 향해 강을 건너 달라고 소리쳤다. 그러자 부리야트의 최초의 자린(남샤먼)이 단호하게 거부했다.

"안가라는 본래부터 내 성채다. 너희야말로 돌아가거라, 강 저편으로!"

소호르 노얀은 이 최초의 샤먼에게 몹시 화가 나서 쇠뿔이 꽁꽁 얼어붙을 만큼 대기를 차게 하여 안가라강을 얼어붙게 만든 뒤, 반대편으로 건너가 부리야트인들을 닥치는 대로 약탈하고 죽였다. 그러나 최초의 샤먼은 칼이나 화살 그 무엇에도 끄떡하지 않았다. 그가 소호르 노얀에게 말했다.

"안가라강 끝에서 그리 멀지 않은 곳에 이틀 전에 태어난 여식이 있다. 그녀 밑에 깐 펠트로 내 머리를 감싸면 나는 죽는다."

소호르 노얀이 그 말대로 하자 그 최초의 샤먼은 머리에 빨간 점이 있는 적갈색 연어가 되어 안가라강으로 들어가더니 이내 사라졌다.

소호르 노얀은 그곳에서 집을 향해 길을 재촉했다. 도중에 굴툭(지명)을 지나 하자르 벌판(지명)에 이르러 사람 세 명을 잡아먹었는데, 그 뼈는 세 그루 낙엽송이 되어 자랐다. 여정은 계속되었다. 평원에 접어들어 숙영하려 할 즈음, 누 사람이 담황색 말을 타고 전속력으로 질주했는데, 이어서 한 사람이 다른 사람의 머리를 당겨 말 등의 가죽끈에 매다는 광경이 벌어졌다. 그러자 소호르 노얀이 두려움에 찬 목소리로 말했다.

"불길한 징조다. 그거 몹쓸 짓이다. 이는 분명히 내 머리가 잘린다는 전언이다. 이 모든 것은 그 최초의 샤먼의 짓이다."

이렇게 소호르 노얀은 숨을 거두었다. 그 부하들이 그의 시신을 싣고 집으로 향했다.

Ⅵ 종교와 신앙

1. 알리방[67]

호르마스트 텡게르가 사악한 호빌강[轉生]과 함께 있었을 때의 일이다. 사악한 호빌강은 계속해서 동물을 해치고 피조물[被造物]을 파괴했으며, 타오르는 불을 꺼 버리고, 흐르는 물을 마르게 하는 등 큰 소란을 피웠다. 호르마스트 텡게르는 이 모든 것을 보면서 경계를 늦추지 않았다.

"내가 비록 자비롭고 돕기 좋아하는 마음을 가진 사람을 창조했지만, 또 이와 다른 사악한 적이 함께 있다."

그런데 그 사악한 호빌강이 황금 가슴과 은[銀] 궁둥이를 가진 새가 되어 날아가고 있는 호르마스트의 부인을 활로 쏘아 죽게 했다. 사악한 호빌강의 행위에 몹시 화가 난 호르마스트 텡게르는 그에게 신체적 고통을 맛보게 하려고, 지하 세계에서 추트구르(유령)의 사자인 알리방이라는 동물로 태어나게 했다. 알리방은 어린이처럼 작은 몸집을 가졌으며, 담황색 털로 덮인 동물이었다. 움직일 때마다 털이 서로 부딪히면서 쇠처럼 쨍쨍하는 소리가 났다. 알리방은 바람을 먹고 살았고, 우주를 떠다녔다.

---

67)알리방(Aliban): 위구르어(albasti)에서 기원하는 몽골 샤머니즘의 악령의 하나. 보통 '알빈'(albin)이라 표기한다. 그는 사람을 속이기 좋아하고, 광야에서 배회하고, 도로 부근에서 도깨비불을 일으키는데, 행인들이 그 불을 보고 쫓아가다가 길을 잃고 헤매게 된다고 한다.(『中國各民族宗敎與神話大詞典』, p.452)

추트구르는 사람의 목숨을 빼앗기 전에 알리방을 보내 그의 영혼을 빼앗고, 그 다음에 목숨을 빼앗았다. 예전에 어떤 사냥꾼이 사냥 가다가 벌판에 누워 잠이 들게 되었다. 그때 무언가 발바닥을 찔러 일어나 보니, 거기에 노랑 털에 머리 위에 큰 외눈이 있는, 아이만 한 동물이 눈에 띄었다. 알리방의 커다란 외눈에 대해 말하자면, 언제 호르마스트 텡게르의 사자가 와서 자신을 데려갈지 모른다는 걱정 때문에, 항상 하늘을 향해 주시하고 있다고 한다.

2. 포악한 검은 용왕

아주 오래 전에 독싱 하르 로싱칸[68]은 물속에 살지 않고 지상에 있었다. 그는 자신의 힘을 과신하여 사람을 죽이고 괴롭히는 무서운 적이었다. 그때 인간 세계에 네그 튀 비이트 호요르 튀 사할트(몸이 한 뼘이고, 수염이 두 뼘인 자)라는 노인이 있었다. 그에게는 야생 염소뿔로 만든 숟가락과 낙타목가죽으로 만든 자루, 회오리바람보다 빠른 황갈색 얼룩말과 바람보다 빠른 누런 얼룩말이 있었다.

그러던 중 네그 튀 비이트 호요르 튀 사할트는 동물과 사람을 괴롭히는 무시무시한 독싱 하르 로스(포악한 검은 용 즉 흑용왕)를 죽이고자 했다. 그는 회오리바람보다 빠른 황갈색 얼룩말을 타고, 야생 염소뿔로 만든 숟가락을 허리춤에 찼다. 그리고 낙타목가죽으로 만든 자루를 말 등에 매달고 길을 떠났다. 도중에 그는 여우 한 마리를 만났다. 여우가 그에게 물었다.

"네그 튀 비이트 호요르 튀 사할트, 어디 가는 길입니까?"

"아, 아! 동물과 사람을 괴롭히는 독싱 하르 로스를 죽이러 간다."

---

68)독싱 하르 로싱칸: 직역은 포악한 검은 용왕, 즉 포악한 흑룡왕(黑龍王)이다. 한편 몽골 구비문학에는 '흑룡왕' 뿐 아니라 차강 로싱칸(白龍王), 노곤 로싱칸(綠龍王), 올랑 로싱칸(赤龍王) 등이 등장한다.(『モンゴル民話研究』, pp.70~71) 그리고 이 용왕들은 모두 '선행' 의 용왕으로 나타나고 있다.

"안 될 짓을 하다니 죽으려고 환장했습니까?"

"잡든지 못 잡든지 너와 상관없다."

그는 야생 염소뿔로 만든 숟가락으로 여우를 긁어 낙타목가죽으로 만든 자루에 담고, 계속해서 길을 재촉했다. 그러던 중에 이번에는 이리를 만났다. 이리가 그에게 물었다.

"네그 튀 비이트 호요르 튀 사할트, 어디 가는 길입니까?"

"아, 동물과 사람을 괴롭히는 독싱 하르 로스를 죽이러 간다."

"안 될 짓을 하려 하다 죽으려고 환장했습니까?"

"붙잡든지 못 잡든지 너와 상관없다."

그는 또다시 야생 염소뿔로 만든 숟가락으로 이리를 긁어 낙타목가죽으로 만든 자루에 담고, 계속 길을 재촉했다. 도중에 큰 바다와 마주치자, 역시 야생 염소뿔로 만든 숟가락으로 물을 퍼서 낙타목가죽으로 만든 자루를 가득 채웠다. 마침내 그는 독싱 하르 로싱칸의 집 밖에 이르렀다. 그는 달란 오하(일흔 고개)의 꼭대기로 올라가 하늘과 땅이 울릴 만큼 쩌렁쩌렁한 목소리로 말했다.

"독싱 하르 로싱칸, 너와 싸우러 왔다."

그 소리를 듣고 독싱 하르 로싱칸이 허겁지겁 밖으로 나왔다.

"어어, 조그맣고 못생긴 네그 튀 비이트 호요르 튀 사할트구나. 1만 마리 양떼가 일으키는 먼지로 너를 죽여 버리겠다."

이렇게 말하고 그는 앞에 양떼를 풀어 놓았다. 그러자 네그 튀 비이트 호요르 튀 사할트는 그 앞에 이리를 풀어 놓았다. 그러자 1만 마리 양은 이리 뛰고 저리 뛰며 뿔뿔이 흩어져 버렸다.

"그러면 이번에는 하사르, 후수르라는 두 마리 개로 하여금 너를 잡아먹게 하겠다."

이렇게 말하자마자 그는 개를 풀어 놓았다. 그러자 네그 튀 비이트 호요르 튀 사할트는 그 앞에 여우를 풀어 놓았다. 두 마리 개는 여우를 뒤따라 사라졌다. 그와 동시에, 독싱 하르 로싱칸은 1만 군사를 거느리고 네그 튀 비이트 호요르 뭐 사할트와 싸우려고 왔다. 그러자 그 앞에 자루에 든 물을 쏟았다. 그는 군사들과 함께 물속에 휩쓸리고 말았다. 그후부터 로싱칸(용왕)은 땅이 아니고, 물속에 살게 되었다.

3. 유순 술드[69]

오래 전에 1만 마리 흑회색黑灰色 말을 가진 얀바이라는 사람이 있었다. 아들이 태어나자 아버지는 그에게 베르흐라는 이름을 지어 주었다. 다음에 또 한 아들이 태어나자 이번에는 에르흐라는 이름을 지어 주었다. 베르흐가 성장하여 어른이 되자 아버지는 그에게 아내를 얻어 주고, 가축을 떼어 주었다. 얼마 후 에르흐 역시 나이가 들었고, 아버지에게 다음과 같이 말했다.

"베르흐에게 쓸데없이 아내를 얻어 주었습니다."

"왜 쓸데없다고 생각하느냐?"

"장가들고 싶으면 스스로 아내를 얻어야 할 것입니다."

에르흐가 형의 아내를 뺏고 싶어서 이렇게 말했던 것이다. 그러자 아버지가 타일렀다.

"그렇게 말하는 게 아니란다. 남자는 아내를 몇 명이고 거느릴 수 있지만, 여자는 한 사람 이상 남편을 둘 수 없다."

그러자 에르흐는 조금도 굽히지 않고 말했다.

"베르흐를 집에서 쫓아내고 내가 그의 아내를 취한다면, 그녀의 남편은 나 한

---

69)유순 술드(Yösön Süld): 직역은 9개를 다리(꼬리)를 가진 기(旗). 원래 술드는 길조, 위엄, 위력의 뜻으로서 사람을 보호하는 동무, 즉 수호신을 가리킨다. 그리하여 몽골 샤머니즘에서는 술드(술데) 텡게르를 칸과 백성과 군대의 보호신으로 여긴다. 또한 술드는 예로부터 군기를 가리키는 용어로도 쓰였다. 이 때 해당 군기는 물론 특정 집단의 수호신 역할을 한다. 텍스트의 '유순 술드'(9개 다리 또는 꼬리를 가진 旗)는 칭기스칸의 군기에서 유래한 밀로 그의 사후 이에 제사를 지내게 되면서 중요한 민간신앙 대상물의 하나로 정착되었다.(*The Religions of Mongolia*, pp.84~90; 『中國各民族宗教與神話大詞典』, p.451)

사람뿐일 것입니다."

"베르흐는 가축을 잘 돌본다. 무엇 때문에 형을 쫓아내겠느냐?"

아버지는 에르흐의 말을 전혀 받아들이지 않았다. 그후, 에르흐는 가축을 돌보지도 않은 채, 베르흐를 내보내라고 매일 아버지를 졸라댔다. 그러던 중 하루가 지날 때마다 얀바이의 말떼가 점점 줄어드는 일이 생겼다. 이렇게 되자 에르흐가 다시 아버지에게 간청했다.

"이제 무엇 때문에 베르흐를 집에 두십니까? 지금처럼 말떼를 계속 돌보게 하려고 합니까? 형은 아버지를 아주 빈털터리로 만들 것입니다."

마침내 얀바이는 남은 말을 아들 베르흐에게 주면서 일렀다.

"이 말들을 몰고 집을 떠나라."

그러자 베르흐가 물었다.

"어디로 갑니까?"

"알타이 항가이로 가거라! 그곳으로 가서 살아라!"

베르흐는 비록 알타이 항가이가 어딘지 몰랐지만, 말 한 마리를 잡아타고, 나머지 말떼를 몰고 집을 떠났다. 도중에 새들이 아름답게 지저귀는 소리를 들으며 베르흐는 고향 땅을 생각했다. 휘파람새 소리였다. 그는 이 아름다운 곳에 사람이 살 만하다고 생각하며 길을 재촉했다. 그가 탄 말이 한번 뛰어올라 천 500리를 달려, 어떤 산봉우리에 오르게 되었다. 그곳에서 아래를 바라보니 지평선 저편에 연기가 피어오르는 것이 보였다. 연기를 이정표 삼아 달려 어떤 집 앞에 이르렀는데, 그 집에서 백살 먹은 노파가 나왔다. 노파는 어떤 사정으로 이곳에 오게 되었는가를 물은 다음 이어서 그의 집, 아버지, 동생, 그리고 가축에 이르기까지 하나하나 꼼꼼히 물었다. 대답을 하던 베르흐는 불현듯 이 노파가 혹시 악귀일지도 모른다는 생각이 들었다. 하지만 보르항 텡게르(천신)일지도 모른다고 고쳐 생각하기도 했다. 이런 저런 생각을 하고 있는데 노파가 말했다.

"나는 딸과 단둘이 살고 있다. 자네가 만약 내가 말한 대로 할 수만 있다면,

내 딸과 살 수 있을 것이다. 딸은 너에게 잠자리를 마련해 줄 것이다. 그러면 자고 일어나 한 마디 말도 하지 말고, 말을 타고 고개 위로 올라가서 말떼를 불러 모아 물을 마시게 한 다음, 내 딸이 차를 다 끓이기 전에 도착해야 한다. 그렇게 할 수 있으면, 내 딸을 데리고서 말떼를 몰고 집으로 돌아갈 수 있지. 그렇지 못하면 여기에 남아야 하고."

베르흐는 노파가 말한 대로 아침에 일어나 한 마디 말도 하지 않고, 말을 타고 고개 위로 올라갔다. 거기에서 밝은 회색, 짙은 회색 털의 말떼가 보였다. 그는 물을 먹이려고 말떼를 우물가로 몰고 갔다. 그런데 우물에는 황금물통과 은물받이가 있는 것이 아닌가. 그는 모든 말에게 물을 먹이고 집으로 돌아왔다. 그때 딸은 아직 차를 끓이는 일을 끝내지 못했다. 약속대로 노파는 그에게 자기 딸을 데리고, 말떼를 몰아 집으로 돌아가도록 했다.

아들이 집에 돌아오자 아버지는 기쁘게 맞아 주었다. 그때, 에르흐는 병으로 누워 있었다. 그 상황에서도 그는 베르흐가 데리고 온 여인을 자기의 두 번째 부인으로 삼겠다고 하면서 또다시 아버지를 졸라 댔다. 아버지는 허락하지 않았다. 베르흐가 집에 올 무렵 얀바이의 두 마리 송아지가 딸린 암소가 없어진 일이 벌어졌다. 에르흐는 없어진 소를 찾으러 그의 형을 보내라고 아버지에게 말했다.

그러자 아버지는 베르흐에게 송아지가 딸린 암소를 찾아오라고 했다. 이에 베르흐는 눈 깜짝할 사이에 천 500리를 달리는 준마를 타고 노파에게 갔다. 노파는 이미 에르흐의 설득으로 얀바이가 그를 보낸 사연을 알고 있는 것처럼 보였다. 노파가 다시 일렀다.

"오늘 여기에서 자고, 아침에 일어나 한 마디도 하지 않고, 고개 위로 올라가면, 잃어버린 가축이 보일 것이다. 송아지는 처음에 도망가려고 들 것이다. 붙잡아 길들이면 곧 자네를 따를 것이네. 그때, 송아지가 딸린 암소를 우리 집으로 몰고 오면 되네."

베르흐는 노파가 말한 대로 고개 위로 올라가, 송아지가 딸린 암소를 노파의 집 쪽으로 몰고 왔다. 그러자 노파는 그에게 개 아홉 마리, 검은 새 아홉 마리, 화살 아홉 개를 주면서 암소를 몰고 가라고 했다. 돌아오던 중에 그는 여우와 마주쳤다. 베르흐가 여우를 죽이려고 뒤쫓아가자, 아홉 마리 개와 아홉 마리 새 역시 그 뒤를 따랐다. 개와 새가 여우를 따라잡지 못하자, 베르흐는 노파가 준 화살 아홉 개 중 한 개를 쏘았다. 그러나 여우는 죽지 않았다. 그래서 두 번째, 세 번째……여덟 번째 화살을 쏘았지만, 여우는 계속 달아났다. 마지막 아홉 번째 화살을 쏘았을 때, 비로소 여우가 죽었다. 그리하여 그는 송아지와 암소를 몰고 집에 돌아올 수 있었다. 에르흐는 이미 죽고 없었다. 그뒤, 베르흐는 두 부인을 데리고 아버지와 함께 행복하게 살았다.

얀바이는 남스라이 보르항[70]의 전생轉生이고, 두 부인은 차강 다리 에흐[71]와 노곤 다리 에흐이고, 에르흐는 추트구르 숄람(악령), 베르흐는 유순 술드의 전생이었다고 한다.

4. 최초의 여샤먼

하늘의 1천 보르항이 처음 사람을 창조할 때, 솔개로 하여금 아드 추트구르(악마)가 접근하지 못하게 지키도록 했다. 만약 적(악마)이 사람들을 해치러 오면, 즉시 보르항에게 알리도록 당부했다. 솔개 역시 보르항의 칙령대로 울타리 위에 앉아 사람들을 지켰다. 그러나 사람들 자식들이 활로 솔개를 쏘려고 하였

---

70)남스라이 보르항(Namsrai burhan): 몽골 불교 신격의 하나. 남스라이는 산스크리트어(Vaisravana) 기원의 티베트어(rNam thos sras)의 몽골어 음역. 비사문천(毘沙門天) 혹은 다문천(多聞天)이라 칭해지고 주로 호법신(護法神)과 시복신(施福神) 역할을 한다.(『中國各民族宗教與神話大詞典』, p.424)

71)차강 다리 에흐(Tsagaan dar'eh): 색깔을 나타내는 차강(白)과 '다리 에흐'의 합성어. '다리 에흐'는 산스크리트어 'tara'에서 기원한 말로 중생을 물과 불과 야수의 위험에서 구제하는 관음(觀音)의 화신이다. 중국인들은 이를 구도모(求度母) 또는 다라모(多羅母)라 번역한다. 또한 불교 전설에서 그녀는 얼굴 빛깔에 따라 21가지 모습으로 나타나는데, 그 중 차강 다리 에흐와 뒤이어 나오는 노곤 다리 에흐가 가장 자주 등장한다.(『中國各民族宗教與神話大詞典』, p.424) 전자는 백도모(白度母)/백관음(白觀音), 후자는 녹도모(綠度母)/녹관음(綠觀音)으로 번역된다.

으므로 그는 편히 있을 수가 없었다.

그래서 보르항 앞으로 나아가서 말했다.

"이 사람늘을 제대로 지킬 수가 없습니다. 그들은 나를 쏘아 죽이려고 합니다."

그러자 보르항이 대답했다.

"일이 그렇다면 사람들에게 가서 마력을 주어라!"

하루는 솔개가 먼 데까지 날아가 양을 돌보고 있었다. 그때 마침 먼 곳에서 길을 잃고 헤매던 어린 소녀 옆에 있는 나무 위에 앉게 되었다. 그리고 솔개는 그 소녀에게 마력을 주었다. 얼마나 시간이 흐른 것일까. 몽롱하던 순간이 지나고 소녀가 다시 정신을 차렸을 때는 모든 것이 이전과 같아졌다.

소녀가 집으로 돌아오자마자 오빠의 질책이 쏟아졌다.

"너, 사흘씩이나 양떼를 데리고 어디 갔다 이제 나타났느냐? 내 너를 당장 죽여 버리겠다. 껍질을 벗겨 주마."

이런 저런 말을 들어보지도 않고 오빠가 심하게 꾸짖자, 소녀에게 오빠를 증오하는 마음이 생겨났다. 그리고 밉다고 생각하는 순간, 오빠는 곧바로 실신하여 쓰러지더니, 오줌이 막히는 병에 걸렸다. 어린 소녀가 오빠에게 말했다.

"내가 오빠를 낫게 하겠다."

오빠를 하얀 펠트에 눕혀 집안으로 데리고 간 다음, 끝이 두 갈래인 지주支柱 위에 배를 깔고 엎드리게 하자, 소녀의 오빠는 그 즉시 병이 나았다. 그후, 어린 소녀는 오드강(여샤먼)이 되었다. 그녀가 바로 쇼쇼록(인명)이라는 몽골 최초의 오드강이다.

5. 다얀 데레흐[72] ①

아주 오래 전, 이 고장에 아홉 명의 하르 붜[73]가 있었다. 그들의 선생이 성인을 만나기 위해 라싸를 향해 떠나게 되었다. 그런데 사람들이 그 샤먼을 사원

안으로 들여보내는 대신, 라마승의 재고財庫에 가두어 버렸다. 어느 날 두 고승이 샤먼을 데려다 승복을 입히고 교의를 가르친 뒤, 그를 다시 고향으로 보냈다. 그러나 샤먼은 승복을 입는 것이 부끄러웠으므로, 전에 입던 옷으로 갈아입고 고향으로 돌아갔다. 샤먼은 고향 땅에 돌아와 오란 두쉬산에 있는 칭기스의 집을 방문했다. 칭기스가 큰부인에게 말했다.

"나가서 이 사람의 말의 발목을 묶어 놓으시오."

부인이 나가서 말이 있는 곳으로 갔을 때, 말의 콧구멍에서 뱀이 나타나는 바람에 발목을 묶지 못했다. 샤먼이 자신이 해 보겠노라고 밖으로 나아가는 체하다 그 부인을 데리고 도망쳐 버렸다. 칭기스가 곧바로 추격하여 붙잡아 긴 칼로 내리치자, 샤먼은 석상石像으로 변해 버렸다. 이것이 지금의 다얀 데레흐의 석상이다.[74]

---

72) 다얀 데레흐(Dayan dereh): 몽골 민간신앙/샤머니즘에 등장하는 지역신의 하나로 보통 산신이나 산과 관련된 바위 등 어떤 구조물로 표현된다.(*The Religions of Mongolia*, pp.107~109) 위 신화에서는 샤먼들이 숭배하는 우상, 즉 석상(石像)을 가리킨다. 한편 몽골 무가에서는 위 텍스트와 이어 나오는 텍스트와 달리 몽골 샤먼의 숭배대상인 '다얀 데레흐'의 기원을 칭기스칸의 둘째아들 차가타이와 그의 오드강(여샤먼 곧 부인)에서 찾고 있다.(Ce.Damdinsürüng, 1959, *Mongγol uran ǰokiyal-un dege ǰi ǰaγun bilig orusibai*(몽골 문학 百選), Ulaγanbayatur, p.130)

73) 하르 뵈(Har böö): 몽골 샤머니즘의 양대 그룹의 하나로 직역은 검은 샤먼, 즉 흑무(黑巫). 이와 대칭되는 다른 한 그룹을 차강 뵈(tsagaan böö), 즉 흰 샤먼=백무(白巫)라 한다. 그러나 이처럼 샤먼을 두 부류로 나누는 것은 시대에 따라 그 기준이 달랐다. 16세기 이전의 샤머니즘에서는 99텡게르 중 선을 행하는 서쪽의 55텡게르를 백무, 악을 행하는 동쪽의 44텡게르를 흑무라 했다. 그러나 16세기 말 티베트 불교를 수용하고서부터는 불교와 적절히 화해하고 불교적인 요소를 채용한 샤먼을 백무, 불교와의 화해를 거부하고 샤머니즘의 고유성을 지켜나간 샤먼을 흑무라 했다.(『中國各民族宗教與神話大詞典』, p.449) 한편 몽골국 학자 프레브는 이러한 구분에 의문을 제기하고 두 부류의 샤먼을 다르게 설명하고 있다. 즉 그는 사람들을 위험으로부터 보호하고 원수를 갚는 등 주로 폭력적인 일에 개입하는 천신을 검은쪽의 텡게르(har tenger)라 하고, 그 반대로 전체적으로 사람들의 생활 방향을 결정하는 등 주로 서한 일에 관여하는 천신을 흰쪽의 텡게르(tsagaan tenger)로 구분한 다음, 전자를 숭배하는 그룹을 흑무(黑巫), 후자를 신봉하는 그룹을 백무(白巫)로 설명한다.(O.Pürev, 1999, *Mongol böögiin shashin*(몽골 샤머니즘), Ulaanbaatar, pp.26~28)

74) 위 설화는 티베트 불교의 전파 과정에서 일어난 불교와 샤머니즘의 통합과 대립 과정에서 불교식으로 윤색된 것으로 보인다. 즉 16세기 말기 몽골 지역에 티베트 불교가 전래된 이후 두 종교는 1세기가 넘게 치열한 대립 과정을 겪고 나서야 불교가 우위를 점하는 상황에서 타협을 이루게 되는 저간의 사정을 보여 주고 있다.(이평래, 1997, 「十善福經法의 分析」, 『中央아시아硏究』 2, pp.11~14)

6. 다얀 데레흐 ②

최초의 뵈(샤먼)는 다얀 데레흐이다. 그는 시라 무렌黃河 상류의 나브친 봄바라이에 자리잡고 살았다. 하늘과 대지의 모든 선과 악의 주재자들이 그에게 도움을 주었고, 그는 마음으로 힘과 능력을 얻었다. 어느 날, 그가 달라이 라마와 내기를 하게 되었다. 그들의 내기는 삼 년이나 계속되었는데, 누가 많이 땄는가를 놓고 이러쿵저러쿵 실랑이가 벌어져, 결국 누가 더 힘이 센지 겨뤄 보기로 했다. 그리하여 두 사람은 더 힘센 사람에게 내기에서 잃어버린 몫을 주기로 했다. 다음날 아침, 달라이 라마는 자신의 휘하에 천 명을 거느리고 있었고, 다얀 데레흐는 천 300명을 거느리고 있었다.

달라이 라마가 먼저 다얀 데레흐에게 말했다.

"당신의 힘을 시험해 보고 알았소. 당신, 몽골로 가시오. 그곳에 당신 같은 사람이 필요하오."

샤먼은 주저하지 않고 필요한 물건들을 챙겨 길을 떠났다. 도중에 알락 테그라는 곳에서 머물렀다. 그곳은 햇빛이 피부를 찌를 만큼 더웠다. 그래서 그는 북을 위쪽에 걸어 그늘을 만들고, 그 아래서 휴식을 취했다. 그러고 나서 샤먼은 북을 잊은 채 길을 떠났다. 이로 인하여 샤먼들은 북을 버리고, 두르벌지를 사용하게 되었다(두르벌지는 사각형, 입방체, 펠트제 사각형 쿠션, 사각형 용기를 말하는데 샤먼이 가장 중요한 무구巫具인 북을 팽개쳤다는 말도 이해가 안되려니와 두르벌지가 승려가 사용하는 어떤 것이라고 추정해 볼 수 있지만 이어지는 내용에서 주인공은 계속 샤먼으로 등장하기 때문에 설득력이 없다).

다얀 데레흐가 몽골 땅에 도착할 즈음, 칭기스칸의 한 딸과 헨티 왕이 결혼식을 올리고 있었다. 칸은 유명한 뵈(샤먼)가 왔다는 소문을 듣고, 그를 궁전으로 초대했다. 다얀 데레흐는 그다지 가고 싶지 않았지만, 거듭된 초대에 어쩔 수 없이 궁전으로 들어갔다. 그는 차와 음식만 맛보고 가겠다고 했다. 하지만 칭기스칸은 그를 막았다. 그리하여 샤먼은 아무도 몰래 말을 불러 그곳을 떠나야만

했다. 궁전을 빠져나오던 샤먼은 입구에서 새색시와 마주쳤다. 그녀가 너무나도 아름답게 생각되어, 샤먼은 그녀를 붙잡아 안장 위에 태우고 재빨리 달렸다. 칸의 공주도 그렇게 싫어하는 기색은 아니었다.

이 일이 여러 사람 앞에서 벌어졌기 때문에, 즉시 칸의 귀에 들어갔고, 이윽고 칸은 그의 뒤를 쫓아갔다. 한 고개 위에서 그들이 샤먼을 따라잡으려고 할 즈음 그는 처음에 잔盞, 다음에 염주念珠, 마지막에 게르(몽골의 이동식 천막)를 버렸다. 지금도 그곳을 아야가 하롤(잔의 초소), 에르흐 하롤(염주의 초소), 게르 하롤(천막의 초소)이라 부른다.

그리하여 그가 몇 개의 산을 넘어 알타이의 오르모고이트봉 부근을 지날 즈음, 칭기스칸이 그를 따라잡았다. 칭기스칸이 그에게 다가가자 그는 석상으로 변하고, 공주는 데레흐산의 동굴로 도망가 숨어 있다가 역시 바위로 변했다. 지금도 공주의 상반신의 모습이 차강 노르 호수의 물에 반사되어 남아 있다. 칭기스칸이 돌이 된 샤먼을 죽이려고 몇 번이나 머리를 내리쳤지만, 긴 칼의 날이 무뎌져 뜻을 이루지 못했다. 그리하여 이번에는 줄에 매달아 죽이기 위해 머리를 줄로 묶었다. 그러자 샤먼이 줄을 끊고 애원했다.

"나를 죽이지 마시오. 내가 영원토록 당신에게 도움을 주겠소."

칭기스칸은 샤먼을 용서했다. 그리하여 다얀 데레흐는 단지 자기뿐 아니라 아르방 돔치 독신(포악한 10명의 치료사)과 함께 몽골을 보호하며 살겠다고 맹세했다. 이처럼 다얀 데레흐로부터 최초로 샤먼이 비롯된 것이다. 오늘날 돌이 된 다얀 데레흐는 차강 노르 부근에 있다. 각지의 샤먼들은 최초의 샤먼인 다얀 데레흐에게 와서, 경배를 올리고 크게 숭배하고 있다. 또 샤먼들은 칭기스칸의 딸을 수인성 질병에 도움이 되고, 자식이 없는 사람에게 자식을 준다고 하여 숭배하고 있다. 다얀 데레흐 다음으로 칭기스칸 시대에 알타이에 열 마리 백마와 열 벌의 백의白衣를 소지한 영험한 샤먼이 있었다고 전해신다.[75]

---

75)위 설화 역시 앞 사례와 마찬가지로 샤머니즘에 대한 티베트 불교의 탄압과 두 종교의 대립과 통합 과정을 보여 주고 있다.

7. 라흐①

먼 옛날 보르항 박시에게 사람을 영원히 살도록 하는 영생의 감로가 있었다. 라흐(앞에서 등장한 라흐와 같음)가 이를 훔쳐 마시고 도망쳤다. 도중에 그는 해와 달 옆을 지나게 되었다. 보르항 박시가 오치르바니금강불에게 라흐를 잡아 오도록 명했다.

이렇게 하여 라흐를 찾아나선 오치르바니가 해를 만났다.

"라흐기 이디로 갔느냐?"

"저쪽으로 갔습니다."

더 먼데까지 가던 오치르바니는 달을 만났다.

"라흐가 어디로 갔느냐?"

"이쪽으로 들어갔습니다."

나중에 라흐는 해와 달이 오치르바니에게 자기가 어디로 갔는지 말해 주었다는 것을 알게 되었다. 그리하여 '저쪽으로 들어갔다'고 말한 해를 삼 년에 한 번씩 삼키게 되고(일식), '이쪽으로 들어갔다'고 말한 달을 세 달에 한 번씩 삼키게 되었다(월식). 라흐가 해와 달을 삼켜도 그는 궁둥이가 없기 때문에, 해와 달은 라흐의 뱃속에서 아무런 해를 입지 않고 빠져나갈 수 있다. 라흐의 궁둥이가 없는 이유는 오치르바니가 라흐를 찾아내어, 허리 부위를 싹둑 잘라 가슴 부위(상반신)와 궁둥이 부위(하반신)를 갈라 놓았기 때문이다. 라흐는 궁둥이가 없어졌지만, 영생의 감로를 마셨기 때문에 죽지 않고 영원히 살고 있다. 라흐를 자를 때, 그가 마신 영생의 감로가 흘러내려 노간주나무, 마황, 소나무 위에 떨어졌다. 그래서 이들은 사계절 내내 잎이 푸른 것이다.

8. 라흐②

아주 오래 전, 텡게르와 아수라阿修羅가 의논하여 젖바다를 한 차례 저었다. 그러자 처음에 해와 달이 나타나 하늘로 날아갔다. 다시 한 번 젓자 이번에는 독항아리가 나타났는데, 호르마스트 텡게르(최고의 천신)가 이를 집어먹었다. 다시 술항아리가 나오자 아수라들이 가져갔다. 다시 한 차례 젓자 감로항아리가 나타났고, 이번에도 역시 아수라들이 그것을 가져갔다.

그때 칸 호르마스트(호르마스트 대왕, 즉 호르마스트 텡게르)가 텡게르들을 불러 놓고 말했다.

"아수라들이 감로를 가져갔다. 그들이 감로를 마시게 되면 그리 간단치 않은 큰 힘을 갖게 된다. 그러니 우리가 그것을 훔쳐내야 한다."

그런 다음 해에게 명했다.

"네가 무슨 방법을 짜내서 빼앗아 보아라."

이렇게 하고 텡게르들은 모두 구름 속으로 숨었다. 해는 사내 마음을 빼앗을 만한 아름다운 소녀로 변신한 뒤, 아수라들이 감로를 나눠 마시는 곳으로 가서 크게 외쳤다.

"여러분, 감로를 마실 때는 세상의 법도대로 해서는 안 됩니다."

그러자 아수라들이 너도나도 물었다.

"감로를 어떻게 마시면 아무 탈이 없느냐?"

"모두가 몸과 얼굴을 잘 씻고, 아주 깨끗하게 한 다음 마셔야 합니다."

이 말을 들은 아수라들이 이치에 맞는 말이라고 수근거리며 말했다.

"세상에서 여자들은 가장 묘한 방책을 알고 있다. 너의 말이 옳다. 괜찮다면, 감로를 지키고 있거라. 우리는 몸을 씻으러 가겠다. 돌아와서 너에게도 감로를 나눠 주겠다."

이렇게 말하고 아수라들이 모두 몸을 씻으러 갔다. 그 틈을 타서 소녀는 감로를 통째로 들고 텡게르들에게 갔다. 몸을 씻고 온 아수라들은 소녀가 감로를 훔쳐 갔다는 사실을 알게 되었다. 게다가 텡게르들이 그 일을 시켜 감로를 빼앗아 갔다는 사실을 깨닫고는 비탄에 빠지지 않을 수 없었다.

"이제 우리들 중 누군가가 변신하여 몰래 그들의 연회장에 참석한 다음, 감로를 다시 빼앗아 오도록 하자."

합의를 마친 아수라들은 라흐를 그곳으로 보냈다. 그는 텡게르의 나라에 도착해 달로 변신하여 여러 텡게르들 사이에 끼어 앉았다. 그날 호르마스트 텡게르는 감로를 나눠 주는 동안, 달에게 망을 보도록 했다. 다른 텡게르들은 이 사실을 알지 못했다. 달은 금세 변신한 아수라를 알아챘다.

"흠, 나와 똑같은 달이구나. 이는 필시 라흐일 것이다."

아수라를 발견한 달은 즉시 악마를 다스리는 대왕인 오치르바니를 불러 라흐를 두들겨 패라고 일렀다. 이에 오치르바니는 매우 강력한 아홉 개 가지가 달린 금강저로 라흐의 허리를 토막냈다. 그러나 라흐는 이미 감로를 마셨기 때문에, 죽지 않고 일어서서 감로를 훔쳐 온 해를 향해 다짐했다.

"30일 집회 때 내가 너를 집어삼킬 것이다."

이번에는 달을 향해 다짐했다.

"너는 나를 알아보고, 오치르바니에게 가르쳐 줌으로써 나를 토막내게 한 대가로, 보름날 달이 가득 찰 때[76] 너를 잡아먹을 것이다."

그러자 해와 달이 기원했다.

"네(즉 라흐)가 동시에 집어삼키면 입이 막힐 것이다. 그때 어떤 동물이라도 자비를 베풀고 교의에 정진하면 장수하게 될 것이다. 그리고 그 베푼 자비는 더욱 빛나게 될 것이다."

---

76)열닷새 달이 꽉 차는 즉, 만월(滿月)이 되는 것을 말한다.〈저자 주〉

9. 오치르바니

망가스가 방해하지 않았다면 오치르바니는 텡게르의 사랑과 은총으로 누대에 걸쳐 행복하게 살았을 것이다. 하루는 오치르바니가 어딘가 가야 할 일이 생겼다. 그래서 그는 해와 달에게 감로를 맡긴 뒤, 산 너머 저쪽으로 길을 떠났다. 그 사이에 망가스가 와서 감로를 훔쳐 먹고, 그릇에 오줌을 누고 나서 물었다.

"오치르바니는 지금 어디 갔느냐?"

그러자 달은 대답하고, 해는 아무 말도 하지 않았다. 망가스는 오치르바니가 어디로 갔는지 알아내고 그의 뒤를 따라갔다. 이윽고, 집에 돌아온 오치르바니는 자기가 집을 비운 사이에 무슨 일이 벌어졌는가를 물었다. 망가스가 왔는데 이러저러한 일이 일어났다고 말하자, 그는 곧바로 망가스를 뒤쫓아갔다.

어느 고개 위에서, 망가스를 발견한 오치르바니는 금강저를 던졌다. 그리하여 망가스의 얼굴과 코에 부상을 입히고, 팔을 부러뜨리고, 등을 부러뜨려 일곱 군데나 상처를 내고 그를 붙잡을 수 있었다. 오치르바니는 그를 두 조각 내고, 코에 쇠코뚜레를 해서 끌고 와서는 해와 달에게 지키고 있으라고 시켰다. 해와 달이 보관하고 있는 망가스의 가슴 부위를 '다이상 라흐'(적 라흐)라 한다. 오늘날 달 위에 보이는 반점은 망가스의 신체의 일부라고들 한다.

10. 오치르바니가 푸른빛을 띠게 된 사연

다르하드인들[77]은 월식을 두고 일흔 개 머리를 가진 망가스가 달을 삼킨 것이라고 생각한다. 망가스가 보르항 박시의 감로를 마셨기 때문에, 보르항 박시

---

[77] 몽골 북부의 훕스굴아이막에 거주하는 삼림민의 후예로 계통은 몽골−투르크 혼성 집단이다. 이들의 거주지는 오늘날 몽골 샤머니즘의 중심지의 하나이다.

는 그를 죽이고자 오치르바니를 보냈다. 보르항의 사자인 오치르바니는 자기 자신을 다음과 같이 생각했다.

"나는 푸른빛을 띠는 건 싫다. 원래 나는 하얀빛을 띨 운명으로 태어났다."

오치르바니는 보르항의 금강저를 가지고 망가스를 쫓아가 금강저로 내리쳤다. 그러자 독오줌이 새어 나왔고, 오치르바니는 다른 동물에게 해가 될지도 모른다고 생각하여, 자신이 그 물을 마셨다. 그 때문에 오치르바니는 푸른빛을 띠게 되었던 것이다.

11. 함 보르항[78)

게세르(영웅서사시의 주인공)는 함 보르항의 남편이었다. 그러던 그가 사냥을 나갔다가 숄마스(악령)와 동무가 되어, 숄마스의 음식을 먹은 뒤, 집에 되돌아가는 것을 까맣게 잊어버린 채 수년을 지냈다. 어느 날, 그는 숄마스의 음식을 먹지 않고 벌판을 돌아다니다 까마귀를 만났다. 그러자 까마귀가 이 한마디를 남기고 날아가는 것이었다.

"나는 집을 잊어버린 게세르가 아니고 집에 돌아가는 까마귀다."

다시 여우를 만났는데, 그 여우 역시 이 한마디를 남기고 달려가는 것이었다.

"나는 집을 잊어버린 게세르가 아니고 집으로 돌아가는 여우다."

계속해서 길을 가다가 이번에는 이리를 만났는데, 그 이리 역시 이 한마디를 남기고 재빨리 달아나는 것이었다.

"나는 집을 잊어버린 게세르가 아니고 집으로 돌아가는 이리다."

게세르는 생각에 잠겼다.

---

78)함 보르항(Lham burhan): '함'은 티베트어(lha mo)에서 기원하는 불교의 10위(位) 수호신의 하나. 보통 '오힌 텡게르' (소녀 천신, 즉 天女)라고 일컬어지고, '선을 가져오는 자, 자비를 확산시키는 자'로 인식되었다.(*Mongol Helnii Har' Ügiin tol*' (몽골어 외래어 사전), p.147)

"야수나 날짐승까지 이렇게 말하는 것을 보면, 지금 내가 집에 돌아가지 않고 있다는 것이고, 그럴 마음조차도 없다는 것이다."

그리하여 게세르는 그대로 곧장 집으로 달려갔다. 집에 도착해 보니, 세 살 된 아들이 나와 '아버지' 하면서 달려들었다. 게세르가 아이에게 물었다.

"어머니는 무얼 하고 있느냐?"

"아버지가 돌아오면 즉시 죽이겠다며 튼튼한 노란 활을 만들고 있습니다."

그러자 아버지가 아들에게 다시 말했다.

"아버지에 대해 물어보면, 어머니한테는 북쪽으로 갔다고 말하거라."

그리고 나서 게세르는 남쪽으로 질주했다. 아들이 집안으로 들어오자 어머니가 물었다.

"누가 왔느냐? 무슨 일이냐?"

"아버지가 집에 왔다가 어머니가 무서워 북쪽으로 달아났습니다."

함 보르항은 곧바로 남편을 뒤쫓았다. 그녀는 북쪽 산으로 달려가다가 우연히 고개를 돌렸을 때, 남쪽 산 저쪽으로 달려가고 있는 모자의 황금 구슬이 햇빛에 반짝거리는 것이 보였다. 그녀는 조준하고, 또 조준하여 황금 구슬을 정확히 맞췄다. 그녀는 집에 돌아왔다.

"그 애비에 그 아들이다."

이렇게 중얼거리고 나서 그녀는 아들의 가슴과 궁둥이 부위를 마구 물어뜯었다. 몽골의 바이드락 사원에서 행해지는 미륵불 함 보르항의 탈춤을 보면, 아이의 가슴과 궁둥이 살을 입에 문, 그러한 보르항이 등장한다. 이는 필시 게세르의 부인인 함 보르항일 것이다.

12. 천불의 기원

노밍 후르드 에르구렉치 칸法輪王은 부인이 999명 있었다. 부인은 999명이나 되었지만 자식은 하나도 없었다. 그래서 노밍 후르드 에르구렉치 칸은 자신이 평생토록 교법을 설파하고 다녔는데도 자식이 하나도 없는 운명인 것을 한탄하면서 가끔씩 슬픔에 젖기도 했다. 그는 999명의 부인과 속민을 거느리고, 죽기 전에 단 하나의 자식이라도 보았으면 좋겠다고 하면서 교법을 전파하며 돌아다녔다.

그렇게 돌아다니던 그가 어느 날 산에 있는 어떤 동굴에 이르렀다. 그런데 거기서 명상하던 승려가 나타나 그를 내쫓는 것이었다. 승려의 옆에는 한 여인이 앉아 있었다. 노밍 후르드 에르구렉치 칸이 명상가 승려 곁으로 갔다. 그리고 명상가 승려에게 정중하게 말을 건넸다.

"나는 지금 자식을 간청하고 다닌다오. 당신은 평생 명상하는 승려로 생활하고 있소. 나에게 자식을 내려다오."

그러자 옆에 있던 여인이 말했다.

"나는 어머니로부터 태어나 여기서 명상하며 살았습니다. 지금 어머니는 없습니다. 그리고 나에게는 고아가 된 한 여동생이 있습니다. 내 옆에 있으면서 이곳의 과일을 따 먹고 살아갑니다. 당신이 그녀를 아내로 맞이하십시오. 그녀를 노밍 후(교의敎義의 아들) 부인으로 삼아 1천 번째 부인으로 맞이하시오."

이렇게 해서 노밍 후르드 에르구렉치 칸은 그녀의 동생을 부인으로 맞이하여 함께 돌아왔다. 대왕은 삼 년마다 한 번씩 몰이사냥을 나가곤 했다. 마침 부인을 맞이한 해에 사냥을 가게 되었다. 그는 보통 사냥을 나가면 일년 만에 돌아왔다. 그때 새로 맞이한 부인이 임신하고 있었으므로, 대왕은 출발하기 전 999명의 부인들에게 당부했다.

"당신들은 내가 돌아올 때까지 내 새 부인의 명령을 절대로 거역해서는 안 되오. 그녀가 무슨 말을 하더라도, 그녀의 말을 거역해서는 안 되오. 나는 일년 동안 사냥을 갔다 오겠소. 이 부인에게 자식이 생겼소."

사냥을 떠난 지 일년이 되었는데도 대왕은 돌아오지 않았다. 999명의 부인은 밤낮없이 노밍 후 부인을 지키면서 아이가 태어나기를 기다렸다. 그러다가 대왕이 도착하기 두달 전 부인은 산기를 느끼고 배가 아프기 시작했다. 999명의 부인이 아이가 태어나기를 기다리며 지키고 앉아 있는데, 새 부인은 둥글고 푸르스름한 막으로 싸인 뭔가를 낳았다. 그러자 노밍 후 부인이 말했다.

"이것을 펴서는 안 됩니다. 노밍 후르드 에르구렉치 칸에게 가축을 도살하는 두 사람이 있습니다. 그들을 불러 주시오."

사자를 보내 두 도살자를 불렀다. 부인이 그들에게 명했다.

"너희들, 이것을 건드리면 안 된다. 터뜨려 여기에 독이 들어가면 머리가 없어질 것이다. 머리를 벤다는 뜻이다. 노밍 후르드 에르구렉치 칸의 영지 서북변에, 최초의 동물들의 전쟁 때 변경으로 쫓겨난 말라빠진 사시나무 일곱 그루가 있다. 이것을 거기에 갖다 놓아라. 그리고 나에게 알려 달라. 너희 두 사람이 이 일을 하는 데 한 달은 족히 걸릴 것이다."

나머지 999명의 부인은 대왕이 이미 노밍 후 부인의 명을 거역하지 말라고 당부했기 때문에, 무서움에 떨며 두 도살자에게 다음과 같이 말했다.

"저 푸르스름한 용기를 땅에 내려 놓아서는 안 된다. 두 사람이 교대로 껴안고 가거라. 뒤에서 너희 두 사람을 보고 있을 것이다. 아차 하면 머리를 베겠다."

두 도살자는 부인들의 명령대로 그 둥글고 푸르스름한 용기를 교대로 껴안으면서 계속 길을 갔는데, 마침내 반달 만에 변경에 이르렀다. 도착하여 보니, 정말 그곳에 말라빠진 사시나무 일곱 그루가 보였다. 그래서 앞쪽 사시나무 밑에 푸르스름한 막에 싸인 용기를 내려놓았다. 그리고 그들이 고향으로 돌아왔을 때, 꼭 한 달째 되던 날이었다. 이렇게 돌아와서 두 사람은 부인에게 말했다.

"자, 당신이 시킨 대로 평생토록 들어 보지도 못하고, 가 보지도 못한 곳에 주신 것을 놓고 왔습니다. 우리 두 사람은 대왕의 명을 받들어 동물을 죽이는 도살자라는 이름으로 그 일을 한 것입니다."

그날 이후, 부인은 명을 내려 그들을 도살자 직책에서 면직시키고, 대신 관리로 임용했다. 두 달 뒤, 대왕이 사냥에서 돌아와 별궁에서 사흘을 보냈다. 대왕은 속으로 '내 작은부인이 아이를 낳았다. 나는 평생토록 자식 없이 살았다. 이제 내 자식을 보리라' 하면서 부인의 궁정으로 갔다. 그 부인과 999명의 옛 부인이 모두 와서 대왕의 안부를 물었다. 그리하여 대왕은 무엇보다 아이가 궁금했다. 그래서 999명의 옛 부인들에게 물었다.

"우리 애가 태어났습니까?"

"그렇습니다."

"나는 평생토록 내 자식 갖기를 원했소. 나에게 아이를 보여 주시오."

그러자 부인이 충고했다.

"보여 드리겠습니다. 그런데 보여 드리는 데 며칠이 걸립니다."

"그 아이가 지금 어디에 있소? 부인, 제발 보여 주시오."

"대왕이시여! 당신은 모든 백성을 불러 모으십시오. 일주일 안에 모든 백성을 소집하여 원정을 떠날 채비를 하십시오. 그때 아이를 보여 드릴 수 있습니다."

그러자 대왕은 일주일 안에 모든 백성을 소집하고 원정 준비를 마쳤다.

"자, 이제 어떻게 하면 되겠는가?"

"대왕이시여! 당신이 아직 태어나지 않았을 때, 동물들 사이에 큰 전쟁이 일어났습니다. 그 동물들의 전쟁 때, 당신 고향에 있던 일곱 그루의 사시나무가 쫓겨났습니다. 그 사시나무들은 당신 나라의 서북 변방으로 쫓겨난 뒤, 조금씩 메말라 녹색 사시나무가 푸른색 사시나무로 변하고, 뿌리까지 말라비틀어졌습니다. 지금 그 사시나무가 있는 곳으로 갑시다."

대왕은 평생토록 노밍 후르드法輪를 돌리고 다녔는지라, 부인의 말대로 높은 산 위로 올라 멀리 그 쪽을 바라본 다음, 백성과 1천 명의 부인을 데리고 길을 떠났다. 대왕이 그들과 함께 한 달을 걸려 그곳에 도착했을 때, 눈 앞에 잎이 무성한 녹색나무 일곱 그루의 모습이 보였다. 주변에는 여러 가지 새들이 지저귀고 있었다.

대왕이 부인을 향해 입을 열었다.

"이 무슨 연유입니까?"

"말씀드렸던 말라비틀어진 일곱 그루 사시나무가 바로 이것입니다."

말라비틀어졌다던 일곱 그루 사시나무가 잎이 무성한 녹색으로 변해 있었기 때문에 대왕은 큰 감동을 받았다. 그리하여 대왕이 다시 물었다.

"자, 이제 어떻게 하면 좋겠는가?"

이어 부인이 대답했다.

"모든 백성을 아홉 줄씩, 아홉 줄씩 잎이 무성한 녹색의 일곱 그루 나무 주위에 빙 둘러 앉히십시오. 그리고 그 중간에 999명의 부인을 앉히십시오. 또 모두를 맨 앞쪽 사시나무 아래에 있는 푸르스름한 막에 싸인 용기를 향하게 하십시오. 나는 맨 앞쪽에 앉겠습니다."

대왕은 모든 것을 노밍 후 부인이 시킨 그대로 했다. 그리고 나서 노밍 후 부인이 말했다.

"내가 '어머니 아들아! 어머니 품으로 오너라'고 말한 뒤, 오른쪽 젖가슴을 세 번 흔들 것입니다. 그러면 여러분 모두 나를 따라 '어머니 아들아! 어머니 품으로 오너라'라고 말한 뒤, 오른쪽 젖가슴을 세 번 흔드십시오."

999명의 부인은 노밍 후 부인을 따라 오른쪽 젖가슴을 꺼낸 다음, 부인이 한 말을 반복하고, 오른쪽 젖가슴을 오른쪽으로 세 번 흔들었다. 그러자 푸르스름한 막 위로 아홉 빛깔 무지개가 생기고, 푸르스름한 막에 싸인 용기의 주둥이가 열렸다. 그리고 거기에서 1천 명의 아이들이 나타나 1천 명의 부인들의 품으로 와서 울었다. 이렇게 해서 1천 명의 부인은 1천 명의 아이들을 껴안았다.

그날, 이후 이 세상에 1천 명의 보르항이 어머니 배에서 태어나고, 이렇게 하여 천불千佛이 생겨났다.

13. 보르항과 복

보르항과 복(악귀)은 예전부터 한쪽은 창조하고, 다른 한쪽은 파괴하는 일을 했다. 보르항은 사람이 달리는 속도를 느리게 하고, 그 대신 말을 탈것으로 내려 주었다. 복이 이 사실을 알고, 어떻게 하면 사람한테서 말을 빼앗을까 궁리하다 뻐꾸기를 만들었다고 한다. 뻐꾸기가 말을 탄 사람의 등자 밑에서 갑자기 날아올라 말을 놀라게 하는 것은 바로 이 때문이다.

VII 문화와 문명

1. 인간이 불을 갖게 된 사연

처음에 이 세상에는 불이 없었다. 그때 저녁마다 하늘을 올려다보면 상천上天 사람들이 불을 피웠고, 거기에서 수많은 모닥불이 반짝거렸다. 지상의 사람들은 상천 사람들의 불을 몰래 훔쳤으면 했다. 그리하여 어떻게, 누구를 보낼 것인가에 대해 논의하기 시작했다. 사람은 날개가 없었으므로 하늘에 올라갈 방법이 없었다. 그래서 타스(독수리과 조류로 동물의 시체를 먹는다)와 독수리를 보내려고 했다. 그러나 그들은 몸집이 너무 커서 붙잡힐 위험이 있었으므로 그만두고 결국 제비를 보내기로 결정했다. 제비는 몸동작이 재빠르고 몸집이 작아, 실은 그 일에 안성맞춤이었다. 사람들은 제비에게 하늘로 올라가 불을 얻어오라고 했다. 제비가 좋다고 하고 하늘로 날아갔다. 그곳에 도착했을 때, 마침 집집마다 저녁 준비를 하고 있었다. 제비가 한 집의 지붕 천창[79]으로 날아 들어가, 부리로 불씨를 물고서 막 날아오르려는 순간이었다.

그때 불집게를 쥐고 불을 때고 있던 그 집의 부인이 소리쳤다.

"불 도둑이다!"

---

79)천창(Tono): 게르, 즉 몽골 유목민의 이동식 천막의 천정에 붙은 '토노'를 말한다. 천창은 '게르'의 햇볕을 조절하고, 통풍의 기능을 하는 등 현실적인 역할말고도 민속학적으로도 매우 중요한 기능을 한다. 유명한 『몽골비사』에 나오는 과부인 '알란 고아'가 천창을 통해 들어온 빛에 의해 잉태했다는 몽골족 조상설화는 그 단적인 사례다.(『몽골비사』, pp.21~22)

이렇게 외치고 부인은 불집게로 제비꼬리를 꽉 집었다. 순간 제비는 위쪽으로 솟구쳐 올랐지만 꼬리털이 불집게에 집혀 한줌 빠져나갔다 제비는 불씨를 물고 천창을 빠져나와 쉬지 않고 날아, 마침내 인간 세상에 불을 갖다 주었다. 지금도 제비의 꽁지는 두 갈래로 나누어져 있는데, 이것는 앞서의 이야기처럼 하늘의 어느 집에서 꼬리털을 뽑혔던 흔적이다.

이 세상 아래에도 역시 지하 세계가 있다. 그곳 사람들은 어느 날 저녁 위쪽을 바라보다 이 세상 사람들이 불을 갖게 된 사실을 알게 되었다. 그리고 그 불을 하늘에서 훔쳐 왔다는 것도 알아내고, 그들 역시 불을 훔쳐 오기로 했다. 그리하여 작은 날짐승을 보내기로 하고, 오드강 에르베히(불나방)라는 밤에 날아다니는 나비를 세상으로 보냈다. 오드강 에르베히는 불의 푸른 불꽃 끝을 살짝 물어, 사람들 모르게 그것을 지하 세계에 갖다 주었다. 그런데 이렇게 갖다 준 불은 불씨가 없는 푸른 불꽃이었기 때문에 지하 세계의 불은 열기가 없는 푸른 불이 되었다. 그리하여 지금까지도 오드강 에르베히는 밤중에 불을 보면, 곧바로 불씨를 얻으려고 불 속으로 뛰어들어 죽는 것이다.

2. 불의 신

'옹—갈 대왕'은 불의 신火神[80]이다. 그는 불꽃 위에 거주하고, 조약돌이 그의 어머니이고, 강철이 그의 아버지이다. 화제문火祭文에 그것이 언급되어 있다.

항가이산이 아직 조그마한 봉우리일 때부터

---

[80]불의 신(Galyn burhan): 몽골 샤먼이 신봉하는 신령의 하나. 몽골인들의 불의 신은 '갈린 텡게르 에헤(火神母)', 곧 여신이다. 예로부터 몽골인들은 '불'을 인류에게 행복을 가져다 주며, 또는 번영의 상징물, 즉 불의 신은 인간에게 안녕과 흥성과 행복을 가져다 주고 혈통을 잇게 해 준다고 여겼다. 또한 그녀는 깨끗함의 화신으로 모든 더러움과 역병을 소멸시키고, 일체의 사악한 기운을 구축한다고 한다.(『中國各民族宗教與神話大詞典』, p.452)

하탕 바다가 아직 진흙탕일 때부터

느릅나무가 아직 연약한 가지일 때부터

매가 아직 날지 못할 때부터

점박이 야생 양이 아직 새끼일 때부터

주군이 때려 일으킨

왕비가 불어 일으킨

조약돌 어머니의

강철 아버지의

단단한 돌 어머니의

단단한 쇠 아버지의

구름을 관통한 연기의

대지를 관통한 강렬함의

비단 같은 얼굴의

기름 같은 얼굴의

불과 불의 어머니火母에게

비계와 기름을 바칩니다

3. 바위에 양과 염소 그림이 생긴 사연

먼 옛날에 게세르 칸(몽골 영웅서사시의 주인공)이 수일, 수개월 동안 먼 산으로 사냥하러 갔다. 그러던 어느날 사악한 하르 망가스(검은 괴물)가 게세르 칸이 집에 없다는 사실을 알고, 지금이야말로 원수를 갚을 때가 되었다고 생각했다. 그리하여 괴물은 여린 풀이 움직이지 않게, 억센 풀이 흔들리지 않도록 살금살금 다가갔다.

그가 게세르 칸의 집 밖에 다다르자, 양떼와 염소떼는 놀라 산으로 올라갔다.

그러자 사악한 하르 망가스는 3알드나 되는 푸른 이리로 변해 군침을 흘리며 그들을 쫓아갔다. 망가스가 막 그들을 따라잡으려는 순간, 양은 아르갈(야생 양)이라는 동물, 염소는 양기르(야생 염소)라는 동물로 변신해 바위 속으로 들어갔다. 그때부터 바위에 양과 염소 그림(즉 암각화)이 생겼다.

4. 사람이 말을 갖게 된 사연

예전에 보르항이 창조한 모든 동물들 가운데서 가장 나약한 동물은 사람이었다. 이처럼 사람은 동물의 맨 끝에 위치해 매우 괴롭고 피곤하게 살아갔다. 그리하여 사람은 멀고 먼 길을 지나 보르항을 알현하고, 사람에게 위엄과 힘을 내려 달라고 간청했다.

그러자 보르항이 말했다.

"네가 그 힘으로 무엇을 하려고 하느냐? 대신 너에게 지력을 주겠다."

이렇게 해서 사람은 지력을 갖게 되었지만 무서움 등 갖가지 고통에서 완전히 벗어날 수는 없었다. 그리하여 사람은 다시 보르항을 알현하고 말(언어)을 내려달라고 간청했으며, 처음으로 언어도 갖게 되었다. 그 결과, 사람이라는 동물은 물리적인 힘과 지적인 능력이 너무나 커져서, 좋아하는 것을 무엇이나 할 수 있고 만들 수 있었다. 또 위로는 형이 없고, 주위에는 상대할 만한 것이 없었으며, 거만함은 이루 말할 수 없는 동물이 되었다.

마침내 보르항은 사람의 위력威力을 적절히 조절하지 않으면 안 되겠다고 생각하고, 명상하던 차에 한 가지 현명한 방법을 찾아냈다. 말을 쪼개어 사람에게 각각 다른 말을 준다면, 서로 다른 말을 사용하는 사람들 간에는 상대방을 이해하지 못하게 되고, 그렇게 되면 자연히 힘과 능력도 분산될 것이다. 그 결과 마침내 사람은 거만하지도 않고, 은혜를 잊지 않으며, 법도를 따르는 온순한 성격을 가지게 되었다.

한편 초그치고(작은 새의 일종)가 사람의 힘과 능력이 말에 있다는 사실을 알고, 이를 시샘하여 수시로 보르항에게 가서 말을 달라고 간청하여 그 역시 말을 얻었다. 그러나 초그치고는 아흔 개의 말을 얻었지만 지력이 부족하여 사람과 같은 능력은 갖지 못하게 되었다.

5. 민담의 발생

오래 전, 몽골인들 사이에 무서운 천연두가 만연해서 수천 수만 사람들이 죽어간 일이 있었다. 살아 남은 사람은 병든 사람을 운명에 맡기고, 자신의 목숨을 보존하기 위해 사방으로 흩어졌다. 열다섯 살 난 청년 소호르 타르바(눈 먼 타르바) 역시 그렇게 홀로 버려져 의식을 잃고 있었다. 그의 영혼이 육신을 떠나 지옥의 에를렉 칸(염라대왕)에게 갔다.

에를렉 노몽 칸은 소년의 영혼을 보고서 깜짝 놀라며 물었다.

"목숨이 아직 끊어지지 않은 육신을 팽개치고 무슨 일로 왔느냐?"

영혼이 대답했다.

"제 육신은 이미 죽은 것으로 간주되어 버림을 받았기 때문에 저는 완전히 목숨이 떨어지기를 기다리지 않고 이렇게 왔습니다."

소년의 영혼의 이렇게 순종적이고 너그러운 점이 에를렉 칸의 마음에 들었다. 그래서 그는 영혼에게 말했다.

"너는 아직 시간이 되지 않았다. 다시 주인에게 돌아가거라. 떠나기 전에 나에게 무슨 바라는 것이 있으면 받아 가지고 가도 좋다!"

에를렉 칸은 그를 지옥으로 데리고 갔다. 그곳에는 부, 아름다움, 운명, 행복, 즐거움, 기쁨, 고통, 눈물, 유희, 웃음, 음악, 민담, 전설, 춤을 비롯하여 사람의 생활 속에 있는 것은 모두 있었다. 소호르 타르바의 영혼은 이 모든 것을 둘러보고 그 중 민담을 골랐다. 에를렉 칸은 그것을 주고 그를 지상으로 보냈다.

영혼이 죽은 육신에 돌아와 보니 까마귀가 이미 눈을 파낸 뒤였다. 자기의 몸이 이렇게 된 것을 보고 매우 슬펐지만, 그는 에를렉 칸의 말을 감히 거역할 수는 없었다. 영혼은 어쩔 수 없이 다시 육신으로 들어갔다. 그후, 소호르 타르바는 오래도록 살았고, 사는 동안 사람들의 모든 앞일을 알게 되었다. 장님이지만 훗날의 일을 모두 알게 되었다. 그는 몽골 전역을 떠돌아다니면서 민담을 이야기해 주었고, 이렇게 함으로써 사람들에게 교훈을 주었다. 그후, 몽골인들 사이에서 민담이 얘기되었다.

6. 술이 생겨난 사연

보르항 박시가 처음 술을 만들었다.[81] 술은 아홉 가지의 독으로 만든 음식이라고 알려져 있다. 보르항은 맨 처음 술을 만들고서 이 음식의 효능을 알아보려고, 눈 먼 사람과 손발이 없는 사람에게 이것을 마시게 했다. 그러자 눈 먼 사람이 눈을 뜨게 되었고, 발이 없는 사람은 발을 갖게 되었다. 그때부터 사람의 기질을 사자처럼 만드는 술이라는 무서운 음식이 생기게 되었다.

술은 이처럼 아홉 가지 독으로 만든 음식이다. 그래서 그와 같이 발이 없는 사람에게 발을 주고, 다른 무엇이 없는 사람에게는 그 무엇을 준다. 그리고 술에는 수낙타의 거품이 들어갔기 때문에 술에 취한 사람은 낙타처럼 이빨을 간다. 또, 술에는 미친 이리의 눈동자가 들어갔기 때문에 술에 취한 사람의 눈은 붉게 달아오르고, 미친 개의 침이 들어갔기 때문에 술에 취한 사람은 개처럼 계속 침을 흘리는 것이다.

---

81)오브스아이막 테스솜의 바야드족(몽골족의 한 지파)은 야브강 메르겡이라는 사람이 잔치를 하기 위하여 술을 만들었다고 하고, 아르 토르홀릭강 부근의 우량하이족(몽골족의 한 지파)은 게세르가 만들었다고 한다. 반면에 두르부드족(역시 몽골족의 한 지파)(G.N.Potanin, 1883, *Ocherki Severno-zapadnoi mongolii IV*(서북몽골기행), p.211)과 부리야트 사람들(M.N.Khangalov, 1960, *Sobranie sochineniya, Tom III*(저작집 III), p.91)은 칭기스칸이 만든 음식이라고 한다.〈저자 주〉

7. 담배①

아주 오래 전의 일이다. 그때 한 부부가 살고 있었다. 두 사람은 이상하리만큼 사이가 좋았다. 그러다가 갑작스레 아내가 세상을 떠났다. 남편은 비탄에 젖어 정말로 한 살배기 망아지가 딸린 암말이 떠내려갈 정도로, 두 살배기 망아지가 딸린 암말이 물속에 잠겨 보이지 않을 정도로 울었다.[82] 남편은 아내를 장사 지내고 돌아와서 며칠 뒤, 아내의 무덤을 찾아갔다. 그런데 아내의 시체의 대퇴부大腿部 근처에서 잎이 큰 아름다운 풀이 자라나 있는 것을 발견했다. 남편은 그 풀잎을 따 가지고 와서 아내를 생각하며 외롭게 앉아 냄새를 맡다가 잎을 피워 보니, 마음이 평안해진 듯하여 계속 피우게 되었다. 이렇게 해서 담배가 생겨나게 되었다.

8. 담배②

옛날에 어느 사찰에 일소로 부리는 황소와 젖을 짜는 염소가 있었다. 스님들은 황소를 이것저것 일하는 데 쓰고, 염소 젖으로는 차를 만들어 먹었다. 그러던 중 염소가 죽었다. 스님들은 염소의 명복을 빌어 주었다. 보르항이 이 사실을 알고 염소에게 좋은 후생後生을 내려 주었다. 그러나 황소가 죽었을 때는 아무도 황소의 명복을 빌어 주지 않았다. 이에 대해 극도로 화가 난 황소의 영혼은 보르항에게 가축으로 다시 태어나게 해 달라고 간청했다.

그리하여 황소는 후세後世에 옛 사원의 스님으로 다시 태어났다. 그는 전생前生에 품은 원한 때문에, 포악하게 행동하고 다른 스님들을 협박했으며, 죽이기도 했다. 그렇게 살다가 그 포악한 스님이 세상을 떠났다. 동료들이 그의 죄를

---

82)몽골 설화에 자주 나오는 관용구로서 '눈물의 바다' 를 나타내는 비유적 표현.

씻어 주려고 했지만, 그의 울분은 이것으로 끝나지 않았다. 그리하여 다음번에는 지위가 높은 군인으로 태어나 스님들을 갖가지 방법으로 감시하고 괴롭히자 비로소 마음이 흡족하여 그의 만행은 끝났다.

그뒤, 황소의 영혼은 어느 부잣집 딸이 되어 태어났다. 소녀는 미모가 출중하고 성격도 또한 매우 좋았는데도, 나이 열네 살이 지나도록 시집가지 않았다. 그녀는 부자와 가난한 사람, 예쁜 사람과 못생긴 사람, 지위의 고하를 가리지 않고 모든 사람들을 상냥하고 고운 말씨에, 부드러운 눈빛에, 마음을 빼앗을 만한 미소로써 대했다. 그리하여 늙은이나 젊은이나, 포악한 사람이나 탐욕스런 사람이나, 보통 사람이나 간에 모두 그녀의 미모에 공감하고 행복을 빌어 주었다. 어여쁜 처녀는 나이 열일곱 살이 되어, 집을 떠나 전국을 누비면서 더 많은 사람과 만나고자 했지만, 얼마 후 그녀는 걷지 못하게 되고, 일년 뒤에는 영영 일어서지 못하게 되었다. 그녀는 세상을 떠나기 전, 가까운 친척을 한자리에 불러 놓고 말했다.

"나는 이제 죽을 것입니다. 여러분들 울 필요도 없고 슬퍼할 필요도 없습니다. 언제까지 우리 모두가 함께 있을 수는 없습니다. 그러나 나는 내가 세상에 왔다 간 흔적을 남기려고 합니다. 내가 죽은 뒤, 내 무덤을 만들고, 아흐레 동안 정성스레 정화淨化하십시오. 이 기간에 무덤에서 발견한 물건은 사람들이 어려움에 처했을 때, 꼭 필요할 것들입니다. 이제 나를 이대로 보내 주십시오."

이렇게 고하고 소녀는 세상을 떠났다. 사람들은 아름답고 사랑스런 처녀와 이별하고, 그녀가 말한 대로 아흐레 동안 무덤을 정화했다. 열흘째 되는 날, 처녀가 말한 대로 무덤을 파고서 무슨 가루 비슷한 물건 하나를 찾아냈다. 모두가 이 물건의 냄새를 맡아보고는 마음이 편안해졌다. 그것은 코담배였다. 또 무덤에서 잎사귀 하나를 찾아냈는데, 그것은 잎담배였다. 몇몇 사람들이 그것을 피워본 결과, 마음이 평안해지는 것을 알 수 있었다. 마지막으로 사람들은 아름다운 처녀의 몸이 똥 같은 것으로 덮여 있는 것을 발견했다. 서로들 그것을 어떻게 할 것인가에 대해 논의하다가 방금 전처럼 피워 보았다. 그것은 바로 아편이었다. 이때부터 어떤 슬픈 일이나 어려운 일이 생겼을 때, 사람들은 담배와 아편을 피우게 되었다.

9. 호르[83]의 기원

보르항 박시가 숄마스(악령)에게 어머니를 잃고 비탄에 젖어 앉아 있다가, 문득 비통한 마음을 달랠 만한 오락거리를 만들어 보자는 생각에 이르렀다. 이렇게 해서 호르라는 악기를 만들게 되었다. 그러나 처음 만든 악기는 썩 좋은 것은 못 되었다. 그는 이 궁리 저 궁리를 하다가 한 점성가를 찾아가서 전후 사정을 말했다.

"그렇다면 그 나무를 네모나게 다듬고, 뱀가죽으로 겉을 씌우고, 말꼬리로 현을 만들고, 구부러진 나무로 톱니를 만들면 진정한 호르를 얻게 될 것입니다."

그가 말한 대로 나무를 네모나게 다듬고, 뱀가죽으로 외피를 씌우고, 말꼬리로 현을 만들고, 구부러진 나무로 톱니를 만든 다음 소리를 내보았다. 그러자 단지 삐걱대는 소리만 날 뿐, 그 역시 마음에 들지 않았다.

보르항 박시는 다시 점성가를 찾았다.

"네가 말한 대로 호르를 만들었지만, 아름다운 소리가 나오지 않는다. 어떻게 해야 하느냐?"

"당신의 어머니를 빼앗은 추트구르가 그 방법을 알지도 모릅니다."

그리하여 보르항 박시는 추트구르를 찾아갔다.

"어머니를 잃고 슬픔에 젖어 있던 중 마음을 달래려고 호르라는 악기를 만들었는데, 웬일인지 삐걱대는 소리만 난다. 어떻게 하면 고운 소리를 낼 수 있느냐?"

---

83)호르(Huur): 모링 호르(馬頭琴), 아망 호르(口琴) 등 몽골 현악기의 총칭.

그러자 추트구르가 대답했다.

> 황갈색 말의 털이 부족하다
> 누런 낙엽송의 송진이 부족하다

추트구르가 말한 대로 호르의 줄에 나무의 송진을 바르자, 정말로 고운 소리가 나왔다. 이것이 호르라는 악기의 시초이다.

10. 마두금의 기원

아주 오래 전, 몽골의 동쪽 끝에 후휘 남질이라는 한 의인義人이 살고 있었다. 그는 비할 데 없이 노래를 잘 불렀으므로, 그 고장에서 큰 명성을 얻었다. 때가 되어 후휘 남질은 군역에 징발되어 몽골 서쪽 끝으로 가게 되었다. 부대장은 얼마 가지 않아 그가 노래를 매우 잘 부른다는 것을 알고, 후휘 남질에게 노역과 훈련 대신 삼 년 가까이 노래만 부르게 했다. 군대 생활을 하는 동안, 그는 한 아름다운 공주를 알게 되었다.

다시 때가 되어 후휘 남질이 병역 의무를 마치고, 고향으로 돌아가게 되었다. 사랑하는 공주는 그에게 기념으로 '조농 하르' 라는 명마名馬를 선사했다. '조농 하르' 는

> 수풀 뿌리가 뽑히도록
> 퇴석堆石이 가루가 되도록
> 땅에 있는 돌이 폭발하도록
> 옷의 꿰맨 곳이 터지도록
> 우뚝 솟은 바위에도 미끄러지지 않고

수풀에 걸려 넘어지지 않고

날짐승보다 빠르고

보통 말과는 비교할 수도 없고

말 가운데서 독보적인

준마의 특징을 온전히 갖춘

위험할 때 날아가는

평시에는 걸어다니는

보호하는 주인이 넘어지면

주인을 위해 노력하고

남아의 벗이 된

그런 좋은 말이었다. 후훠 남질이 그 말을 타고 고향으로 돌아오자, 사람들은 그 말에 관심을 보였고, 그 역시 그 말 외에 다른 말을 타지 않았다. 사람들은 이 사실 역시 놀라워했다. 후훠 남질은 '조농 하르'를 타고 몽골 서변으로 날아가서 사랑하는 공주를 만나고, 아침이면 말을 몰아 동변으로 돌아오곤 했다. 이렇게 삼 년이라는 세월이 흐르는 동안, 사람들은 그에 대해 자세한 내막을 알지 못했다.

후훠 남질 집 가까이에는 한 부잣집이 있었다. 그 부잣집에는 사람들 사이를 껄끄럽게 만들고 화목한 부부를 갈라서게 하는 중상 모략꾼 여인이 있었다. 그 여인은 '조농 하르'가 보통 말이 아니라는 것을 일찍부터 알고, 후훠 남질에게 해를 입히고자 호시탐탐 기회를 노렸다. 어느 날 후훠 남질은 밤에 사랑하는 공주와 만나고 돌아와서는 말의 땀을 식히고 동틀 무렵 말을 매어 놓겠다며 집에 들어와 휴식을 취했다. 모략꾼 여인은 말발굽 소리를 듣고 후훠 남질이 돌아온 것을 눈치채고, 남 몰래 말을 매 두는 곳으로 갔다. 그러자 '조농 하르'는 사악한 사람이 온 사실을 모르고, 착한 주인이라 반가워하고 울어대며 가슴을 활짝 펴고, 머리를 치켜세운 채, 땀에 흠뻑 젖은 몸을 털고, 땅을 차며 양쪽 겨드랑이에 마력의 날개를 힘차게 폈다. 이 광경을 본 그녀는 재빨리 집으로 달려가 소맷자락에 가위를 숨겨 가지고 돌아왔다. 그리고 '조농 하르'의 날개를 싹둑 잘라 버렸다. 말은 마력의 날개가 잘리자마자 곧 죽었다. 후훠 남질은 여명이 밝아오자 말을 매러 갔다. 그는 진실한 벗 '조농 하르'가 바닥에 쓰러져 죽어 있는 것을 보았다. 후훠 남질은 앞이 캄캄해지는 깊은 슬픔에 잠겼다.

어느 날 후훠 남질은 '조농 하르'의 머리 모양을 본떠 나무를 깎아 잘 다듬어진 말머리에 긴 손잡이를 붙이고, 그 끝에 접시(마두금의 아래쪽 사각형 나무 부분을 가리킴)를 만늘어 달고, 명마의 가죽으로 접시를 감싸고, 튼튼한 꼬리털을 쭉 펴서 세로로 놓고, 나무의 기름을 발랐다. 그런 다음 소리를 내보면서 '조농 하르'라는 말이 우는 소리, 걷는 소리, 달리는 소리를 그 악기에 담았다. 이렇게 해서 처음으로 마두금이 생겨난 것이다.

11. 돔보르[84] 머리에 납을 붙이게 된 사연

먼 옛날 매우 잔인하고 포악한 대왕이 있었다. 그는 사람들이 자기의 포악한 성격에 대해 말하면, 입 안에 납을 부어 죽이겠다고 협박하곤 했다. 대왕의 하인인 한 젊은이가 있었는데, 그는 돔보르라는 악기를 잘 연주했다. 고장 사람들은 청년이 연주하는 돔보르 가락을 매우 좋아했다. 젊은이는 잔인하고 포악한 대왕의 모든 더럽고 추악한 행위를 돔보르 가락에 담아 아름답게 연주함으로써, 백성들에게 진실을 알렸다. 백성들은 은밀히 대왕의 잔인하고 사악한 본성에 대해 말하게 되었다.

이 말을 들은 잔악한 대왕은 관리들에게 명하여, 누가 자신에 대한 말을 퍼뜨

---

84)돔보르(Dombor): 비파와 유사한 칼묵인(볼가강 하류의 몽골족)의 악기. 국자 모양으로 현이 서너 개 정도이다.

렸는가, 그를 붙잡아 오라고 했다. 관리들은 사건의 전후를 추적하여 돔보르를 연주하는 젊은이를 범인으로 지목하고, 그를 대왕에게 붙잡아다 주었다.

대왕이 호령했다.

"그래, 네가 나에 대한 악담을 퍼뜨렸느냐?"

그러자 청년이 대답했다.

"그렇지 않았습니다. 돔보르가 퍼뜨렸습니다."

이로 인해 잔악한 대왕은 돔보르 머리에 해당하는 부분에 납을 부어 넣게 했다. 이때부터 돔보르 머리에 납을 붙이게 된 것이다.

VIII 씨족 부족의 기원

1. 4부 오이라드 울드[85]의 기원

4부部 오이라드 울드의 뿌리는 호르마스트 텡게르의 딸이 이 세상의 신성한 백단목白檀木 밑동에서 아이를 낳고 그를 백단목에 걸어 놓음에, 나뭇잎에 빗물이 고여 마실 것이 되었다. 또한 그때 나무 꼭대기에 올빼미 한 마리가 울었던 것처럼 생각되고, 나무 밑동에 있는 그릇에 물이 고여 아이가 마셨다.

그러던 중 자식이 없는 늙은 부부가 그 아이를 보살피고, 백단목으로 요람을 만들어 키웠다고 한다. 이들이 신구新舊 토르고드(몽골족의 한 지파)이다. 백단목 밑동에서 태어나 나뭇잎에 고인 빗물을 먹고 자란 그 아이를 후대 사람들은 호트고이드족(몽골족의 한 지파)의 독신 하르 노얀(고약한 검은 귀족)이라 불렀다. 그가 바로 울드족의 조상이다. 아이를 백단목에 걸어 놓았기 때문에 '울궈드' (걸어 놓고)라 불렀고, 이 단어(울궈드)가 후대에 울드로 바뀌었다. 오이라드의 울드족은 여기에서 기원한다.[86]

---

85)4부 오이라드(Oirad)는 오이라드(서몽골 諸部의 총칭) 4개의 부로 이루어진 데서 나온 말이다. 물론 4부의 구성은 시대에 따라 달라지는데, 울드와 토르고드, 호트고이드는 모두 오이라드의 지파들이다.

2. 두르부드족의 기원

먼 옛날에 보르항 박시가 종교(불교)[87]를 일으키고, 스님 마흔다섯 명이 있는 사원을 창건하기 위해, 지혜와 능력이 있는 총명한 젊은이를 아내와 자식으로부터 출가시켜 스님이 되게 했다. 이 중 아홉 명의 젊은이가 보르항의 칙령을 어기고, 아내를 데리고 고향을 떠나 도망쳤다. 그들은 보그딩 에렝 하비르가라는 곳에 이르러 자리잡고 살았다. 시간이 지남에 따라 자식이 늘어났으며 꽤 강대해졌다. 이들이 몽골 두르부드족(몽골족의 한 지파)의 뿌리이다. 처음에 자기네 고향에서 도망쳤기(두루벤) 때문에, 그들은 두르부드란 이름을 갖게 되었다.

3. 모망간족①

아주 오래 전에 칭기스칸이 1천 명 몰이 사냥꾼을 동원하여 1천 개의 활을 메고, 1천 마리 누런 사냥개를 이끌고 사냥하러 갔다. 그들은

시골 벌판을 헤매다가

숨어 있는 흑담비를 잡고

평탄한 들판을 헤매다가

---

86)전체적으로 문맥이 이상하여 그대로 직역해 놓았다. 참고로 울드를 구성하는 초로스(tsoros) 씨족의 기원에 대한 다음과 같은 정형화된 전설이 전해 오고 있다. "옛날 옛적에 자식 없는 할아버지와 할머니가 있었다고 한다. 하루는 할아버지가 숲속을 지나가고 있는데 아이가 우는 소리가 들렸다고 한다. 할아버지가 소리 나는 곳으로 가 보니 강보에 싸인 아이가 요람에 누워 있었고 그 입으로는 대롱(tsorgo) 같은 나무를 통해 하늘에서 강수(降水)가 들어와 마시고 있었다는 것이다. 할아버지는 그 아이를 집으로 데려와 키웠고, 그 아이로부터 초로스 오복(씨족)이 비롯되었으며, 대롱 같은 나무로 하늘의 비를 마시고 있었기 때문에 그 아이로부터 비롯된 오복을 초로스라고 이름 붙이게 되었다. (오시느 시믹/ 유원수 옮김, 1999, 「몽골國 호브드地域 울드人의 오복(ovog) 構成과 起源」, 『중앙아시아연구』 4, pp.45~460)

87)몽골어 'shashin'의 원뜻은 종교라는 말이다. 그러나 문헌이나 구어 일반에서 'shashin'하면 보통 불교를 지칭한다. 그만큼 불교가 널리 퍼졌다는 뜻이다.

하얀 점박이 표범
하얀 여우를 잡고
산등성이를 헤매다가
스라소니를 잡고
누런 모래 언덕을 넘어
누런 얼룩 호랑이를 잡고

길을 갔다. 그러던 어느 날, 안개가 심하게 끼어 인가를 찾지 못한 채, 1천 마리 사냥개를 매어 놓고, 1천 몰이 사냥꾼이 사슴과 영양을 삶아 저녁을 먹고 있었다. 그때, 갑자기 얼굴이 새까맣고, 수염이 1알드(길이의 단위로서 1알드는 1.6m)나 되는 노인이 나타나 수렵 대장인 칭기스를 향해 말했다.

"나는 칭기스 당신께 몇 가지 말할 것이 있습니다. 내 이름은 바얀칸 마니(야생 동물을 지키는 신)라고 합니다. 나는 123살이고 내 아내는 117살이오. 나는 대지의 모든 사냥감을 다스리고 있습니다. 나의 관할하에 있는 영양, 토끼, 사슴, 여우, 호랑이, 표범 등은 모두 내 것입니다. 이 중 일부를 당신에게 떼어 주겠습니다. 다른 동물의 목숨을 살려 주시오! 또 관용을 베풀어 이들 모두가 안착할 지역, 돌아다닐 목초지를 칭기스 당신에게 간청합니다!"

"너의 동물들이 내 관할 구역에서 마음대로 다녀도 좋다. 다만 일반 백성에게 여름에 먹을 고기와 겨울에 먹을 고기를 주면, 나는 앞으로 네 동물을 범하지 않겠다! 만약 그렇지 않다면 모든 동물을 하나도 남김없이 죽이고, 그런 다음 너에게 그 이유를 추궁하겠다."

칭기스칸의 말을 들은 바얀칸 마니가 물었다.

"칭기스, 당신이 어디에 체류하든 상품上品의 고기를 바치겠습니다. 또 당신을 따라다니는 사람들에게 가죽을 주겠습니다. 이렇게 하면 됩니까?"

"자, 자, 됐다! 그러나 네가 스스로 그렇게까지 할 필요는 없다! 나의 사냥꾼들 중 유능한 사람들이 스스로 동물을 잡아 고기를 먹고, 가죽을 벗겨 옷을 해

입고, 그것으로 돈을 만들어 장사를 하게끔 할 것이다!"

말을 마친 칭기스와 노인은 헤어졌다.

다음날, 일찍 일어난 칭기스는 무리를 깨워 식사를 끝낸 뒤, 다갈색 말을 타고 1천 몰이 사냥꾼을 이끌고 길을 떠났다. 사냥하는 동안 우네겡 숄람(여우 악령), 독신 구뤄스(맹수), 알마스[88], 티렝[89] 등을 모두 잡아 죽였다. 그 정황은 이러하다. 처음에 칭기스는 1천 개 활을 메고, 1천 마리 사냥개를 풀어 놓고 사냥을 했다. 일행이 두 보그드산(중국 내몽고자치구 울란 차부맹 소재) 남쪽에서 점심을 먹고 산 사이를 헤매고 있을 즈음, 어디선가 나타난 흰 우네겡 숄람이 반대편으로 도망가기 시작했다. 칭기스가 이를 보고 1천 마리 누런 사냥개를 풀어 하루 종일 추격했지만 보람도 없이 마침내 토올강[90]가에 이르렀다. 그 순간 우네겡 숄람은 방향을 바꿔 도망가기 시작했다. 사냥꾼들도 그뒤를 쫓아서 달렸다. 도망가던 우네겡 숄람은 모나산[91] 북쪽에 있는 한 굴 속으로 들어가 사라져 버렸다. 칭기스는 그 굴을 파고 연기를 피웠지만 우네겡 숄람은 밖으로 나오지 않았다. 달리 방법이 없어서 이리저리 굴을 살펴본다는 것이 어느새 300알드나 되는 굴 안으로 들어가 있었다. 발자국을 따라 가던 중 난데없이 나타난 더부룩한 머리의 샤르 우브군(누런 노인)과 마주쳤다.

칭기스가 그 노인에게 물었다.

"오는 도중에 여러 가지 야생 동물과 여우와 새, 제비 등을 보았느냐?"

---

88)알마스(Almas): 몽골 설화에 나오는 마녀 사람 모습을 한 동물 혹은 눈 사람. (*Mongol Helnii Har' Ügiin tol'* (몽골어 외래어 사전), p.22)

89)티렝(Tiiren): 설화 속의 여덟 수호신의 하나로서 불교에서 사람을 홀리는 악귀. (*Mongol Helnii Har'Ügiin tol'*, p.210) 팔과 다리가 하나씩밖에 없고, 유방이 달린 괴물. 이를 제사하면 유복하게 된다고 한다.(A.モスタールト 著/磯野富士子 譯, 1966/1987, 『オルドス口碑集』, 平凡社, p.19)

90)토올강(Tuul gol): 토올강은 울란바타르 남쪽을 흐르는 강이다. 그렇다면 위 설화의 채록지가 내몽골(오르도스)이라는 점과 상치된다. 혹시 磯野富士子의 번역처럼 토갈 무렝의 오기인지도 모르겠다.(『オルドス口碑集』, p.19)

91)모나산(Muna uul): 중국 내몽고자치구 울란 차부맹의 모나느에 있는 산 이름. 겂습에 의하면 1227년 칭기스칸이 사망한 뒤 그의 시신을 실은 행렬은 모나산에 정지했다고 한다. 즉 수레가 진창에 빠져 더이상 움직이지 않게 되자 이를 칸의 뜻으로 받아들여 거기에 매장했다고 한다.(라츠네프스키 지음/김호동 옮김, 1992, 『칭기스한』, 지식산업사, p.124) 따라서 텍스트의 칭기스칸 역시 이러한 전승과 관련이 있다고 할 수 있을 것이다.

그러자 샤르 우브군은 손을 양 옆구리에 얹고, 머리는 쳐들어 꼿꼿하게 선 자세로 칭기스를 향해 말했다.

"사냥꾼, 낭신의 이름은 무엇이오? 왜 이렇게 많은 사냥개들로 벌판을 가득 채우고 다니는 거요? 노인인 내가 보기에, 당신네들은 평원에 있는 동물을 마음대로 잡는 듯하오. 벌판의 동물을 뒤쫓던 당신이 나 흥헤(즉 샤르 우브군)에게 질문하는 이유가 뭐요? 당신네들이 하던 대로 사냥이나 계속 하시오! 나에게 여우를 보았느냐고 하는 이유는 대체 뭐요? 내가 내 휘하에 있는 동물들의 목숨을 내주고, 딩신네의 사냥이나 돕는 그런 늙은이로 보이시오?"

칭기스는 대단히 화가 났다.

"벌판의 여우를 뒤쫓아 마음대로 잡을 수 있을 뿐 아니라, 국권을 마음대로 휘두를 수 있는 사람이 바로 나다. 나는 떠돌이 샤르 우브군에게 심문이나 받고 돌아다니는 그런 사람이 아니다. 나와 나의 1천 마리 사냥개는 지쳐 떠도는 늙은이 네 영역에는 발을 들여 놓은 적이 없다."

그러자 흥헤 노인이 말을 받았다.

"당신이 우연히 그곳을 지나온 나를 욕해도 좋소! 그런데 당신은 도망간 흰 우녜겡 숄람(여우 악령)을 놓친 죄를 알기나 하시오?"

칭기스는 땅바닥을 차고 눈썹을 찌푸렸다.

"초췌한 누런 앞가슴의 늙은이, 너는 법도도 모르는구나! 이런저런 말로 자신을 나와 동격으로 생각하고, 함부로 말하고, 나를 심문하고 있구나."

이렇게 말하고 칭기스는 긴 창을 꺼내 노인의 심장을 겨누었다. 그때 누런 사냥개 한 마리가 와서 발을 구부리며, 절하듯 자세를 낮추며 간절히 애원했다. 칭기스가 이를 보고 섬뜻해서 누런 개쪽을 바라보니, 공중에 몇 개의 글씨가 보였다. 칭기스는 창을 내려 놓고 그 글씨를 읽어 보았다.

내용은 이러했다.

'초췌한 누런 흥헤 노인의 목숨을 살려 주십시오. 이 노인은 언뜻 보기에 단지 누런 떠돌이처럼 보이지만, 나중애 이 노인의 세 아들은 당신이 우녜겡 숄람

을 잡는 데 큰 도움을 줄 것이오.'

글씨를 읽고 난 칭기스는 그제서야 다소 화가 풀렸다.

"떠돌이 늙은이, 너는 필시 목숨을 나에게 주려고 왔으렷다. 그러나 가련한 누런 사냥개가 네 목숨을 간청하고 있다. 정말 착한 개가 이토록 간청하니 네 목숨을 살려 주겠다!"

떠돌이 샤르 우브군은 여전히 손을 옆구리에 댄 채 말했다.

"당신의 1천 사냥꾼 무리 중 이 한 마리 개가 칭기스 당신보다 낫소. 말 못하는 개도 목숨을 끊지 말라고 간청하는데, 이 늙은이가 어찌 여우가 있는 곳을 가르쳐 주고 죽이라고 하겠소? 그러나 개가 내 목숨을 구해 주었으므로 이 늙은이는 칭기스 당신과 더 이상 언쟁하지 않겠소!"

노인은 비틀거리는 걸음걸이로 그 자리를 떠났다. 칭기스는 꽤나 놀라워하면서도 이빨을 부드득 갈았다.

"이번 한 번은 눈감아 주겠다! 다시 한 번 마주치면 떠돌이 늙은이 네 누런 가죽을 벗겨 물자루를 만들어 버리겠다!"

칭기스는 자신의 몰이 사냥꾼들을 이끌고 출발했다. 하루를 사냥으로 보내고, 날이 저물자 적당한 곳에 숙영해야 했다.

"우리 모두 어떻게 하면 흰 우네겡 숄람을 잡을 수 있을지 각각 생각해 보자."

칭기스는 무리들과 이런저런 논의를 한 뒤, 잠자리에 들었다. 다음날 아침 일찍부터 1천 몰이 사냥꾼을 이끌고서 울퉁불퉁한 모나산에 올랐다. 칭기스는 가장 높은 봉우리에 올라 잠시 거기에 앉아 곰방대에 담배를 넣고 부싯돌을 때려 불을 붙였다. 그렇게 담배를 피우고 있는데, 멀리 산 사이에서 짙은 초록색 델(몽골 전통 복장)을 입은 아름다운 한 여인이 걸어나오는 것이 보였다. 여인은 노래를 부르고 있었다. 얼굴로 보아 여인은 열일곱이나 열여덟 살쯤 되어 보였다. 마음이 끌린 칭기스는 손을 흔들어 그녀를 가까이 오게 했다. 자세히 보니 그녀는 온 나라에 단 한 명도 없을 성싶은 정말 어여쁜 여인이었다.

칭기스는 자신의 마음속에 커다란 욕망이 생겨나는 것을 느꼈다.

"네 얼굴을 보니, 성격도 차분하고 온순할 듯하다. 만약 너만 좋다면 하루 거리쯤 되는 곳으로 가서 허리띠를 풀고 가슴을 합하자!"

여인은 짐짓 내숭을 떨었다.

"저는 성격도 나쁘고 보시는 대로 용모도 추하여, 당신과 가슴을 합할 운명이 아닙니다. 그런 나쁜 짓을 하면 안 됩니다!"

"가슴을 합치는데 거리낄 게 무어냐? 이 늙은이는 너의 성격과 용모에 벌써 마음이 뛰고 있구나. 자 둘이서 가자!"

칭기스는 여인의 손을 잡고 숙영지로 돌아가 여장을 풀었다. 그가 밤중에 막 잠을 자려고 할 때, 어린아이 세 명이 달려와 칭기스 바로 앞에 멈춰 서더니, 눈을 깜빡이며 손가락으로 신호를 보냈다. 칭기스는 그 뜻을 내심 알아차리고, 아이들에게 일렀다.

"너희들, 집이 어디냐? 누구의 아이들이냐?"

"우리 집은 산 오른쪽, 중간, 왼쪽에 있습니다. 아버지는 떠돌이 훙헤입니다."

그제서야 칭기스는 마음속으로 어제 만난 노인의 말을 상기했다.

"어제, 개 위에 글씨가 나타났다. 세 아이들이 온 것을 보면, 필시 나를 도우려고 온 것이다."

그는 아이들에게 과자를 나누어 주기 위해 밖으로 나갔다. 그러자 아이들이 말했다.

"사냥꾼님, 곁에 있는 조그마한 여인으로 말하자면 이 산에서 숄람(악령)이 된 지 2, 3년쯤 되었습니다. 어떤 때는 흰 여우가 되어 돌아다니고, 어떤 날은 예쁜 여인으로 변하여 사람들의 영혼을 빼앗으며, 또 어떤 날은 추트구르(유령)가 되어 사람들을 협박하기도 합니다. 아무도 그를 죽이지 못합니다."

아이들은 떠났다. 이 말을 듣고 나서 칭기스는 몸에 지니고 있던 칼을 겨드랑이에 감춘 뒤, 고리버들을 불어 사람들에게 신호를 보냈다. 그러자 1천 몰이 사냥꾼들이 순식간에 말에 안장을 채우고, 1천 마리 개를 대기시켰다. 그 사이에 칭기스는 칼을 쥐고 천막으로 들어가 여인의 머리를 재빨리 내려쳤고, 그녀는 망측한 소리를 내며 어디론가 사라졌다. 칭기스는 몸소 앞장서 1만 사냥꾼들과 함께 뒤쫓아갔다. 추격은 계속되었고, 그들은 두 보그드산 남쪽에 이르렀다.

여기서 칭기스가 고함쳤다.

"이제, 네가 도망가면 어디로 가느냐? 네 수명이 다했으니 이제 멈춰라!"

그 순간 하늘에서 한 폭의 구름이 나타나고, 용이 으르렁거렸으며, 벼락이 떨어졌다. 우네겡 숄람은 전율하며 달아나다가 이내 되돌아왔다. 때를 놓치지 않고 칭기스가 흰 칼로 그의 이마를 내리쳤다. 우네겡 숄람의 가죽 일부가 벗겨지고, 그 조각이 떨어진 곳마다 빛이 발했다. 칭기스는 이 광경을 보고 냉정을 잃었지만, 입으로 다라니경을 쉬지 않고 외웠다. 그러자 점차 빛이 시들고, 길고 누런 초록색 털 한 가닥만이 그 자리에 남았다. 이것을 불에 태웠더니, 흰 우네겡 숄람의 몸은 텅빈 뼈로 변했다. 칭기스가 그곳에 칼을 꽂으며 외쳤다.

"우네겡 숄람, 네가 나와 싸우며 도망을 거듭했으나, 마침내 이곳에서 처형됐노라!"

그 사이에 또 오롤롱(유령)이 나타나, 칭기스와 사흘 밤낮을 싸웠다. 칭기스는 오롤롱에 끌려다니며 옴쭉달싹 못하는 지경에 이르러서, 입으로 다시 다라니경을 외우고 텡게르의 가호를 빌었다. 그러자 하늘에서 세 개의 황금 고리金環가 칭기스 손으로 내려왔다. 칭기스는 고리의 신통력을 믿었다.

"오롤롱의 머리를 박살내고 태워라!"

칭기스가 고리를 던지자 고리는 오롤롱의 머리를 정확하게 맞혔고, 불을 일으키며 유령을 산산조각내어 태워 죽였다. 오롤롱이 죽은 뒤, 칭기스는 다시 주문을 외워, 신통력으로 던진 고리를 불러들인 다음, 오롤롱이 죽은 자리에 역시 칼을 꽂아 놓았다. 칭기스는 1천 사냥꾼을 움직여 나라의 모든 적과 숄람(악령)을 짓누르고 마침내 돌아왔다.

그후 홍혜의 세 아들을 불렀다. 칭기스는 그들의 공로를 칭송하고 각각 우공右公, 중공中公, 좌공左公에 봉하고, 이들로 하여금 각각 그 지역을 다스리게 했다. 초췌한 떠돌이 노인이 이전에 1천 마리 누런 사냥개에게 악담을 했다고 해서, 그 지역을 모먕간(몽골족의 한 지파) 호쇼旗[92]로 만들어 다스리게 했다. 그 뒤 떠돌이 누런 노인은 세 아들과 함께 각각 자기의 영역을 다스리며 행복하게 살았다.

4. 모먕간족②

오래 전의 일이나. 모먕간에서는 자식들이 양 꼬리를 입에 넣어 노인들을 질식시켜 죽이는 습속이 있었다. 그런데 외아들이었던 한 아들은 그렇게 할 수 없었다.

"나는 아무래도 아버지를 그렇게 죽게 할 수 없다."

그는 집 자리(터) 밑에 커다란 굴을 파고, 그곳에 아버지를 숨겨 놓았다.

어느 날, 그 고장에 뿔이 두 개이고, 수염이 있고, 발이 여섯 개이고, 꼬리가 있는 커다랗고 푸르스름한 하이낙(야크와 몽골소의 잡종)이 나타나서 사람과 동물을 잡아먹는 일이 일어났다. 매일 밤 젊은이 두 명이 마을을 지키며 밤을 새웠다. 그런데 아침에 일어나 보면, 괴물이 바로 불침번을 섰던 두 젊은이를 먹어 치우곤 했다. 때가 되어 그 노인의 외아들이 당번을 설 차례가 되었다.

아들은 굴 속으로 들어가 아버지에게 말했다.

"아버지, 우리 고장에 몹시 위험한 동물이 나타났습니다. 밤에 망보던 사람은 단 한 명도 살아 남은 자가 없습니다."

아버지가 동물의 모습을 묻더니, 이렇게 말했다.

"아마도 그 동물은 잘 훈련된 이風인 듯하다. 얘야, 그놈이 가까이 오면, 두 손톱으로 탁탁 소리를 내거라. 만약 그 동물이 훈련된 이라면 되돌아갈 것이다."

아들은 보초를 서는 동안, 동물이 가까이 오면 아버지가 말한 대로 손톱으로

---

92)중국 내몽고자치구 올란 차부맹(盟)의 한 호쇼, 즉 茂明女旗를 말한다.

탁탁 소리를 내며 밤을 지새웠다. 사람들은 그가 살아 남은 것을 보고 모두 놀라워했다.

"어떻게 해서 그 동물에게 잡아먹히지 않을 수 있었느냐?"

사람들은 은근히 그를 떠보려는 듯했다. 그러자 노인의 아들이 대답했다.

"내가 이렇게 동물의 허리에 손톱을 튕겼더니, 그 동물이 죽어 버렸습니다."

그 일이 있은 후, 일어난 일이다. 그 나라에 다시 하얗고 커다란 하이낙이 나타나서 매일 밀가루 두 자루, 곡식 두 자루를 먹어 치우는 바람에, 사람들이 먹을 곡식이 바닥날 지경에 이르렀다.

아들이 숨어 있는 아버지에게 말했다.

"아버지, 또다시 위험한 동물이 나타났습니다. 어떻게 해야 합니까!"

"그 동물은 길들여진 야생 쥐일 것이다. 민첩한 고양이를 놓아 잡아먹게 하라."

아들은 아버지가 말한 대로 민첩한 고양이를 놓아 그놈을 잡아먹게 했다.

대왕이 그 아들을 불렀다.

"자, 너는 어떻게 그 위험한 두 동물을 물리쳤느냐?"

아들이 대답했다.

"제가 아버지에게 물어보고 알았습니다."

그후, 모망간인들은 노인을 질식시켜 죽이는 습속을 그만두게 되었다.

5. 호리 투메드 호릴다이 메르겡

아주 오래 전에 바보 하빌도Bavuu habilduu와 호리 투메드 호릴다이 메르겡이라는 두 사람이 있었다. 부리야트(바이칼호 주변의 봉골속) 사람들은 오이홍심(바이칼호에 있는 섬의 이름)과 바르구진강 하류 바이칼호 남변에서 살았다. 처음에 발진 부인이 오이홍섬에 가서 아이를 낳았다.[93] 호리 투메드라는 사람은 아직 가정을 이루지 않아 아내와 자식이 없는 젊은이였다. 어느 날, 호리 투메드가 바이칼호 주변을 걷다가, 동북쪽에서 백조 아홉 마리가 날아와 호숫가에 앉아 백의白衣를 벗고, 아홉 명의 여인으로 변해 바이칼호로 들어가 목욕하는 것을 훔쳐보게 되었다. 호리 투메드는 그 중 옷 한 벌을 훔쳐 몸을 감추고 기다렸다. 목욕을 끝낸 뒤, 여덟 명은 백의를 갖춰 입고 동북쪽으로 날아갔다. 홀로 남은 여인은 호리 투메드의 아내가 되었다. 두 사람은 가정을 꾸리고 매우 행복하게 살았다.

자식이 열한 명이 되었을 때 아내가 남편에게 말했다.

"나는 고향으로 돌아가겠습니다. 당신은 이제 많은 자식도 얻게 되었고, 더 이상 외로울 것이 없게 되지 않았소?"

그래도 호리 투메드는 결코 백의를 내주지 않았다. 그러던 어느 날, 아내는 집안에서 앉아 바느질을 하고, 호리 투메드는 음식을 장만하고 있었다.

아내는 또다시 간절하게 말했다.

"내 백의를 꺼내 주십시오. 한 번만 입어 봅시다. 제발 한 번만 입어 봅시다. 내 옷을 꺼내 주세요."

호리 투메드는 생각했다.

'정말 아내에게 백의를 입혀 보면 어떨까?'

이윽고 그는 아내의 백의를 꺼내 주었다. 아내는 상자에서 옷을 꺼내 입자마자, 백조로 변해 상석上席에 앉아 날개를 가다듬었다. 그러다가 한순간 펄쩍 날아 천창을 통하여 날아갔다. 깜짝 놀란 남편이 외쳤다.

"어이, 당신 그만 두시오! 그만 두시오!"

그는 검댕이 묻은 손잡이로 백조의 두 다리를 붙잡았다. 아내를 막 놓치는 순간 그가 외쳤다.

"당신, 갈 테면 가시오! 그러나 열한 명 자식들의 이름을 지어 주고 가시오!"

---

93)이 부분은 이야기의 도입부로 텍스트가 생략되어 있어 구체적인 내용을 알 수 없다. 그 다음 문장부터 이야기의 핵심이기 때문에 이해하는 데 큰 문제는 없다.

아내는 열한 명의 자식에게 후브두드, 갈조트, 호아차이, 할빙, 바트나이, 호다이, 고쉬드, 차강, 샤라이드, 보동고드, 하르가나라는 이름을 주었다.

하늘로 날아오르며 아내가 축원했다.

"자나 깨나, 자손 대대로 괴로움 없이 지낼지어다. 행복하게 지낼지어다. 자손이 번성할지어다."

축원을 마친 아내는 동북쪽을 향해 날아갔다. 사람들은 그 여인이 어디서 왔는지, 이름이 무엇인지 모른다.

아주 오래 전 부리야트 샤먼이 무술巫術을 행할 때,

나의 조상은 백조[94]

나의 자작나무 오야[95]

나의 자작나무로 둘러싸인 호다르강[96]

나의 호수로 둘러싸인 오이홍섬[97]

이라고 노래 부르며 시작했다고 한다. 호리 투메드의 자손은 이처럼 열한 명의 아버지가 되었다.(즉 11씨족의 조상이 되었다)

6. 호리오도이 메르겡

아주 오래 전에 알타이산 북사면과 후히산 북쪽에 바르가 바타르라는 사람이

---

94)부리야트인들은 스스로 백조에서 비롯되었다고 한다.
95)호스 모동 체렉(Hus modun tsereg): 여기서 체렉은 가축을 매두는 오나(틀)를 말한다. 보통 오야는 두 기둥을 세우고 그 사이에 친 줄인데, 부리야트인들은 그냥 자작나무에 가축을 매고 이를 오야라고 부른다고 한다. 자작나무와 그들의 특수한 관계의 반영이라 보아도 좋을 듯하다.
96)호다르강은 호수에서 발원하고, 자작나무로 둘러싸인 높은 산꼭대기에 있다고 한다.
97)오이홍섬은 바이칼호 가운데에 있는 섬으로 앞에서 언급된 올리한섬이다.

살고 있었다. 그 바르가 바타르에게는 일루데이 투르겡, 보리아다이 메르겡, 호리오도이 메르겡이라는 세 아들이 있었다. 아들들은 알타이산을 빙 둘러 후히산 숲속을 다니며 수달, 담비, 암사슴, 수사슴을 사냥하며 지냈다. 그러다가 바르가 타바르의 고향에 전쟁이 일어나자, 그는 거처를 옮겨 오이홍섬에 정착하게 되었다.

그 고장에서 아버지가 죽은 뒤, 일루데이 투르겡은 두 동생들과 사이가 나빠져 서쪽으로 떠났다. 일루데이 투르겡이 떠나간 알타이산 남쪽에는 두르부드, 호이드, 투메드(모두 몽골족의 지파) 등 여러 부족들이 살고 있었다. 보리아다이 메르겡은 바다(바이칼호)의 북쪽으로 옮겨 살게 되었다. 호리오도이 메르겡은 바다 남쪽에 자리잡고 살았다.

호리오도이 메르겡은 봄가을에 바다에 나가서 새를 사냥했다. 그러던 어느 날 사냥나온 그는 텡게르의 세 명의 딸이 날아와 호수가에 새옷鳥衣을 벗어 놓고, 사람의 몸으로 변하여 물속으로 들어가는 것을 보게 되었다. 호리오도이 메르겡은 소녀들을 흠모하여, 살금살금 그곳으로 다가가서 한 소녀의 옷을 훔쳐 소귀나무山桃 뒤편에 몸을 숨겼다. 세 소녀는 얼마 후, 물에서 나왔다. 그리고 두 소녀는 옷을 입고 날아갔다. 한 소녀만이 남아 옷을 찾다가 지쳐 울며 노래하기 시작했다.

"내 옷을 주세요. 나는 비슈누 텡게르[98]의 딸입니다."

호리오도이 메르겡은 소녀에게 마음이 끌린 채 여전히 누워 있었다. 소녀는 어찌할 바를 모른 채 울고 있었다.

"나를 괴롭히지 마세요. 내 앞에 나타나십시오. 노인이면 아버지가 되고, 젊은이면 형부가 되십시오."

호리오도이 메르겡이 옷을 들고 나타나서는 그녀에게 옷을 주지 않고 자기집으로 데려왔다. 그는 그녀의 옷을 감추고 다른 옷을 주었다. 텡게르의 딸은

---

98)비슈누 텡게르(Bishnü tenger): 인도에서 기원한 신으로 세상을 유지시키는 역할을 담당함.

옷을 찾다 지쳐 버렸다. 호리오도이 메르겡은 텡게르의 딸과 행복하게 지냈다. 자식도 낳았다. 여섯 명의 자식을 낳고, 아내는 새옷을 달라고 간청하며 편안해 하지 않았다. 호리오도이 메르겡은 더 이상 견디지 못하고 옷을 갖다 주었다.

그는 마음속으로 생각했다.

"아이를 여섯 명이나 낳았는데 어디로 가겠는가."

아내는 새옷을 바라보고 울음을 터뜨리고, 이어서 노래했다. 그리고 그 옷을 입고 날개를 퍼덕거리며 집안의 탁자로 올라가 앉았다. 그녀는 아이들을 보고, 또 남편을 바라보았다. 그러다가 천창으로 날아올랐다. 호리오도이 메르겡이 펄떡 일어나 다리를 잡았지만 이내 놓치고 말았다. 그 때문에 백조의 다리가 검정색이 되었다.

호리오도이 메르겡은 아내를 기다리다 지쳐 포기하고, 두 번째 아내를 맞이했다. 그녀로부터 열한 명의 자식이 태어났다. 호리오도이 메르겡의 자식들의 이름은 첫째 갈조트, 둘째 바트나이, 셋째 하르가나, 넷째 호아차이, 다섯째 후브두드, 여섯째 할빈, 일곱째 고샤드, 여덟째 호다이, 아홉째 보동고드, 열째 샤라이드, 열한 번째 차강 등이다.

7. 호레도이 메르겡

호레도이 메르겡이 어느 날 사냥을 나갔다가 백조 세 마리가 날아와 차담팅 차강 노르 호숫가에 내려앉는 것을 보게 되었다. 백조는 아름다운 여인으로 변하여 물속으로 들어갔다. 그들은 목욕을 마치고 물 밖으로 나와 백조의 옷白衣을 입고 하늘로 날아갔다. 이들은 텡게르의 딸들로, 백조로 변하여 자상으로 내려왔던 것이다. 이 광경을 본 호레도이 메르겡은 매우 놀랐다.

얼마 지나지 않아 그는 또다시 새하얀 백조 세 마리가 날아와 옷을 벗고, 호수로 들어가는 것을 보게 되었다. 호레도이 메르겡은 보이지 않는 곳에 숨어 있다가 옷 한 벌을 숨겼다. 얼마 후, 텡게르의 딸들은 물에서 나와 백의를 입고 날아갔는데, 한 여인만이 옷을 찾지 못하고 지상에 남았다. 이렇게 해서 호레도이 메르겡은 텡게르의 딸과 부부가 되었다. 그들은 차담팅 차강 노르 호수 부근에서 삼 년을 살았는데, 자식을 얻지 못했다.

한 번은 호레도이 메르겡이 아내에게 말했다.

"우리가 가정을 꾸린 지 삼 년이 되었건만, 아이가 없소. 도대체 무슨 이유입니까?"

그러사 아내가 대답했다.

"우리가 계속 이 고장에서 살면, 아이를 가질 수 없습니다. 강 남쪽으로 내려가 자리잡고 살면, 대를 이를 많은 아이를 갖게 될 것입니다."

호레도이 메르겡은 아내에게 호브치 하탕이라는 이름을 주었다. 이렇게 하여 그들은 레나강을 떠나 바이칼호 동쪽으로 이주해 거기에 자리잡게 되었다. 그곳에서 호레도이 메르겡은 이전처럼 사냥을 하면서 풍요로운 생활을 이어 가고, 아내는 열한 명의 아들과 여섯 명의 딸을 낳았다.

어느 날, 호브치 하탕이 남편에게 백의에 대해 물었다. 호레도이 메르겡은 예전 그대로 잘 보관하고 있다고 대답했다. 호브치 하탕은 백의를 한번 입어 보고 싶다고 간청했다. 호레도이 메르겡은 아내가 많은 아이를 낳았고, 지상에서 산지도 수 년이 되었으므로, 자기를 버리고 날아가지 않을 것으로 생각했다. 그는 또 아내가 백의를 입으면 얼마나 아름다운가 보고 싶은 생각도 들었다. 그래서 그는 백의를 꺼내 주었다. 호브치 하탕은 백의를 입고, 순식간에 천창을 통해 날아갔다. 그러자 여섯 딸 중 하나가 솥과 국자를 들고 있다가, 검댕이 묻은 손으로 떠오르는 어머니의 다리를 붙잡고 외쳤다.

"어머니, 어디로 가십니까?"

그러나 딸아이는 소리를 지르다 그만 다리를 놓치고 말았다. 호브치 하탕은 호레도이 메르겡과 자식들을 향해 소리쳤다.

"나는 하늘나라로 돌아간다. 지상에서 행복하게 살지어다."

어머니가 게르의 천창으로 날아오를 때, 딸아이가 검댕이 묻은 손으로 다리를 붙잡았기 때문에, 백조 다리가 오늘과 같이 시꺼멓게 되었다.

8. 호리도이

바이칼호에서 그리 멀지 않은 지금의 에흐리드 지방(부리야트 몽골의 지명)에 마소가 없던 시절, 사냥꾼 보리아다이의 자식인 볼가드, 에흐리드, 호리도이 등 삼형제가 살고 있었다. 세 사람이 행복하게 지내던 중, 어느 날 갑자기 그들에게 하나의 시련이 닥쳤다. 이전에 그들은 사냥을 떠나 꼬박 한 달 동안 먹을 사냥감을 잡아서 돌아오곤 했다. 그런 그들이 일년 동안의 싸움 끝에 서로 사이가 나빠졌던 것이다. 그해에 큰 가뭄이 들어, 야생 동물과 날짐승이 떼죽음을 했다. 삼형제는 하루 종일 사냥을 해도, 한 마리도 잡지 못하고 굶주리는 일이 보통이었다. 그러던 어느 날, 볼가드와 에흐리드 형제는 노루 여섯 마리를 잡았다. 호리도이가 늦게 돌아와 보니, 두 형제는 음식을 먹고 있었다. 호리도이는 자신의 몫으로 한 마리밖에 남아 있지 않은 것을 보았다.

"우리는 세 사람이다. 동물은 여섯 마리다. 그런데 왜 나한테 단 한 마리밖에 남기지 않았느냐? 두 마리가 남아 있어야 마땅하다."

이러한 불평에 두 형은 부끄러워하며 변명했다.

"아우야, 우리가 숫자에 그리 밝지 않다."

그러자 호리도이는 화를 내며 형제들의 화살을 부러뜨리고, 바이칼호 남쪽으로 갔다. 이렇게 여행을 하던 중, 백조 몇 마리가 물속으로 들어가는 광경을 보게 됐다. 한 마리는 호숫가에 있었다. 그는 마음속으로 생각했다.

'아마도 교활한 오드강(여샤먼)들이 목욕하고 있나보군.'

그러나 그는 호기심이 생겨 살그머니 그곳으로 접근해 옷 한 벌을 품속에 감췄다. 잠시 후, 백조들이 물에서 나와 옷을 입으려고 했는데, 옷 한 벌이 모자랐다. 그때 호리도이가 숲속 저편에서 불쑥 나타나자, 놀란 백조들이 모두 날아가고, 거기에 한 여자만이 남았다.

그녀가 호리도이에게 애원했다.

"제발, 내 옷을 돌려주십시오. 나는 당신을 원망하지 않습니다. 만약 당신이 원한다면, 나는 당신의 아내가 되어 예쁜 아이들을 낳을 것입니다."

호리도이는 여자에게 옷을 주었다. 그녀가 옷을 입자 그녀는 마치 오드강(여 샤먼)처럼 되었다. 두 사람은 소욘산(사얀산: 몽골과 투바공화국 사이에 있는 산)으로 가서 함께 살았다. 이윽고 한 아이를 낳았고, 그후 몇 명의 아이를 더 낳았다. 그들로부터 툰킨 부리야트(부리야트의 한 지파)가 나왔다. 그 뒤로 소 욘산이 조그마한 구릉처럼 여겨지고, 가축이 야생 동물처럼 불어나 삼림에서 한가로이 풀을 뜯게 되었다.

9. 아주 오래 전의 한 젊은이 이야기

옛날에
말이 많고
짧고 흰 옷을 입은
버럭버럭 해 대며 말하는
까마귀 날개 모자를 쓴

한 젊은이가 있었다. 그는 풀움막을 짓고 살았다. 어느 날 그의 풀움막 근처에 원앙새 세 마리가 날아와 물을 마셨다. 그러더니 새들이 세 명의 선녀로 변하여 노는 것이 아닌가. 젊은이는 그 가운데서 한 선녀의 옷을 몰래 움막에 갖다놓았다. 저녁이 되어, 세 선녀는 돌아갈 때가 되었다.

한 선녀가 그에게 물었다.

"내 옷 보았습니까?"

그가 대답했다.

"우리 집에 있다. 집에 가서 가져가거라."

그러자 그 선녀가 다른 선녀들에게 울며 말했다.

"나는 이 고장 사람이 되어 버렸소. 그러니 여러분은 나를 두고 돌아가시오."

옷을 잃은 선녀는 그곳에 남게 되었다. 다음날, 아들이 아침에 일어나 눈을 떠 보고, 자신이 풀움막이 아닌 '가죽끈이 없는 하얀 궁전'[99]에서 잠자고 있음을 알았다.

이때 선녀가 눈 뜬 젊은이에게 말했다.

필요 이상의 말을 버리세요
짧은 흰 옷을 불에 태우세요
마구 해 대는 말을 버리세요
까마귀 날개 모자를 불에 태우세요

그리하여 두 사람은 함께 살게 되었다. 젊은이는 여인을 신기해 하며 마냥 바라보기만 할 뿐, 일을 하지 않았다. 그러나 선녀는 자신의 모습을 똑같이 그린 그림 한 장을 주며, 그에게 말했다.

"자, 이제 가축을 돌보고 곡식을 뿌리세요."

하지만 젊은이는 바람에 그만 그림을 날려 버리고 허둥대며 돌아왔다.

한편 어느 대왕의 목동이 어디선가 날아온 그림 한 장을 보고 들여다보며 놀라워하고 있었다. 그렇게 정신을 놓고 있는 바람에 송아지와 어미 소가 합해져 버렸다.[100]

---

99) 몽골 설화에 자주 나오는 관용구로 부유한 집을 말한다.
100) 몽골 유목에서는 어미의 젖을 짜기 위하여 최소한 필요한 때를 제외하고, 어미와 새끼를 분리시켜 놓는다. 따라서 위 구절의 의미는 정신을 놓고 있다가 어미와 새끼가 합쳐지게 했다는 말이다. 그렇게 되면 새끼가 어미 젖을 다 먹어 버리고 사람들이 쓸 젖이 없어져 버린다.

대왕이 목동을 질책했다.

"너, 무슨 일이냐?"

목동은 지체없이 대왕에게 그 연유를 설명했다.

"제가 이처럼 고운 그림을 얻었습니다."

대왕 역시 그림을 보고 매우 놀랐다. 대왕은 즉시 모든 백성들에게 그림 속의 여인을 찾도록 명했다. 드디어 여인을 찾아내기에 이르렀고, 대왕은 자신이 직접 보겠다며 여인을 찾아갔다. 여인이 사는 집에 도착했을 때, 여인이 개를 붙잡아 주었지만, 대왕은 말에서 내리지 않고 그대로 안장에 앉아 있었다.

이윽고 여인이 입을 열었다.

"대왕은 가정을 방문하여 무슨 까닭으로 말에서 내리지 않습니까?"

대왕이 그제서야 말에서 내렸다. 여인이 다시 물었다.

"대왕은 남의 집에 들어오지 않습니까?"

그러자 그가 집에 들어가 앉지 않고 서 있었다. 여인이 재차 물었다.

"대왕은 앉지 않습니까?"

그러자 그가 앉았다. 여인이 차를 갖다 주었지만, 대왕은 마시지 않았다.

"대왕은 차를 마시지 않습니까?"

그는 차를 마셨다.

"이제, 저녁이 되었는데 돌아가서야 하지 않습니까?"

이렇게 대왕은 돌아갔다. 다음날 대왕은 젊은이를 불렀다. 젊은이가 왔다. 대왕이 물었다.

"네 아내를 내가 취하겠다. 세 가지 내기를 하자. 그리고 이긴 사람이 그녀를 취하도록 하자."

"어떤 내기를 걸겠습니까?"

대왕과 젊은이는 세 번 숨기 내기를 하기로 하고, 젊은이는 울면서 돌아갔다.

"내가 먼저 숨어야 하는데, 어디에 숨어야 좋단 말인가?"

대왕이 와서 젊은이를 찾았다. 선녀는 젊은이를 골무에 숨기고서 바느질을 하고 있었다.

"나의 남편은 호로부치타인 에헹(골무의 입구)에서 말을 찾고 있습니다."

대왕은 찾고 또 찾았지만 젊은이를 찾아내지 못하자 부부는 기뻐했다.

"우리가 한 판 이겼습니다."

"그래 좋다."

대왕은 마지못해 돌아갔다. 이제 젊은이가 대왕을 찾을 차례가 되었다. 젊은이는 어디에 있을까 라고 하며 찾아 헤맸다. 선녀가 남편에게 말했다.

"대왕 궁전의 남서쪽에 빨간 상자 세 개가 있습니다. 세 개 중 가운데 상자의 보브(튀김 과자)를 '이것 참 맛있는 보브 같다' 고 하며 때려 부수십시오."

젊은이는 아내가 일러 준 대로 했다.

"아, 아, 궁둥이, 허리야."

대왕이 이렇게 비명을 지르며 나타났다. 이제 젊은이가 숨을 차례가 되었다. 젊은이가 아내에게 물었다.

"어디로 숨을까?"

선녀는 그를 작은 받침대에 넣어 두고서 솥을 들고 찾아온 대왕을 맞았다.

"우리 남편은 타비오르타인 에헹(받침대의 입구)으로 사냥 나갔습니다."

대왕이 살피는 동안 아내는 가만히 앉아 있었다. 그러나 그는 젊은이를 전혀 찾을 수 없었다.

"두 번째도 우리가 이겼습니다."

"그래 좋다."

대왕은 매우 불쾌한 기분으로 갔다. 다시 대왕이 숨을 차례가 되었다.

"어디에 있을까?"

이렇게 젊은이가 대왕을 찾아 헤매고 있을 때, 선녀가 말해 주었다.

"서까래에 마구馬具 세 벌이 있을 겁니다. 그중 가운데 것의 끝을 잡고 '무슨 마구가 이렇게 딱딱한가?' 라고 하며 부수십시오."

젊은이는 아내가 시킨 대로 했다.

"아, 아, 궁둥이, 허리야."

이렇게 대왕은 두 판을 놓쳤다. 이제 젊은이가 숨을 차례가 되었다.

"어니로 숨을까?"

선녀는 그를 손잡이 안에 넣었다. 대왕은 아무래도 찾을 수가 없었다. 다시 대왕이 숨을 차례가 되었다. 젊은이는 걱정이 되었다.

"어디에 있을까?"

이때 선녀가 말했다.

"문미門楣의 서끼래에 버드나무 세 개가 있을 섭니다. 그것을 부수십시오."

젊은이는 그대로 했다.

"아, 아, 궁둥이, 허리야."

거기에서 대왕이 나타났다.

"세 번째도 우리가 이겼습니다."

"그래 좋다."

대왕은 매우 심기가 불편했다. 그러나 대왕은 물러서지 않고 또 다른 내기를 제안했다.

"내가 네 아내를 취하겠다. 지정된 회색 봉우리를 오색 비단으로 뒤덮는 내기다. 이기는 사람이 여자를 갖기로 하자."

젊은이는 고민에 빠져 병이 날 지경에 이르렀다.

"내기에 이기기는커녕, 나에게는 비단이 한 필도 없으니, 어찌해야 하나?"

이렇게 허둥대는 남편에게 아내가 말했다.

"'사방이 대왕의 비단보다 크게 되어라' 라고 외치면서 이것으로 봉우리를 덮으십시오."

그러면서 아내는 남편에게 오색 비단 한 조각을 주었다. 젊은이가 그것으로 봉우리를 뒤덮자, 사면이 대왕의 비단보다 커졌다.

대왕은 마침내 선전포고를 했다.

"내가 취하겠다. 이제는 전쟁이다!"

그리하여 대왕은 모든 백성을 모으기 시작했다. 젊은이는 다시 허둥대기 시작했다.

"우리 둘이서 어떻게 대왕의 군사들과 싸웁니까?"

그러자 선녀가 상자 하나를 주었다.

"이 상자를 열어 보십시오."

그리하여 아들이 '대왕의 군대와는 비교할 수 없을 만큼 큰 힘으로 진압하라'고 외치면서 상자를 열자, 대군이 나타나서 대왕의 군대를 하나도 남김없이 죽이고, 대왕마저 죽이고, 아들이 대왕이 되었다.

10. 삼림 속의 젊은 사냥꾼

멀리 북변北邊의 깊은 삼림에서 사냥을 하며 살고 있는 한 젊은 사내가 있었다. 그는 엄청나게 힘이 세고 큰 몸을 가지고 있었으며, 용모 또한 매우 뛰어났다. 그러나 젊은이에게는 낡고 부서진 나무집과 사소한 주방기구 외에 다른 물건이라고는 단 한 벌의 깃襟이 있는 옷, 활, 화살뿐이었다. 그는 겨울이나 여름이나, 밤이나 낮이나, 항상 깃이 달린 옷을 입고, 사냥할 때나 휴식할 때나 늘 화살통을 메고 있었다.

그런데 구름 한 점 없이 맑은 어느 날 정오 무렵, 갑자기 푸른 하늘에 검은 구름이 모이고, 바람이 몰아치고, 천둥이 치면서 비가 내리기 시작했다.

젊은 사내가 중얼거렸다.

"회오리바람을 일으키고, 비를 내리게 하다니. 못된 하늘이 내 일을 망쳤다."

그렇게 투덜거리며 사내는 깊은 삼림 속 자신의 집으로 돌아왔다. 그때 사내는 집안에서 혐오스럽고, 그렇게 무섭지는 않지만 하여간 괴상한 광경을 목석했다. 덮개만 한 창문이 있는 어둑어둑한 방안 모퉁이에, 조그마한 그림자가 움직이고 있었다. 자세히 살펴보니, 무슨 동물이 누워 있는 듯했다. 가까이 가서 살펴보니, 사슴 한 마리가 덜덜 떨고 있었다. 젊은이가 소매를 걷어붙이고 붙잡으려고 가까이 다가가자, 사슴이 벌떡 일어섰다.

"젊은이여! 당신은 내 목숨을 구해 주시겠소?"

사슴은 계속 부들부들 떨면서 간청했다. 젊은이는 하는 수 없이 잠시 뒤로 물러섰다. 그런데 사슴이 다시 아무 말도 하지 않았으므로 젊은이는 의심을 하기 시작했다.

"이유를 말하지 않으면, 숨통을 끊어 죽여 버리겠다."

사내가 고함치자, 사슴이 천천히 이야기하기 시작했다.

"나는 텡게르의 선녀입니다. 9월 9일에 아사르 텡게르(아수라천天)에서 이곳으로 내려와 깨끗하고 맑은 물에 몸을 씻었습니다. 그때 나는 아름답고, 자유롭고, 행복한 인간 세상에 매료되어 흠모하다가, 그만 에첵 텡게르(아버지 천신)의 칙령을 어기고 정해진 시간에 돌아가지 못했습니다. 칙령을 어겼으므로 호르마스트 텡게르가 군대를 내려보내서 저를 강제로 데려가려고 합니다. 조금 전, 세찬 바람이 불고, 하늘이 으르렁댔을 때 그들이 저를 잡으려고 쫓아왔던 것입니다. 저는 그들을 피해 도망치다가 하는 수 없이 사슴으로 변하여, 당신 집에 몸을 숨기고 위기를 넘겼습니다. 이제 제 목숨을 구해 줄 사람은 당신뿐입니다. 부디 자비를 베풀어 어려운 처지에 놓인 저를 불쌍히 여겨 주십시오. 제 목숨이 붙어 있는 한, 꼭 은혜를 갚겠습니다."

사슴은 눈물을 흘리며 이렇게 애원했다. 그런데도 젊은 사내는 윽박지르듯이 말했다.

"네가 정말 아사르 텡게르의 고귀한 선녀임에도 불구하고, 살던 나라를 두고 사냥꾼의 나라에 와서 살기를 열망하다니, 참으로 흥미로운 일이구나. 네가 진정 선녀라면, 진짜 모습을 보여라."

"사람들은 하늘나라를 행복하다고들 합니다. 하지만 나는 공평한 자유를 갖고 있지 못한 데 진저리가 났습니다."

이렇게 말하고 한 번 뒹굴자, 눈 깜짝할 사이에 사슴은 맑고 빛나는 얼굴, 투명하고 총명한 눈, 불그스름한 뺨, 우아하고 가느다란 눈썹, 비단 같은 검은머리, 포동포동한 몸매를 갖춘 아름다운 여인으로 변했다. 젊은 사내는 그 광경이 놀라운 한편 두려웠다. 말씨나 그 모습은 정말 가련하게 생각되었지만, 한편으로 자신의 몸을 변신해 보이는 것은 추트구르(유령)밖에 없다고 의심하고, 이를 악물고 마음을 독하게 먹고 여인을 집에서 쫓아냈다.

쫓겨나면서 여인은 사내에게 당부했다.

"당신은 나중에 저를 찾을 일이 있을지도 모릅니다. 저는 언제라도 당신을 잊지 않을 것입니다. 저는 아사르 텡게르의 맨 막내 선녀입니다. 당신이 저를 찾을 필요가 생기면, 당신 집 앞에 있는 가장 높은 나무 밑동에 호리병박胡蘆을 심으십시오. 그리고 매일 세 번씩 물을 주면, 겨울이고 여름이고 계속 자라나, 마침내 하늘에 다다를 것입니다. 그러면 호리병박을 타고 하늘로 오십시오. 부탁하건대, 도중에 어떤 어려움이 닥치더라도 용감하게 이겨내야 합니다."

그녀는 이렇게 말하고 손가락의 반지를 빼내 운명의 징표로 사내에게 주고, 눈에 눈물을 흘리며 그의 곁을 떠났다. 그 순간 호르마스트의 군대가 들이닥쳤다. 그들은 그녀를 붙잡아 구름을 타고 하늘로 올라갔다. 이 광경을 본 젊은 사내는 그녀에 대한 믿음이 생겨 그녀를 부르려고 했지만, 이미 때는 늦었다. 후회하면서 멀어져 가는 그녀를 바라보고 있는 동안, 그들은 드넓은 하늘로 사라졌다.

그후, 젊은 사내는 그 일에 대해 자신을 원망하며 지내다가 마음의 병이 났다. 어떤 때는 호리병박이 자라서 하늘에 다다른 듯하고, 어떤 때는 자신이 높은 호리병박 덩굴을 타고 하늘로 올라가고 있는 듯한, 꿈 같은 온갖 생각으로 머리가 꽉찼다. 이처럼 마음에 깊은 상처를 입고, 결국 하늘의 선녀를 만나고 싶은 욕망이 점점 더해 갔다. 그래서 젊은이는 용기를 내어 남쪽에 있는 높은 소나무 밑동에 호리병박 하나를 심고, 하루에 세 번씩 물을 주며 가꾸기 시작했다. 호리병박 덩굴은 높은 소나무를 감고 계속 자라나서, 얼마 후 하늘에 다다랐다.

젊은이는 활과 화살통을 메고, 선녀가 운명의 징표로 준 반지를 가슴에 품고, 호리병박 덩굴을 타고 계속 올라가 호르마스트 텡게르를 향해 갔다. 얼마나 올라갔을까. 솜 같은 하얀 구름이 저 아래에서 흘러가고, 흙이 있는 대지는 더 이상 보이지 않았으며, 그의 눈 앞에는 매우 신기한 전혀 다른 하나의 세상이 펼쳐졌다. 좌우를 빙 둘러보고, 사방팔방을 두리번거리며 가고 있는데, 갑자기 무장한 호르마스트 텡게르의 군대가 나타났다. 그들은 위압적인 말로 그를 협박하더니, 강제로 붙들어서 아사르 텡게르의 나라로 압송했다. 당연한 일이지만, 젊은이는 하늘나라의 법도를 전혀 몰랐다.

"나는 하늘의 선녀를 찾으려 여기에 온 것입니다."

그 말을 듣고는 텡게르 에젱主君天神이 불같이 화를 내며 말했다.

"이국의 가난한 나라에서 태어난 야만인인 네가 감히 내 선녀를 요구하고, 쓸데없는 말을 함부로 해대는구나. 내 너를 혹독한 시험을 거쳐서 처결하겠다."

이렇게 하여 젊은이는 매우 고약한 장소에 감금되었다. 다음날, 잠긴 문이 열리고, 칸 텡게르(대왕大王 천신)의 시녀가 소매를 위아래로 출렁이며 들어왔다.

"동북쪽 심장 모양의 바위 위에 항가리드가 있습니다. 거기에 가서 그가 아끼는 알을 가져오십시오. 대왕 천신과 부인이 그 알로 국을 끓여 먹으려고 합니다. 대왕 천신의 칙령을 전합니다. 어떤 식으로든 거역해서는 안 됩니다."

젊은 사냥꾼은 여러 가지 방법을 모색하고서 한 가지 부탁을 했다.

"야수와 날짐승이 아무리 사납기로서니, 살아 있는 사람을 어떻게 이길 수 있겠습니까. 주군 천신의 칙령을 실행할 수 있습니다. 그러나 나에게는 여러 가지 도구가 부족합니다. 차양이 큰 모자 하나와 덮개로 쓸 옷 하나를 줄 수 있습니까? 가는 도중에 사용하려고 합니다."

그러자 주군 천신이 말했다.

"네가 정말 그 일을 해낼 작정이라면, 말한 것들을 주겠다."

대왕은 그의 요청을 받아들여 즉시 도구를 주었다. 젊은이는 모자의 차양에 덮개 끝을 연결하여 옷 위에 걸쳐 입고, 활과 화살통을 어깨에 메고 목적지를 향해 떠났다. 드디어 동북쪽에서 심장 모양의 바위가 보였다. 젊은이가 항가리드의 알을 얻기 위해 바위 꼭대기로 올라가자, 독수리처럼 생긴 큰 새 한 마리가 날아와, 모자와 덮개를 낚아채고, 마치 동물의 고기를 얻은 듯 기뻐하며 멀리 날아갔다. 그 틈을 타서 젊은이는 항가리드의 알을 집어들고 돌아왔다. 가지고 온 알을 주군 천신에게 건네고, 젊은이는 또다시 감금된 채 그날 밤을 지냈다. 다음날이 되자, 대왕 천신의 시녀가 소매를 위아래로 출렁이며 나타났다. 시녀는 주군 천신의 칙령을 전달했다.

"북서쪽 어두컴컴한 숲속에서 마른 나무를 주워 오시오. 주군 천신과 부인이 그 나무를 땔감으로 쓰려고 합니다."

시녀는 절대로 명령을 어겨서는 안 된다는 말도 덧붙였다. 젊은이는 조금도 겁내지 않고, 속으로 '땔감까지 주워 오도록 시키는 빈한한 거지 나라가 아닌가?'라고 생각했다. 젊은이는 땔감을 묶을 끈을 달라고 하여 활과 화살통을 어깨에 메고서 그 지역의 사정을 물은 뒤, 목적지를 향해 떠났다. 드디어 북서쪽에 있는 어두컴컴한 숲속에 도착하여 마른 땔감을 찾아 하얗게 마른 뿌리를 주워 모으고 있을 때였다. 그때 숲속 가까운 데서 무슨 소리가 들려온 듯했다. 섬뜩한 생각이 들어 소리가 난 곳으로 고개를 돌리자, 입을 떡 벌린 엄청나게 큰 뱀이 믿을 수 없을 만큼 빠른 속도로 기어오고 있었다. 그래서 그는 땔감도 팽개치고, 잽싸게 달려가 잎이 무성한 나무 뒤로 몸을 숨긴 다음, 활을 잡아 힘껏 당겨 뱀의 척수脊髓를 겨누고 쏘았다. 맞았다! 거대한 뱀은 그곳에 잠깐 몸통을 서리는가 싶더니, 몸을 쭉 펴서 나무를 친친 감고 죽었다. 젊은이는 뱀을 끌고 땔감은 어깨에 메고, 힘든 곳을 벗어나 주군 천신의 궁전에 도착하여 이것들을 건네 주었다. 그리고 감금되어 있던 집에 다시 갇혔다. 잠깐 이렇게 앉아 있는데 주군 천신의 시녀가 또다시 소매를 위아래로 출렁이며 나타났다.

"궁전 동쪽 끝에 집 한 채가 있습니다. 당신은 오늘 밤을 그 집에서 보내야 합니다. 주군 천신의 칙령을 전달합니다."

그리고 시녀는 낮은 목소리로 덧붙였다.

"당신에게 한 가지를 상기시켜 드릴 게 있습니다. 당신을 재우려고 하는 그 집은 화차火車와 수차水車가 있는 매우 위험한 집입니다. 만약 화차의 바퀴가 돌아가게 되면, 밤중에 추위가 더해져 집에 있는 모든 것을 얼려 죽입니다. 그러므로 당신이 집에 들어갔을 때, 화차바퀴가 돌아가면 수차바퀴를 돌리고, 마찬가지로 수차바퀴가 돌아가면 화차바퀴를 돌리고 주무셔야 합니다. 이처럼 바퀴를 돌리고 주무시면, 당신의 신상에 아무런 위험이 없을 것입니다. 막내 선녀가 당신에게 이 말을 특별히 상기시켰다는 것을 전합니다."

사내는 주군 천신의 칙령을 받들어, 그 집에 들어가 막내 선녀가 시킨 내로 하고 잠을 잤다. 아무런 위험한 일도 일어나지 않았고, 그는 편안한 밤을 보냈다. 동틀 무렵, 주군 천신의 부인이 잠에서 깨어나 하인에게 큰 소리로 명했다.

"어서 가서 젊은 사냥꾼의 흐트러진 시체를 치워라."

하인들이 우르르 그 집으로 몰려갔다. 그러나 사냥꾼 젊은이는 평온하게 잠들어 있었다. 이 사실을 주군 천신과 그 부인에게 알리자, 그들은 두려움에 떨면서 모든 방법을 논의한 뒤, 젊은이를 불러 그간의 사정을 물어보았다.

젊은이는 짧게, 그러나 결연하게 요구했다.

"여러 차례 시험을 통과했습니다. 이제 나는 막내 선녀를 취하겠습니다."

그들은 그 젊은이를 겁주고 협박했다.

"인간 세상 사람들은 돌石 심장을 가지고 있으므로, 선녀를 주기 전에 네 심장을 꺼내고, 그 대신 다른 심장을 넣어 그 기질을 순화시켜야 할 것이다."

이 말에 용감한 젊은이는 더욱 태연한 모습으로 말했다.

"당신이 약속을 지킨다면 심장을 빼도록 하겠습니다."

이렇게 말하고 궁전을 빠져나가, 그 시녀에게 사정을 말했다.

"걱정하지 마십시오. 편안히 계십시오. 가슴을 감싸고 주군 천신에게 가서 '뜨거운 내 심장은 당신의 하인이 가져가고, 내 가슴은 이제 이렇게 되어 버렸습니다'라고 하십시오. 나에게 한 가지 방책이 있습니다. 지금 시시콜콜 따져서 무엇하겠습니까."

시녀가 이처럼 젊은이를 안심시켰다. 그는 시녀가 시킨 대로 주군 천신에게 돌아가 그대로 말했다. 이때 시녀가 보자기에 싼 물건을 들고, 문턱을 넘어 들어왔다.

그러자 주군 천신이 다그치다시피 물었다.

"사냥꾼의 심장을 꺼냈느냐? 꺼냈다면 그것을 이리 내 보아라."

보자기에 싼 물건을 받아 본 주군 천신은 어이없어 하는 표정을 지었다.

"보통 돌은 아니겠지? 주군인 나를 속인 것은 아니겠지? 심장을 꺼낼 때, 나에게 보여 주지 않고 왜 멋대로 이런 짓을 했느냐?"

"돌 심장을 꺼낸다는 것은 정말 끔찍하고, 징그러운 일입니다. 주군께서 역겨워하실까 하여 은밀한 곳에서 처리했습니다. 어떻게 호르마스트를 속일 수 있겠습니까? 대왕 천신 역시 남을 의심하지 못하도록 되어 있습니다."

이렇게 시녀가 주군을 설득하자, 그 역시 달리 방법이 없다는 것을 깨닫고 마침내 젊은이에게 선녀를 주기로 작정했다.

"네가 여러 선녀들 중 막내 선녀를 구별해내면, 그녀를 너에게 주겠다. 만약 그렇지 못하면, 일이 성사되지 않을 줄 알아라."

젊은 사내는 속으로 '운명의 징표로서 나에게 반지를 주었으므로, 손가락의 반지가 다른 사람들보다 부족할 것이다. 이를 기준으로 그녀를 가려내겠다' 고 생각했다. 밤이 매우 빨리 지나고, 다음날 아침이 되었다. 주군 천신의 궁전에 고귀한 선녀들이 다 모였다. 젊은 사냥꾼을 불러 만날 때가 되자, 열 명의 자매가 줄을 지어 앉아 있는데, 모두가 미모가 뛰어나고 말솜씨까지 구별하기 어려워 젊은이는 그것이 쉬운 일이 아님을 알았다. 그는 손가락의 반지를 꼼꼼히 살폈다. 그런데 한 선녀의 반지가 부족한 것을 발견했다.

"이 선녀가 내 아내입니다. 존경하는 당신, 일어나 이쪽으로 오십시오."

젊은이는 정확히 막내 선녀를 가리켰고, 그녀 역시 매우 기뻐했다. 이렇게 해서 젊은이는 사랑하는 선녀를 데리고 아수라천에서 처음 태어난 고향으로 내려올 수 있었다. 그들은 자유를 누리며 오래도록 행복하게 지냈다. 또 이루 말할 수 없이 풍요로움 속에서 늘 스물다섯의 젊음을 유지하며 영원히 살았다.

11. 마니호아르 선녀

오래 전, 어느 대왕의 아들이 사냥하러 산길을 가고 있었다. 그러던 중 아름다운 호수 하나를 발견하고, 호숫가에서 잠시 쉬고 있었다. 그때 하늘에서 백조 세 마리가 날아와 세 개의 금관을 나무에 걸어 놓고, 녹색 비단옷 차림의 어여쁜 세 선녀로 변하더니, 물속으로 들어가 목욕을 했다. 그 사이에 대왕의 아들은 나무에 걸려 있는 금관 하나를 집어 품안에 감췄다. 목욕을 마친 두 여인은 물에서 나와 금관을 쓰고 날아갔다. 남은 한 여인은 금관을 찾지 못해 쩔쩔매다가 젊은이에게 물었다. 그는 여인에게 금관을 보여 주기만 하고 주지는 않았다. 그녀는 텡게르의 막내 선녀인 마니호아르였다. 그녀는 금관 없이는 날 수가 없었다. 대왕의 아들은 마니호아르 선녀를 집으로 데려왔다. 어머니에게 금관을 맡기고, 그녀를 부인으로 맞이했다. 대왕의 아들에게는 이미 세 명의 부인이 있었다.

세월이 흐른 어느 날, 젊은이는 공무公務로 삼 년 동안 집을 비우게 되었다. 아들은 어머니에게 당부하기를 잊지 않았다.

"마니호아르 선녀의 생명에 위험이 닥치면, 금관을 주어도 됩니다. 다른 때는 절대로 줘서는 안 됩니다."

대왕의 아들이 집을 비운 사이에 세 부인들은 새 부인을 죽이려고 모의하고, 그녀가 살고 있는 궁전에 불을 질렀다. 어머니는 마니호아르의 집이 타는 것을 보고 당황하여, 불타고 있는 집의 천창으로 금관을 던져 주었다. 그리하여 마니호아르 선녀는 금관을 쓰고 백조로 변해 날아가 버렸다.

"내 남편이 나를 찾겠다고 하면, 세 그루 백단목에 들렀다 가라고 하십시오."

아들이 삼 년의 공무를 마치고 고향에 돌아와 보니, 마니호아르 부인은 없었다. 한참 울다가 명마를 타고, 부인을 찾기 위해 떠났다. 어머니가 일러 준 대로 세 그루 백단목 밑동에서 잠시 쉬고 있을 때, 무엇인가 반짝거리는 것이 눈에 띄었다. 자세히 들여다보니, 부인의 금반지가 백단목 가지에 묶여 있는 것이 아닌가. 그는 반지를 집어 가슴에 품고, 편지에 쓰인 대로 지름길로 하늘나라에 도착했다. 그곳에서 젊은이는 황금물동이와 은물받이가 있는 우물을 발견했다. 말에게 물을 먹이고 자신도 물을 마신 뒤, 그는 잠시 우물가에 앉아 있었다. 그때 어떤 여인이 황금물통을 들고 물을 뜨러 오는 것이 보였다.

대왕의 아들이 물었다.

"이 물을 어디에 쓰려고 합니까?"

여인이 대답했다.

"하늘의 마니호아르 선녀가 아래 세상에 내려가 몸을 더럽히고 왔습니다. 그녀는 이 우물의 감로로 하루에 세 번씩 몸을 씻습니다."

"자, 어디, 그러면 내가 물을 떠 주겠소."

그는 물을 떠주면서 황금반지를 물통의 물속에 떨어뜨렸다. 여인이 돌아가 마니호아르 선녀의 몸에 물을 부었다. 그때 바닥으로 반지가 떨어졌다. 마니호아르 선녀는 반지를 보고 남편이 왔다는 사실을 알았다. 그녀는 부모님 몰래 남편과 내통하다가 결국 발각되었다. 마니호아르 선녀가 남편을 아버지에게 인사시키려고 하자, 아버지가 호통을 쳤다.

"저기 동방의 누런 벌레(대왕의 아들)를 냄새나지 않게, 그러나 모습이 보이는 곳으로 보내라. 내가 한번 시험해 보겠다."

젊은이는 준마를 타고, 고운 옷을 걸쳐 입고, 흙이 있는 황금세계가 가볍게 움직일 만큼, 후흐 뭉크 텡게르(영원한 푸른 하늘 즉 최고의 천신)가 놀랄 만큼 빠르게 말을 몰고 갔다. 이를 본 대왕 아버지는 매우 기뻐했다.

"네 남편은 참 훌륭한 사나이다."

그들은 궁전에서 함께 살도록 허락받았다. 그렇게 살다가 마니호아르 선녀가 아들을 낳고, 아들이 세 살이 되었다. 선녀의 남편은 고향을 그리워하면서, 세 살난 아들에게 말을 가르쳐 주었다. 어느 날, 세 살난 아들이 할아버지 처소의 문에 걸려 넘어졌다. 아이가 울면서 말했다.

"대왕의 문턱은 너무 딱딱합니다. 이국 땅은 너무 힘듭니다."

문득 생각이 난 듯, 대왕 아버지는 나직이 중얼거렸다.

"이곳에서 태어난 아들도 이처럼 고향을 그리워하는데, 그곳에서 태어난 아비는 얼마나 고향이 그립겠느냐?"

대왕은 마니호아르 선녀를 아들과 남편과 함께 고향으로 보냈다. 젊은이는 부인과 자신의 아들을 데리고 고향으로 돌아와, 나라를 다스리고 백성을 즐겁게 해 주며 행복하게 살았다.

12. 마니바드라 대왕과 검은 사냥꾼

아주 오래 전에 가난한 대왕이 있었다. 그 대왕의 측근 중에 머리카락이 3알드(길이의 단위로 1알드는 1.6m)나 되고, 산호처럼 붉은 얼굴을 가진 스님이 있었다.

한 번은 대왕이 그 스님에게 물었다.

"어떻게 하면 내가 부자가 될 수 있겠소?"

스님이 대답했다.

"충헨 노르 호수에 부유한 로싱칸龍王이 있습니다. 그는 말만 한 수정 한 개와 찬드마니 보석(구비문학에 나오는 소원을 풀어 주는 보석) 두 개를 가지고 있습니다. 그러니 그것들을 빼앗도록 합시다. 큰 그물을 독, 사람의 머리뼈와 함께 호수에 넣으면, 호수 속 다른 동물들은 모두 죽어 버릴 것입니다. 그런 다음, 그 물로 모든 부富를 긁어 모으면 됩니다."

대왕은 그 일을 하도록 스님을 보냈다. 이 모든 사실을 알게 된 충헨 노르 호수의 대왕은 스님이 호수에 독을 넣어 오염시키려 한다는 것을 자신의 아내에게 말했다.

그의 부인이 자기 생각을 이야기했다.

"호숫가를 빙 둘러가며 그 주변에서 감자를 캐는 한 늙은 사냥꾼이 있습니다. 그를 불러 묘안이 있는지 들어봅시다."

대왕은 두 사람을 보내 검은 사냥꾼을 불러들였다.

"그 스님이 호수에 접근하지 못하도록 하라. 그러면 네가 좋아할 만한 상을 내리겠다."

집으로 돌아온 사냥꾼은 예전처럼 여전히 호숫가에서 감자를 캤다. 그런데 그만 사냥꾼은 대왕의 칙령을 깜박 잊어버리고 있었다. 스님이 와서 그물을 치려고 말뚝을 박고 있는 모습을 보고, 그제서야 대왕의 칙령이 떠올랐다.

사냥꾼은 위협하듯 스님에게 말했다.

"이곳에서 당장 떠나시오. 그렇지 않으면 무사하지 못할 거요."

스님은 대왕에게 돌아와 일이 성공하지 못한 사정을 말했다. 대왕은 그를 감옥에 가두고, 감옥 사이로 기구를 넣어 몸을 조여 고통을 주었다. 한편 충헨 노르 호수의 대왕이 사자를 보내어, 검은 사냥꾼을 불렀다.

사냥꾼은 사자의 생각을 들어보고 싶었다.

"대왕에게 무엇을 부탁하면 좋을까?"

사자가 대답했다.

"대왕이 거처하는 문기둥에 걸려 있는 자루를 달라고 하십시오."

검은 사냥꾼은 사자가 일러 준 대로 대왕에게 자루를 달라고 했다.

대왕이 자루를 주면서 일렀다.

"이 자루가 땅에 닿아서는 안 된다. 이 점을 명심하거라. 자루를 늘 몸에 지니고 다니도록 하라."

사냥꾼은 자루를 갖고 호수에서 가까운 동굴에 사는 스님에게로 갔다.

"이 자루가 무엇에 쓰는 물건입니까?"

스님이 대답했다.

"나도 모른다. 이 강을 거슬러 올라가거라. 거기, 오래 전 이미 1만 수레 분의 책을 읽은 고승이 살고 있다. 그는 머지 않아 열반에 들 것이다. 그 고승이라면 아마도 너에게 자루에 담긴 사연을 말해 줄 수 있을 것이다. 나는 이제 막 1천 수레 분의 책 읽기를 끝냈는지라 알지 못한다."

검은 사냥꾼은 강을 거슬러 올라가 바위 동굴로 갔다. 거기에 젊고 고운 한 스님이 있었다.

사냥꾼이 의아해 하며 물었다.

"고승이라 들었는데, 어떻게 젊고 곱습니까?"

스님이 대답했다.

"저 아래 황금우물이 하나 있다. 그곳에서 몸을 씻고 이처럼 젊고 아름답게 되었다."

사냥꾼은 우물로 가서 몸을 씻었다. 그리고 그 역시 젊고 아름다운 모습을 얻었다. 그런데 우물가 모래 위에서, 그는 조그마한 발자국을 여러 개 보았다. 사냥꾼은 돌아와서 스님에게 궁금한 점을 물어보았다.

"당신은 여기에 홀로 사는 것으로 알고 있습니다. 그런데 모래 위에 다른 사람의 발자국이 나 있었습니다."

"매달 열닷새 날에 아름다운 여인 여덟 명이 날아와 저 우물에서 목욕을 하고, 나에게 인사하고 날아간다."

스님의 말을 듣고 사냥꾼이 되물었다.

"그중 한 여인을 붙잡을 수 없습니까?"

"할 수 있다. 네 손으로 붙잡을 수 있다. 네가 갖고 있는 자루 안에 해와 달도 잡을 수 있는 올가미가 들어 있을 것이다."

"그러면 내가 어떻게 하면 됩니까?"

"내 뒤에 숨어 있거라. 내가 그들을 축원해 주다가, '올가미'라고 말하겠다. 그때, 네가 올가미를 던져 그중 한 여인을 붙잡아라."

이렇게 해서 어느 날 텡게르의 딸들이 스님에게 배례하고 축복을 받고 있을 때, 사냥꾼은 스님이 시킨 대로 올가미를 던져 한 여인을 붙잡았다.

스님이 경전을 들여다보고 나서 말했다.

"이 여인은 말머리의 기나르 대왕의 딸이다. 여든한 가지 특징을 갖춘 매우 아름다운 여인이다. 원래 마니바드라 대왕의 여인이 될 운명을 타고난 여자다. 이 소녀를 대왕에게 데려다 주어라. 그러면 대왕이 너에게 큰 상을 내리고, 딸을 아내로 줄 것이다. 물론 그 딸은 네 아내가 될 운명이다."

스님은 소녀의 관을 벗겨 사냥꾼에게 주었다. 왜냐하면 소녀는 관이 없으면 날아갈 수 없기 때문이다. 마지막으로 스님은 소녀를 마니바드라 대왕에게 데려다 주는 방법을 조목조목 일러 주어 보냈다. 사냥꾼은 그 스님이 일러 준 대로, 소녀와 함께 가난한 사람으로 변장하여 남루한 옷을 입고, 대왕의 궁전으로 갔다. 대왕의 문지기들이 그들을 궁전으로 들여보내지 않았다. 그러나 사냥꾼은 꼭 들어가겠다고 버텼다. 대왕이 그들의 다투는 소리를 듣고 들여보내라고 명했다. 그들은 궁전으로 들어가 대왕을 알현했다.

대왕은 소녀의 아름다움에 놀라 정신을 잃고 넘어졌다. 정신이 들자 검은 사냥꾼에게 앞뒤 사정을 물었다. 사냥꾼은 자신에게 생긴 일들과 더불어, 스님이 말한 것을 낱낱이 아뢰었다. 대왕은 검은 사냥꾼에게 나라의 절반을 상으로 떼어 주고, 딸을 그의 아내로 주었다. 자신은 여든한 가지 특징을 갖춘 그 아름다운 소녀와 혼인했다. 대왕에게 이전의 108명의 부인들은 마치 밀가루를 빚은 것처럼 생각되었다. 그래서 그들을 만나지도 않았다. 그러자 검은(사악한) 의사가 마니바드라의 아버지 대왕上王으로 하여금 못된 꿈을 꾸게 했다. 아버지 대왕은 적군이 나라로 쳐들어오는 꿈을 꾸었고, 그 꿈에 관해 검은 의사에게 말했다. 그러자 검은 의사는 다음과 같이 말했다.

"정말로 대왕의 나라로 적이 쳐들어오고 있습니다."

아버지 대왕은 아들 마니바드라에게 명했다.

"군대를 거느리고 쳐들어오는 적군을 맞아 나가서 싸워라."

마니바드라는 군대를 이끌고서 검은 사냥꾼과 함께 적을 향해 나아갔다. 그러고나자 마니바드라의 108명의 부인은 큰 선물을 들고 검은 의사를 찾아가 간청했다.

"새 부인을 없애 주십시오."

검은 의사는 그들의 요청을 들어주겠다고 약속했고, 다시 마니바드라의 아버지(상왕)에게 꿈을 꾸게 했다. 아버지 대왕은 숄람(악령)이 와서 자신의 창자를 끊는 꿈을 꾸었다. 그는 검은 의사에게 꿈 이야기를 들려주었다.

"이 꿈의 뜻을 해몽해 주십시오."

검은 의사가 말했다.

"대왕께서는 참으로 어떤 일을 미리 아는 점성가이십니다. 정말로 숄람이 대왕의 창자를 끊으려고 합니다. 숄람을 쫓아내려면 굿을 해야 합니다."

굿에 쓰일 물건을 준비하는 과정에서 마니바드라의 새 부인의 살과 피가 필요하게 되었다. 아버지 대왕은 차마 아들의 부인을 죽일 수 없다고 말했다. 그러자 검은 의사가 말했다.

"목숨을 구하시려면, 며느리를 아까워해서는 안 됩니다."

그는 대왕이 별 수 없이 승낙하도록 만들었다. 아버지 대왕이 새 며느리를 붙잡아 오도록 두 사람을 보냈다. 그때, 며느리는 어머니 왕비(곧 대비) 궁에 있었다. 어머니 왕비는 새 며느리를 잡으려고 사람이 온 사실을 알고, 머리의 관을 주면서 '빨리 날아가라'고 했다. 그렇게 며느리는 날아가 버렸다.

마니바드라 대왕은 어떤 적도 만나지 않고 고향으로 돌아와서 108명의 부인에게 물었다.

"새 부인은 어떻게 되었소?"

"당신이 떠난 직후 새 부인은 산책하다가 머리가 세 개 달린 망가스(괴물)를 만나 죽었습니다"

"그러면 뼈가 어디 있는지 가르쳐주시오."

"뼈도 없어졌습니다. 개가 먹어 버렸습니다."

부인들은 마니바드라 대왕을 속였으나, 어머니로부터 그는 사건의 전말을 알게 되었다. 그는 검은 사냥꾼과 함께 부인을 찾아나섰다. 그들은 동굴에 살고 있는 명상가 스님에게 그녀의 소식을 물었다.

스님이 대답했다.

"여든한 가지 특징을 갖춘 아름다운 부인이 나를 만나고 갔소. 떠나면서 당신에게 주라고 황금반지와 골무를 나에게 남기고서 하늘나라로 갔소."

대왕은 스님에게 도와 달라고 간청했다.

"나는 이승에서의 수명이 다했습니다. 그래서 내일 하늘로 갑니다. 내가 당신을 데리고 가겠습니다. 당신은 내 옷을 꼭 붙들고 날아야 합니다."

대왕은 황금우물에 가서 몸을 씻었고, 그리하여 더욱 고운 젊은이가 되었다. 그리고 다음날, 스님의 옷을 붙잡고 하늘로 올라갔다. 이때 대왕은 땅에서 떨어지자마자 정신을 잃어버렸다. 정신이 들어 주위를 보니, 옆에 황금물통을 든 예쁜 여인이 서 있었다.

대왕이 물었다.

"어디 가는 길이오?"

여인이 대답했다.

"물 뜨러 가는 중입니다. 내 언니가 지상에 내려가 거기서 어떤 대왕의 부인이 되어 살다가, 몸을 더럽히고 돌아왔습니다. 언니를 씻기려면 많은 물이 필요합니다. 나의 아버지는 삼 년 동안 잠을 자는데, 모레가 깨어나는 날입니다. 그때 언니가 아버지에게 인사드리기 위해 몸을 씻고 있습니다."

마니바드라 대왕은 여인을 따라 우물로 가서, 그녀가 물통에 물을 채우는 사이에 물통 속에 반지와 골무를 살짝 빠뜨렸다.

"언니를 씻길 때, 물을 아낌없이 많이 부으십시오. 많이 부을수록 더 빨리 깨끗해질 것입니다."

마니바드라 대왕은 물을 떠 마시고 몸을 씻은 다음, 우물가에 앉아 있었다. 여인은 언니에게 물통을 가지고 갔다. 그녀는 어떤 벌레가 물을 많이 부으면 부을수록 몸이 빨리 깨끗해진다고 자기에게 말했다면서, 언니의 몸에 한꺼번에

물을 부었다. 그때 반지가 떨어졌다. 그녀는 남편이 온 사실을 알았다. 여인은 지체없이 우물로 달려가서 남편을 데려왔다. 그를 목욕시키고 하늘의 옷을 입히자, 남편은 너욱 아름나워 보였다. 이틀 후, 아버지가 잠에서 깨어나 딸을 불렀다. 딸은 앞서의 사정을 아버지에게 고했다.

"텡게르의 딸이 어찌 지상 사람의 아내가 될 수 있느냐?"

"그는 큰 나라의 대왕입니다. 또 지상에는 하늘에 오르는 성인들도 많습니다."

"그렇다면 별 수 없구나. 네 남편은 영리하고 훌륭한 남자다. 그리고 어찌 되었건 하늘로 올라왔다. 결혼식을 올려라."

그리하여 삼 년 동안 결혼식을 거행했다. 그후 어느 날 마니바드라 대왕이 말했다.

"저는 한 나라의 대왕입니다. 나라와 백성들이 주인을 잃은 채 그냥 방치되어 있습니다. 그래서 우리는 이만 돌아가겠습니다."

말머리의 기나르 대왕은 삼 년 걸리는 길을 석 달, 석달 걸리는 길을 사흘에 갈 수 있는 방법을 가르쳐 주고, 두 사람을 좀생이별에 태워 보냈다. 마니바드라 대왕은 아내와 함께 검은 사냥꾼과 헤어진 황금우물로 내려와 그를 만났다. 그리고 검은 사냥꾼을 먼저 고향에 보내 '110명을 처형하려 한다'고 말하게 했다. 그 말을 전해 들은 아버지 대왕은 108명의 부인과 검은 의사, 그리고 자기 이렇게 110명을 처형하리라고 생각하고, 황량한 고비 지방으로 도망갔다.

이윽고 마니바드라 대왕이 궁전에 도착하여 검은 의사를 감옥에 가두고, 108명의 부인을 한 사람씩 암말의 꼬리에 묶어 쫓아냈다. 그후 젊은 대왕은 여든한 가지 특징을 갖춘 아름다운 부인과 함께 나라와 백성을 다스리며 행복하게 살았다.

13. 카자흐족의 기원①

  칭기스칸에게는 100명의 부인이 있었다. 내시가 모든 부인 한 명 한 명을 지켰고, 칭기스칸 외에는 어떤 남자도 근접하지 못하게 했다. 그런데 매일 밤 작은부인에게 누군가가 드나들었다. 하지만 그가 어떤 사람인지 알려지지 않았다. 칸이 이 사실을 알게 되었고, 그는 작은부인에게 밤중에 누군가 들어오면, 등허리에 표시를 해서 보내라고 명했다. 다음날 아침, 모든 남자들을 모아 놓고, 등허리를 살펴보았는데, 그 누군가는 바로 자기 아들이었다. 칸은 그러나 차마 아들을 죽이지 못하고, 그를 아무도 살지 않는 황량한 곳으로 쫓아냈다.

  그 아들이 벌판에서 잠을 자고 깨어났을 때, 웬 아름다운 여인이 눈앞에 서 있었다. 여인은 물었다.

  "당신은 무슨 연유로 아무도 없는 곳에 홀로 계십니까?"

  "나는 아버지에게 잘못을 저질러 쫓겨난 사람입니다. 그런데 당신 또한 어찌 인적이 드문 곳에 홀로 계십니까?"

  "나는 텡게르의 공주입니다. 당신이 이렇게 고달프게 가는 것을 알고, 당신의 동무가 되려고 왔습니다."

  이렇게 해서 두 사람은 가정을 꾸리고 자식을 낳았다. 그때부터 카자흐족이 생겨났다. 카자흐족은 하늘에 머리를 보이지 않기 위해 둥근 모자를 쓰고 다니는데, 이것은 그들이 하늘에 뿌리를 두고 있다는 표시라고 한다.

14. 카자흐족의 기원②

  칭기스칸이 어느 날 저녁 작은부인을 찾았다. 그런데 부인이 그에게 물었다.

  "당신, 어제 밤에 오시지 않았습니까?"

  칭기스칸이 대답했다.

"오지 않았소."

그렇다면 다른 사람이 왔다는 뜻이다. 칸은 버럭 화를 내고, 오늘밤 그 사람이 나시 오년 등허리에 표시를 해 누라고 하며 검댕을 주고 갔다. 다음날, 칸은 부인에게 밤중에 누군가 왔었는지 물었다. 부인이 그렇다고 했다. 그리하여 궁전의 모든 신하에서부터 병사에 이르기까지 모든 남자의 옷을 벗겨 등허리를 살펴보았지만, 표시가 있는 사람은 나타나지 않았다. 그러자 친족들까지 검사하게 되었다는데, 작은아들의 등허리에 먹물이 묻어 있었다. 칸은 작은아들의 발뒤꿈치와 성기를 자르고, 가슴에 그림을 그려 먼 곳으로 추방하라고 명했다. 그 아들이 추방 집행인들에게 목숨을 살려 달라고 부탁했다. 그들은 그를 가엾게 여겨 뒤꿈치를 약간만 잘라냈고, 성기 부근의 털을 잘랐으며, 가슴 부위의 옷을 칼로 세차게 찢은 다음 돌아왔다.

이렇게 몇 년이 흘렀다. 칸은 12오톡(15세기~혁명 이전의 행정단위)의 세 사람으로 하여금 아들이 죽었는지 살았는지 알아보고 오도록 보냈다. 세 사람이 왔을 때, 아들은 아내를 맞이해 가정을 꾸리고 있었다. 그의 아내는 텡게르 에첵(천신 아버지)으로부터 몸을 숨기기 위해, 머리를 하얀 천으로 감싸고 있었다. 그들은 찾아 온 세 사람에게 제발 돌아가지 말라고 간청했다. 돌아가면 대왕 아버지(칭기스칸)가 자기들을 죽일 것이라며 사정했다. 그리하여 세 사람은 그곳에 남게 되었다. 이런 식으로 네 번에 걸쳐 세 사람씩이 와서 그 고장에 살았다. 이들이 열두 마리 까마귀 카자흐족의 조상이다.

그뒤에도 세 사람씩 세 번에 걸쳐 사자를 보냈지만, 모두 그곳에 남았다. 그들이 카자흐 9기旗 여덟 씨족의 조상이 되었다. 카자흐족이 검은 옷을 입고 다니는 것은 캄캄한 밤중에 검댕으로 칠했기 때문이라고 한다. 또 칼에 발뒤꿈치가 잘렸기 때문에, 바닥에 쇠를 박은 뒤축이 높은 신발을 신게 되었다고 한다.

15. 아사나씨의 기원

아사나씨阿史那氏(돌궐족 칸의 씨족)의 선조는 이웃 부족과 싸워 모두 죽고, 열 살 먹은 한 아이만 살아 남았다. 적군은 아이까지 죽이려다가 너무 어리다고 하여, 그의 손발을 자르고 수렁에 내버렸다. 그런데 암이리 한 마리가 와서 고아가 된 아이에게 젖을 먹여 길렀다. 아이가 어른이 되어 그 암이리와 결혼했다. 나라의 대왕이 이 말을 듣고, 그를 죽이려고 많은 사람을 보냈다.

사람들이 그리로 와서 그를 이리와 함께 죽이려고 하자, 하늘에서 갑자기 신통한 동물이 내려와서 그들을 서쪽 바다 동변東邊의 높은 산으로 데리고 갔다. 산속에는 큰 호수뿐 아니라 평원과 사방에 풀이 자라는 드넓은 터가 있었다. 이리는 이곳에서 열 명의 자식을 낳았다. 열 명의 자식은 밖에서 열 명의 아내를 취하여 가정을 꾸리고, 열 씨족을 이루게 되었다. 아사나씨는 늑대의 열 명의 자식 중 한 명이고, 이들이 돌궐족의 조상이다.

16. 만주족의 기원①

옛날에 높이가 200가자르[101]이고, 둘레가 1천 가자르인 장백산長白山 정상에 타몬이라는 호수가 있었다. 호수 둘레는 80가자르이다. 그 산에서 야루鴨綠, 훈퉁混同, 아이후愛滹라는 세 강이 발원한다. 어느 날 하늘에서 세 명의 선녀가 내려와 그곳에서 목욕을 했다. 그때 까치가 빨간 사과 한 개를 호숫가에 놓아 두었다. 한 선녀가 그 사과를 집어먹었다. 선녀는 곧 바로 아이를 갖게 되었고, 몸이 무거워 하늘로 올라가지 못했다.

그녀는 호숫가에 살다가 뒤에 내포를 낳았다. 아이는 태어나자마자 말을 했

---

101)가자르(Gazar): 옛날 몽골의 거리의 단위로서 1가자르는 5천 미터 정도이다.〈저자 주〉

다. 어머니는 아이에게 매일 호랑이 젖을 빨게 했다. 그러다가 아이가 여섯 살이 되었을 때, 어머니는 아이를 요람에 넣어 하르 무렌黑江에 떠내려보내고, 자신은 하늘로 올라갔다. 아이는 강물에 떠내려가다가, 세 씨족이 살고 있는 지역에 도착하여, 강 기슭으로 올라와 버드나무 가지로 자리를 만들고 그 위에 앉아 있었다. 그 무렵 세 씨족은 서로 왕이 되려고 싸우고 있었다. 그는 강으로 물을 길러 온 사람에게 칙령을 내렸다.

"서로들 싸우지 마시오! 하늘이 나를 이 세상에 보냈소. 내가 당신네들의 적을 무찌르겠소."

그러자 많은 사람들이 싸움을 그만두고, 그는 분명히 하늘이 보낸 성인이라고 하면서, 모두 그리로 가서 무릎을 꿇고 절하며, 그를 모셔다가 대大 베일貝勒(청나라의 관작)로 추대했다. 그후로, 세 씨족은 영원히 싸움을 그만두고, 그를 신봉하고, 주군으로 섬기고, 그 다음 묵덴(심양) 등지를 평정했다. 그는 장백산의 해가 뜨는 쪽의 오모고이 벌판의 오돌鄂多理이라는 성城에 살면서 혼란을 수습하고, 나라 이름을 만주라고 했다.

17. 만주족의 기원②

만주족의 원거지 장백산의 한 줄기 부쿠리산에 불후리라는 아름다운 호수가 있었다. 엔굴렌, 젠굴렌, 펙쿨렌이라 불리는 텡게르의 세 딸이 그 호수에 와서 목욕을 했다. 목욕이 끝난 뒤, 호숫가로 와서 옷을 입으려는데, 텡게르가 보낸 까치가 막내딸 옷 위에 내려앉더니, 빨간 과일을 놓고 갔다. 그녀가 과일을 먹고 옷을 입으려는 순간, 임신한 것처럼 몸이 무거워 날아갈 수가 없었다.

그녀가 울먹이며 말했다.

"내 몸에 아이가 생겼다. 어쩌면 좋을까?"

두 언니가 대답했다.

"우리는 영생의 물을 마셨으므로 죽지 않는다. 너는 특별한 사연으로 아이를 갖게 되었다. 몸을 푼 뒤 하늘로 올라오거라."

말을 마친 두 언니는 하늘로 올라갔다.

이렇게 해서 펙쿨렌은 그 산에서 살다가 한 아이를 낳았다. 그는 하늘의 위광으로 태어났는지라 총명하고, 아름답고, 태어나자마자 말을 했다. 그 아이가 성장하자 어머니는 있었던 모든 일을 이야기해 주었다.

"얘야, 네 성은 아이신 기오로이고, 이름은 부쿠리 용손이다. 하늘이 혼란한 나라를 평정하고, 다스리게 하려고 너를 보낸 것이다."

어머니는 아이를 조그마한 배에 실어 떠내려 보냈다. 그렇게 아이는 강물에 떠내려가다 나루터에 이르러, 버드나무가지를 꺾어 깔개를 하고 그 위에 앉아 있었다. 그곳은 세 씨족들이 서로 싸우다 지쳐 화평을 바라고 있었고, 동시에 어느 선한 군주가 오기를 고대하고 있었다. 그들은 범상치 않은 그 아이를 보자마자 싸움을 그쳤다.

그가 우렁찬 목소리로 말했다.

"나는 아이신 기오로이다. 너희들을 지배하고 다스리기 위해, 천명을 받고 왔다."

그러자 세 씨족은 그를 베일로 추대하고 복종했다. 새 임금은 장백산 동쪽 오달리성鄂多理城에 자리잡고, 나라 이름을 만주라 칭했다. 부쿠리 용손은 까치를 자기의 조상이라고 하여, 죽이지 않는다고 한다.

18. 러시아 사람의 기원

먼 옛날 대나무로 만든 활과 화살로 들쥐를 사냥하며 목숨을 부지하는 한 젊은이가 있었다. 어느 날, 젊은이가 들쥐를 사냥하던 중 새 세 마리를 발견하고 쏘았는데, 새가 곧 여쁜 처녀로 변했다. 젊은이는 재차 그 여인을 쏘아 부상을 입혔다. 젊은이는 여자를 허름한 집으로 데려와 상처를 치료해 주고, 들쥐고기로 국을 끓여 주었다. 그녀가 온 뒤로 어찌된 일인지 들쥐고기는 양고기처럼 크고 맛이 좋아졌다.

어느 날, 여인이 젊은이에게 말했다.

"하늘나라에 가서 우리 아버지에게서 쇠상자에 든 물건을 얻어 오십시오. 도중에 절대로 그 상자를 열어 보면 안 됩니다."

젊은이는 하늘나라로 올라가 대왕에게 쇠상자에 든 물건을 요청하여 얻었다. 그러나 그는 상자를 열어 보고 싶은 마음을 억제하지 못하고 그만 상자를 열었다. 그러자 작은 쇠망치를 든 쇠병사들이 나타났다.

"어디로 가서 누구와 싸우면 됩니까?"

말을 마치고 병사들은 진격했다. 아들은 무섭고 당황하여 겨우 도망쳐 여인에게 돌아와 앞뒤 사정을 말했다.

그녀가 침착하게 일렀다.

"할 수 없지요. 지금 속히 호수로 가서 호숫가의 갈대머리를 잘라 오십시오."

젊은이는 곧 바로 호수로 가서 갈대머리를 잘라 왔다. 여인이 갈대 머리를 뿌리며 외쳤다.

"쇠병사와 싸우는 병사가 되어라."

순간 갈대머리는 수많은 노랑 머리의 병사로 변했다. 병사들은 쇠병사들과 싸워 무찌른 후, 그에게 다가오면 말했다.

"이제 어떻게 합니까?"

"너희들, 이 나라 북쪽 갈대가 있는 지역에 가서 살아라."

물에서 자라는 갈대에서 기원한 사람은 러시아 사람이다. 물에서 나왔기 때문에, 러시아 사람들은 물을 좋아한다고 한다.

■ 해설

I 우주의 기원

1. 이 자료는 국립사범대학 문학담당 교수인 다시도르지(D. Dashdorj)의 채록집에서
뽑았다. 다시도르지 교수는 이를 1963년 볼강아이막 사이항솜[102]에 사는 아버지 다바삼
보(J. Sambuu)로부터 채록했다고 한다. 부리야트[103] 신화에 따르면 솜볼 보르항[104]이
앙가트라는 새에게서 빨간 진흙을 얻어다가 물에 뿌려 세상을 만들었다고 한다. [샤라크
쉬노바(N. O. Sharakshinova), 『부리야트 신화』, 이르꾸츠끄, 1980년, 22쪽]

2. 이 자료는 포타닌(G. N. Potanin)의 『서북몽골기행』(1883년, 쌍 뻬쩨르부르그,
268쪽)에서 요약 번역한 것이다. 포타닌은 이를 초이잠츠(Choijamts)라는 할하[105] 사람
에게서 채록해 러시아어로 번역 출판했다.

3. 이 자료는 베니그센(A. P. Bennigsen)의 『중앙아시아 전설과 민담』(1912년, 쌍 뻬
쩨르부르그, 13~14쪽)에서 번역한 것이다. 베니그센은 이를 우르가(몽골 수도 울란바타
르)의 아디야(Ad 'yaa)라는 사람에게서 채록했다고 한다.

---

102) 아이막(aimag)은 우리의 도(道)에 해당되는 행정단위이고, 솜(sum)은 군에 해당되는 행정단위이다.
　　이하 아이막, 솜에 대해서는 별도의 설명을 붙이지 않고, 그냥 무슨 아이막, 무슨 솜 등으로 표기하기
　　로 한다.
103) 부리야트는 바이칼호 주변을 본거지로 두고 있는 몽골족으로서 본문에서 보는 바와 같이 그 안에도
　　여러 지파가 있다. 따라서 이하 본문에서 '무슨 무슨 부리야트 설화'라고 하면 부리야트 몽골족 내의
　　해당 지파의 설화를 가리킨다. 참고로 몽골족은 위의 부리야트를 포함하여 20여 개의 크고 작은 종족
　　으로 이루어졌으며, 오늘날 이들은 몽골족의 중심지라 할 수 있는 '몽골국', 중국의 '내몽고자치구',
　　러시아 연방의 '부리야트공화국', '칼묵공화국' 등 독립국 또는 몇 개의 자치공화국과 중국의 신장성
　　(新疆省), 칭하이성(靑海省) 등 여러 지역에서 살고 있다. 바로 이러한 복잡한 인구 구성과 분산성 때
　　문에 설화도 자연히 전몽골족에 걸치는 보편적인 것이 있는가 하면 일부 집단에 국한되는 특수한 경
　　우가 있다.
104) 솜볼 보르항(Sombol burhan)은 부리야트 설화에 등장하는 문화 영웅. 그는 앙가트(앙기르, 즉 원앙
　　새의 복수형)를 시켜 바다 밑에서 진흙을 가져다가 세상을 창조했다고 한다.
105) 할하(Halh)는 몽골족의 중심지 '몽골국'에 살고 있는 몽골족의 가장 큰 집단으로 오늘날 몽골국 총인
　　구의 약 80%를 점하고 있다.

4. 이 자료는 고고학자 나왕(D. Navaan)의 개인 채록집에서 뽑아 옮겨 놓은 것이다. 나왕은 이를 어린 시절 수흐바타르아이막 뭉흐항솜에 사는 노인들로부터 채록했다고 한다.

5. 이 자료는 포타닌의 『서북몽골기행』에서 번역한 것이다. 포타닌은 이를 오르도스의 오치르(Ochir)라는 사람으로부터 채록했다고 한다.

6. 이 자료는 포타닌이 파흐라스(Pahras)라는 할하 사람에게서 채록해 『서북몽골기행』에 수록한 원문을 여타 이본(異本)과 비교해 그 일부를 수정한 것이다. 포타닌의 채록본은 그의 책(1883년, 223쪽)에 실려 있다. 몽골의 신화 관념에서 우주의 기원 즉, 모든 사물의 최초의 형성에 관한 이해에서 거북이 매우 중요한 역할을 한다. 예컨대 물질계의 기본 요소인 5행, 역법의 십이간지와 60갑자의 기원을 거북과 관련지어 설명하는 설화도 있다. 이의 사례로서 삼필덴데브(H. Sampildendev)가 정리한 『몽골 전설』에 실린 점성판이라는 전설을 들 수 있다.

7. 이 자료는 한갈로프(M. N. Khangalov)의 『저작집Ⅲ』(울란 – 우데, 1960년)에서 번역한 것이다.

8. 이 자료는 포타닌의 『몽골의 민담과 전설』(1919년, 49쪽)에서 번역한 것이다. 포타닌은 이 자료를 투시예트 베이싱 호쇼(청나라 지배시기 몽골의 행정단위로 旗라고 한다)의 안질(Anjil)이라는 할하 사람으로부터 채록했다고 한다. 쿠딘 부리야트(쿠딘 지역의 부리야트인) 샤먼의 이해에 따르면 하늘의 천둥은 후흐데이 메르겡 에첵(후흐데이 賢哲 父), 훌테이 하탕 에흐(훌테이 婦人 母)가 아홉 명의 몹쓸 아들, 여덟 명의 비루한 딸과 돌을 던지며 장난하고 있는 것이라고 한다. [샤라크쉬노바, 『부리야트 신화』, 이르꾸츠끄, 1980년, 63쪽]

9. 이 자료는 로보르(G. Lovor)의 『몽골 민담』(울란바타르, 1969년)에 실린 원문을 여타 이본과 비교해 그 일부를 수정한 것이다.

II 별과 천체

1. 이 자료는 1965년 오브스아이막 사길솜 소재 네그델[106] 회원 아비르메드(Avirmed) 라는 노인으로부터 채록한 자료를 여타 이본과 비교해 그 중 일부를 요약한 것이다. 이 자료와 유사한 이본이 포타닌의 『서북몽골기행』(1883년, 191쪽)에도 실려 있다.

2. 이 자료는 선임 혁명가 바타르(N. Baatar)가 1964년 7월 오브스아이막 우믄고비솜 소재 네그델의 바얀골 노동대원인 도브칭(Dovchin) 노인으로부터 채록한 것을 정리한 것이다.

3. 이 자료는 1982년 토야사이항(Ch. Tuyaasaihan)이 호브드아이막 제렉솜에서 살 다가, 지금은 울란바타르시 수흐바타르구 제8구역에 살고 있는 알락(Ts.Alag, 1907년 생)으로부터 채록한 것이다.

4. 필자는 이 자료를 1964년 겨울 수흐바타르아이막 아삭트솜 네그델 회원 이야기꾼 야담(N. Yadam)으로부터 채록했다. 이 설화 내용은 몽골어 언중(言衆)의 구비문학에서 상당히 널리 퍼졌던 것으로 보인다. 예컨대 부리야트 신화에도 이와 유사한 다음의 이야 기가 있다. 즉 "달이 해를 향해 '너는 낮에 돌아다니기 때문에 무서울 것이 없다. 그러므 로 너에게 동무가 필요 없다. 나는 계속 밤에 돌아다니므로 무섭다. 그렇기 때문에 하늘 이 내려주신 딸을 나에게 주라'고 사정해 얻었다고 한다. 그리하여 지금 달 위에 사람 모 습의 반점이 보인다고 한다."〔샤라크쉬노바, 『부리야트 신화』, 이르꾸츠끄, 1980년, 50 쪽〕

5. 이 자료는 호브드아이막 사범대학 몽골어과의 카토(B. Katuu) 교수의 채록집에서 뽑은 것이다.

---

106)네그델은 사회주의 시절 목축 농업의 생산 조합. 즉 농·목협동조합과 유사한 공동 조직체로서 재산 의 사회화의 일환으로 추진되었다. 따라서 그 시절 모든 농민과 유목민은 네그델의 회원으로 가입했 고, 그 안에서 공동으로 경작하거나 공동으로 목축을 했다. 1990년 이후 해체되어 재산의 사유화가 추진되었다.

6. 이 자료는 아카데미 정회원 담딘수렝(Ts. Damdinsüren)과 첸드(D. Tsend) 교수가 편집한 『몽골 문학 개요II』(울란바타르, 1977년, 397쪽)에서 뽑은 것이다. 원보고자는 이 자료를 루브아이막 바얀차강솜 네그델 회원 도르지빌(Dorjbal, 1896년생)로부터 채록했다고 한다.

7. 이 자료는 가담바(Sh. Gaadamba)와 체렌소드놈 등이 정리한 『몽골 구비문학 선집』(울란바타르, 1978년, 136쪽)에서 뽑은 것이다. 포타닌의 『서북몽골기행』(1883년, 179쪽), 『몽골의 민담과 전설』(1919년, 17쪽)과 람스테드(G. J. Ramstedt)의 『북몽골의 민간문학II』(헬싱키, 1974년, 162쪽)에도 이 자료의 이본이 실려 있다.

8. 이 자료는 필자가 1983년에 바양홍고르아이막 바이드락 농장에 거주하는 할타르(M. Haltar)로부터 채록한 것이다.

9. 이 자료는 포타닌의 『몽골의 민담과 전설』(1919년, 17쪽)에서 번역한 것이다. 포타닌은 이를 상 베이싱 호쇼의 후이텐 노르에 거주하는 할하 사람으로부터 채록했다고 한다.

10. 이 자료는 오브스아이막 우믄고비솜 네그델의 유목민 도브칭(T. Dovchin)·호브드아이막 바얀트솜 네그델 회원 베흐네(D. Behnee) 등으로부터 채록한 원문을 취합한 통합본이다.

11. 이 자료는 나왕의 『동몽골의 청동기시대』(울란바타르, 1975년)에 실린 자료를 기타 원문들과 비교해 그 의미를 살려 정리한 것이다. 「오리온자리의 세 별」 신화는 몽골인들 사이에서 여러 가지 이름으로 광범위하게 유포되어 수많은 이본이 생겨났다. 그래서 주인공의 이름을 몽골어에서 '후흐데이 메르겡, 후블데이 메르겡, 후흘데이 메르겡, 호흐소 메르겡' 등 여러 가지로 부르고 있다. 이 신화는 시간이 가면서 변질되고, 또한 다른 형태로 바뀌어 마법담, 영웅담의 특징을 띠면서 원형에서 더욱 멀어지게 되었던 것으로 보인다. 예컨대 포타닌의 『서북몽골기행』(1883년)에 실린 「장 제르드 잘로다이 메

르겡」이라는 이야기의 한 주인공 호롤도이 메르겡은 우리가 언급하고 있는 후흐데이 메르겡과 관련이 있다고 생각된다. 이 이야기의 일부 관념을 알아보기 위해 사건의 전개 과정을 간략히 언급하도록 하겠다.

"칸 바롤이 병이 나자 잘로다이 메르겡에게 호롤도이 메르겡의 염통을 가져오면 병이 나을 것이라고 했다. 그래서 잘로다이 메르겡은 호롤도이 메르겡의 염통을 가져오기 위해 여행길에 올랐다고 한다. 도중에 그는 세 살배기 호랑이를 만났다. 호랑이는 그에게 '호롤도이 메르겡 사냥꾼은 독수리와 하사르, 바사르라는 개 두 마리를 데리고 샤냥가고 있다. 그의 궁전은 바다 가운데에 있다. 그는 그 집에서 알탄 잔당고아 아브하이 누님과 함께 살고 있다'고 말해주었다고 한다. 잘로다이 메르겡은 호랑이를 그냥 보내주고 길을 재촉했다. 계속 길을 가다가 그는 호롤도이 대왕(메르겡)을 만나 아침에 동이 트자마자 활쏘기 시합을 하기로 했다. 호롤도이 대왕은 가슴을 활짝 열어 제치고 앉아서 잘로다이 메르겡에게 먼저 쏘라고 했다. 활을 쏘았지만 화살이 가슴에 닿자 마치 쇠에 맞은 듯이 찡 하고, 나무에 맞은 듯이 탁 하면서 일곱 조각으로 쪼개졌다. 다음에 호롤도이 대왕이 쐈지만 그의 화살 역시 일곱 조각으로 부러졌다. 그래서 칼로 베었지만 칼 역시 일곱 조각으로 쪼개졌다. 마지막으로 두 사람은 씨름으로 승부를 겨루기로 했다. 그러나 산이 평지가 되도록 냇물이 마르도록 싸웠지만 누구도 상대방을 이기지 못했다고 한다. 두 사람이 서로 상대방을 이기지 못하고 팽팽히 맞섰다. 그러던 차에 호롤도이 메르겡이 말했다. '네가 나를 완전히 죽이려고 하면 나의 오른쪽 다리에 나무 상자가 있다. 그 안에 역시 쇠 상자가 있다. 그 안에 무쇠 상자가 있다. 또한 그 안에 청동 상자가 있다. 청동 상자에 은 상자, 은 상자에 금 상자가 있다. 금 상자에 금 유리가 있다. 그 안에 잿빛 새 일곱 마리가 있다. 그것이 나의 숨통이다'고 했다. 잘로다이 메르겡은 그가 말한 대로 상자들을 찾아내 부순 즉, 일곱 마리 잿빛 새가 나타나 하늘로 날아갔다. 그러자 잘로다이 메르겡은 쇠우박으로 기상이변을 일으켜 새를 죽이고, 호롤도이 메르겡의 염통을 가지고 돌아왔다고 한다."

이 이야기는 「오리온자리의 세 별」 신화의 일부 이본에 등장하는 후흐데이 메르겡의 하사르, 바사르라는 두 마리 개와 두 마리 사냥용 새에 관한 내용을 연상시킨다. 또한 호롤도이 메르겡의 오른쪽 다리에 숨통이 있다거나 혹은 갑자기 쇠우박으로 기상변이를 일으켰다는 등의 태고(太古)의 신화적 관념도 눈에 띈다. 특히 호롤도이 메르겡의 숨통이 오른쪽 다리에 있다는 점이 매우 흥미롭다. 이는 고대 그리스 신화에 나오는 영웅 아킬레스건을 연상시킨다.

12. 이 자료는 포타닌의 『중국의 탕구트－티베트 변방과 중부 몽골』(1893년, 327쪽)에서 번역한 것이다.

13. 베니그센의 『중앙아시아 전설과 민담』(1912년, 55쪽)은 이 자료의 완전한 이본을 둔수렝(Dundsüren)이라는 할하 사람으로부터 채록해 러시아어로 번역 소개했다. 그후 가담바 · 체렌소드놈의 『몽골 구비문학 선집』(1978년) 등은 이 이본을 모스타(A. Mostaert)의 『오르도스 구비문학』(1937년)에 실린 「북두칠성」 신화와 대조해 소개했다. 위 자료는 『몽골 구비문학 선집』의 교정본을 그대로 옮긴 것이다. 북두칠성은 마력의 칠형제가 하늘로 올라가 별이 되었다는 것 외에도 몽골인들 사이에서 여러 가지 형태로 이야기되고 있다.

14. 이 자료는 산지예프(G. D. Sanjeev) 교수의 『다르하드 방언과 구비문학』(레닌그라드, 1931년, 61~66쪽)에 실린 원문을 할하 방언으로 옮기면서 여타 이본과 대조해 일부 문장 내용을 보다 명확히 한 것이다. 또한 담딩(S. Damdin) · 바상잡(O. Baasanjav) 등이 정리한 『작은 하늘(小天)의 아들』이라는 책에도 이와 유사한 「일곱 아들을 가진 노인」(1979년) 이야기가 실려 있다. 그밖에 먼 옛날 별, 천체의 기원과 관련한 이 신화의 내용을 토대로 해서 후대 씨족 부족의 기원을 설명하려는 새로운 시도가 행해지고 있다. 예컨대 삼필덴데브가 정리한 『몽골 전설』(1984년, 49쪽)에 실린 「북쪽 사냥꾼 전설」도 원래 북두칠성 전설이었을 가능성이 있다. 왜냐하면 그 전설에 언급된 할바가트, 하르수렉, 샤르가초드, 홍구이드, 올고노드, 살가이드, 하리야트라는 사냥꾼 집단의 조상인 놀라운 명사수 등 지력과 마력을 갖춘 일곱 사람(쇼브고르, 호르당, 다이브가르, 에르히 메르겡, 헨즈 메르겡, 헤쉬 메르겡, 차브당, 초브동) 중에는 몽골 신화의 계몽적 영웅 에르히 메르겡이 언급되고 있기 때문이다. 몽골 신화에서 북두칠성으로 변하는 마력을 지닌 일곱 사람의 이름이 아직 분명하지 않기 때문에, 앞으로 바로 이 사냥꾼 집단의 조상인 일곱 사람의 이름을 비교 검토할 필요가 있다.

15. 이 자료는 포타닌의 『서북몽골기행』(1883년)에 실린 「북두칠성」이라는 신화를 여타 이본과 비교해 의역한 것이다. 이 설화는 포타닌의 『몽골기행』(1948년)에 다시 실렸다. 포타닌은 이를 알라르 부리야트인(부리야트의 한 지파)으로부터 채록했다고 한다. 또한 발라가 부리야트인(위와 같음) 사이에서도 일곱 명의 대머리 장인(匠人)이 하늘로 올라가 북두칠성이 되었다는 신화가 전해지고 있다. 이는 부리야트판 게세르전 (Geseriin tuuj)에 나오는 일곱 명의 대머리 장인 이야기와 관련이 있는 것으로 보인다. 그래서 한갈로프의 『저작집Ⅲ』(1960년)에 실린 북두칠성 전설과 비교해 볼 수 있다.

16. 이 자료는 과학아카데미 어문연구소 구비문학 자료실에 있는 원문을 여타 이본과 대조해 그 의미를 살려 정리한 것이다.

17. 이 자료는 화가 암갈랑(M. Amgalan)으로부터 채록한 원문을 여타 이본과 대조해 그 의미를 살려 정리한 것이다.

18. 이 외에도 설화의 주인공인 흰 주둥이의 두 살배기 송아지는 고대 그리스 신화에 등장하는 크레타섬의 소(牛) 머리의 미노타브르처럼 사람 가슴에 소 엉덩이를 가진 점이 매우 흥미롭다. 이는 두 설화의 기원이 관련성이 있다는 또 하나의 증거이다. 다만 고대 그리스의 미노타브르는 무서운 방해꾼의 모습으로 등장한다.

또한 흰 주둥이의 두 살배기 송아지가 (일곱 조각이 되어) 하늘로 올라가 북두칠성이 되었다는 관념은 먼 옛날의 동물 이야기와 별, 천체의 기원에 관한 신화의 고형(古形)을 말해주는 동시에, 현대의 북두칠성이라는 단어의 기원을 달리 설명할 가능성을 제공해 주고 있다. 여러 몽골문헌 자료를 보면 북두칠성을 다양한 이름으로 불러왔음을 알 수 있다. 이는 동 설화의 여러 가지 독특한 이본들과 관련 있는 것으로 생각된다. 지금까지 우리에게 알려진 기록에 의하면 북두칠성을 부리야트에서는 일곱 노인들, 일곱 아들, 일곱 암사슴, 자흐칭(몽골족의 한 지파) 방언에서는 일곱 원숭이, '히식텡'(몽골족의 한 지파) 방언에서는 일곱 마리 개, 시라 골(黃河)의 몽골족은 일곱 별, 일곱 까마귀 등으로 부르고 있다. 이들을 자세히 보면 태고(太古)의 동물 설화의 관념을 표현한 이름이 주류를 이루고 있다.

그러나 필자가 보기에는 현대 몽골어의 돌론 보르항(일곱 신불 곧 북두칠성)이라는 용어는 몽골에 불교가 널리 유포된 시기에 돌론 뱌로(일곱 송아지)라는 단어의 발음이 변한 것 같다. 왜냐하면 『솔리부종 바리흐 보드롤 비직』 등 별 전체에 관한 옛 문헌에는 돌론 보르항이라는 용어를 사용하지 않은 것을 보면, 이는 상당히 후대에 생겼거나 혹은 주로 구어(口語)에서 유포된 용어일 가능성이 있기 때문이다. 고대 그리스인들은 남쪽에서 북쪽에 걸쳐 있는 북두칠성을 아래쪽에서 바라보고서 북변(北邊)에 곰이 있다고 생각하고 아르크토스 혹은 곰이라 불러 왔다(보노프, 1984년). 이처럼 북두칠성을 곰과 관련지어 이해하는 설화 관념은 서양뿐 아니라 동양에서도 널리 유포되었다고 할 수 있다.

19. 이 자료는 1928년 울란바타르에서 출판된 몽골 『마법의 시체 이야기』(강시설화)에 실린 원문의 일부 오류를, 담딘수렝이 서문을 쓰고 1963년에 출간한 『티베트 몽골 마법의 시체 이야기』와 대조해 그 일부를 손질해 정리한 것이다. 몽골, 티베트의 마법의 시체 이야기에 등장하는 송아지 주둥이의 마상(Masan)의 어원을 일부 학자는 바상(Basan, 금성)이라는 혹성 이름과 관련지어 설명하기도 했다. 〔토카레프(S. A. Tokalev), 『세계의 신화 2』, 모스크바, 1982년, 122쪽〕

20. 이 자료는 1965년에 오브스아이막 울기솜 네그델의 바타르(K. Baatar)로부터 채록한 원문을 포타닌의 『서북몽골기행』에 실린 이본과 대조해 정리한 통합본이다.

21. 이 자료는 포타닌의 『중국의 탕구트-티베트 변방과 중부 몽골』(1893년, 323쪽)에서 번역한 것이다. 포타닌은 이를 잠수렝(Jamsüren)이라는 할하 사람으로부터 채록했다고 한다. 또한 그는 같은 책 322쪽에 후흐 노르(중국 칭하이성 칭하이호) 울드족(몽골족의 한 지파)의 좀생이별에 관한 설화의 요지를 러시아어로 번역해 실었다. 즉 "여섯 개의 좀생이별은 옛날에 일곱 마법사였다고 한다. 그들은 쇠부리는 사람, 연구자, 돌부리는 사람, 나무부리는 사람, 의사(이를 얘기한 사람은 다른 것을 잊어버렸다고 한다)였다. 그들이 나중에 여섯 개의 좀생이별이 되었다. 그런데 그 중 어떤 사람은 달이라는 아름다운 부인이 되었던 것으로 보인다. 그리하여 좀생이별은 일년에 여섯 번 달에 가까이 접근하게 되었다고 한다."

1986년 봄에 우믄고비아이막 놈공솜 거주민 돌고링 바드라흐(D. Badrah, 1920년생)가 나에게 전해준 바에 따르면, "좀생이별은 원래 일곱 개 별이었다. 그때 옷을 입은 사람도 견딜 수 없을 만큼 추웠으므로 북두칠성이 그 중 하나를 훔쳤다. 북두칠성 가운데의 희미한 별 하나를 좀생이별의 별이라고 한다"고 했다. 좀생이별에 관한 신화에서 후블데이 메르겡(후흐데이 메르겡)의 일곱 아들이 하늘로 올라가 좀생이별이 되었다는 이 본은 고대 그리스 신화에서 아틀라스의 일곱 딸이 하늘로 올라가 좀생이별이 되고, 그 중 여섯 개는 뚜렷하게 보인 반면, 한 개는 희미하게 보이기 때문에 좀생이별을 여섯 개라고 하게 되었다는 내용과 매우 유사하다.

22. 이 자료는 1983년 호브드아이막 쳉겔솜 거주민 막사르(H. Magsar, 1930년생)로부터 채록한 것이다.

23. 이 자료는 오브스아이막 햐르가스솜 유목민 촉토(Tsogtoo, 1915년생)가 전해 준 이야기를 여타 이본과 비교해 그 의미를 재구성한 것이다.

24. 이 자료는 필자가 1984년 10월에 오브스아이막 우믄고비솜 네그델 회원 뎀베렐(M. Demberel)로부터 채록한 것이다.

25. 이 자료는 호브드아이막 국립사범대학 몽골어과 카토 교수의 채록집에서 뽑은 것이다. 두르부드인(몽골족의 한 지파)들의 관념으로는 샛별에는 세 가지가 있다. 즉 첫째는 저녁의 샛별. 이를 탐욕스런 노파, 자흐 오드(끝별) 등으로도 부른다. 둘째는 밤중의 샛별, 셋째는 새벽의 샛별 등이다.

26. 이 자료는 필자가 1984년 가을에 오브스아이막 타리알랑솜 네그델 유목민 아비르다잉 다그트(A. Daagt)로부터 채록한 것이다.

27. 이 자료는 필자가 1984년 6월 12일에 투브아이막에 거주한 소가르(Sugar)라는 노인으로부터 채록한 것이다.

III 식물

1. 이 자료는 체렌소드놈이 정리한 『몽골 민담』(1982년, 36쪽)에서 뽑은 것이다. 베니그센의 『중앙아시아 전설과 민담』(1912년, 21쪽)에도 이 자료의 이본이 실려 있다.

2. 이 자료는 1985년 과학아카데미 어문연구소 학술조사단이 수집한 오브스아이막 바야드족(몽골족의 한 지파)의 구전자료를 일부 손질해 정리한 것이다.

3. 이 자료는 클리브스(F. W. Cleaves)가 「고대 몽골판 알렉산더 이야기」(1959년, 43~44쪽)라는 논문에서 전사해 놓은 원문을 현대 몽골어로 옮긴 것이다. 마케도니아의 알렉산더 대왕(B.C.356~323년)에 대한 작품은 아랍, 아제르바이잔, 타지키스탄, 터키, 인도 등지에서 널리 유포되었다. 몽골에서도 옛날부터 알렉산더 대왕에 관한 작품이 있었다는 근거는 바로 이 솔하르나이 이야기이다. 몽골인들은 아랍어 둘 하르나인(dül harnai), 즉 '두 뿔의' 라는 단어를 솔하르나이라 부름으로써 마케도니아의 알렉산더를 이와 같이 부르게 되었다.

4. 이 자료는 1984년 호브드아이막박물관장 암갈랑(M. Amgalan)으로부터 채록한 원문을 여타 이본과 대조해 그 의미를 살려 정리한 것이다.

5. 이 자료는 포타닌의 『서북몽골기행』(1883년, 209쪽)에 실린 자료를 여타 이본과 대조해 정리한 것이다. 포타닌은 이를 나이당으로부터 채록했다고 한다.

6. 이 자료는 필자가 1984년 10월 24일에 호브드아이막박물관장 암갈랑으로부터 채록한 것이다. 우믄고비아이막 놈공솜 거주민 바드라하(D. Badrah, 1920년생)는 1986년에 "먼 옛날에 자작나무와 시베리아 낙엽송이 싸움을 했기 때문에 낙엽송은 자작나무를 무서워한다고 한다. 그래서 예전에 항가이 지역(물, 풀, 나무가 풍부한 몽골의 중부지역)의 각 가정에는 불을 휘적거리는 자작나무가 있었다. 낙엽송은 자작나무를 무서워하기 때문에 그 나무로 불을 휘적거리면 낙엽송의 불똥이 튀지 않는다"고 전해 주었다.

IV 가축, 야수, 조류

1. 이 자료는 바양흥고르아이막 고르반불락솜 네그델의 발당(Z.Baldan, 1972년에 71세였다)으로부터 채록한 것이다. 현재 이 자료는 어문연구소 구비문학실에 보관되어 있다.

2. 이 자료는 바양흥고르아이막 바이드락 농장에 거주하는 할타르(M. Haltar, 1906년생)로부터 채록한 원문을 초이롤잡(Coyraljab songyun nayirayulba)의 『몽골 민담－동물담』(1984년, 229쪽)에 실린 이본과 대조해 정리한 통합본이다.

3. 이 자료는 필자가 1982년에 위의 이야기꾼 할타르로부터 채록한 것이다. 포타닌의 『서북몽골기행』(1883년, 180쪽)에도 이 자료 이본의 러시아어 번역이 실려 있다.

4. 이 자료는 어문연구소 구비문학실에서 뽑은 것이다. 오브스아이막 우믄고비솜 바양골 노동단 유목민 도브칭은 다음과 같이 낙타에 관한 이야기를 전해주었다. 즉 "티베트에서 우리를 저주하기 위해 낙타를 보냈다. 도가르 자이상이 여기에 검은 코뚜레로 코뚜레를 하고 얼룩덜룩한 깔개를 해서 낙타를 가축으로 만들었다"고 한다. 또한 삼필덴 데브가 정리한 『몽골 전설』(1984년)에 실린 「왜 낙타해가 없는가」를 보면 낙타가 열두해 동물의 어떠 어떠한 특징을 가지고 있는가에 대해 이와 비슷하게 설명하고 있다. 실제로 이들의 무슨 특징이 낙타에 있는지 아래와 같이 설명하고 있다. 즉 "자갈밭에 누울 때 편리하도록 호랑이처럼 무릎에 긴 털이 있고, 사막을 갈 때 지장이 없도록 하브트가이(야생 낙타)의 발굽이 있다. 풀과 호지르(가축이 먹는 염분鹽分)를 모으고 핥는 데 지장이 없도록, 토끼처럼 입술이 갈라졌다. 다리가 길고 키가 큰 동물이 물을 마시기 편리하도록, 용처럼 길다란 목이 있다. 먼 물체를 바라보는 데 도움이 되도록, 뱀처럼 빛나는 눈이 있다. 부리는 사람에게 행운을 가져오고 온순하도록, 성격이 온순하다. 매우 추운 겨울에 먹이로 쓰라고, 원숭이처럼 지방질의 혹(瘤)이 있다. 몽매하고 야성적인 동물을 협박하도록, 머리에 닭의 볏처럼 당당하고 더부룩한 털이 있다. 긴 다리에 장애가 없도록, 돼지의 짧은 꼬리가 있다. 기분 좋고 온순한 성격에 쥐의 털이 더부룩한 귀가 있다. 새끼

를 11개월 동안 품고 다니기 때문에, 소처럼 큰 배를 주었다." 여기에 낙타가 고비지역에 적응한 상황을 당해 이야기 내용과 연결시켜 설명하고 있는 점이 매우 흥미롭다. 포타닌 의 『서북몽골기행』(1883년, 180쪽)에도 이 설화의 이본이 실려 있다.

5. 이 자료는 체렌소드놈이 정리한 『몽골 민담』(1982년)에서 뽑았다. 정리자는 이 자 료를 1964년에 수흐바타르아이막 아스가트솜 네그델 이야기꾼 야담으로부터 채록했다. 또한 포타닌의 『몽골기행』(1948년)에도 「낙타와 사슴」이라는 제하의 이본이 실려 있다. 호드자(H. Khodza)가 정리해 러시아어로 번역한 『몽골 민담』(1954년)에 실린 사슴에게 속은 낙타 설화의 이본을 보면 "낙타가 뿔을 뽐내며 거드름 피우다가 사슴에게 속아 뿔 을 잃고 민둥머리가 되었다"고 한다. 또한 몽골―투르크어 언중(言衆) 사이에 유포된 사 슴과 낙타에 관한 설화에는 옛날 사슴과 낙타는 뿔과 혹을 바꾸어 사용했다고 하는 관념 이 있다. 즉 오브스아이막 호통족(서몽골에 거주하는 위구르 계통의 사람들, 回子) 노인 토즈(Z. Tuz)는 우리에게 다음과 같은 이야기를 전해 주었다. "낙타가 물을 마시고 있는 데 사슴이 와서 잔치에 다녀와 돌려주겠다고 하면서 뿔을 빌려 가고 그 대신 혹(瘤)을 남 겨 놓고 지금까지 바꾸지 않았다"고 한다.

6. 이 자료는 가담바 등이 정리한 『몽골 구비문학 선집』(1978년, 141쪽)에서 뽑았다. 몽골 국립대학교의 롭상도르지(J. Luvsandorj) 교수에 따르면 아르항가이아이막 체체 르렉솜 소재 촐로트 노동단 부근의 '후렘'이라는 지역에 뿔이 있는 낙타의 바위그림이 있다고 한다. 또한 역사연구소의 체벤도르지에 따르면 오브스아이막 사길솜의 투무르 초르고에서 뿔이 있는 낙타 또는 혹이 있는 사슴 비슷한 동물의 바위그림을 발견했다고 한다. 고고학자들은 이를 청동기시대의 유적으로 보고 있다.

7. 이 자료는 필자가 1965년에 오브스아이막 우믄고비솜 네그델 회원 키치(B. Kichi, 1890년생)로부터 채록했다. 이 신화는 몽골족 사이에서 광범위하게 유포되었다. 이 자 료의 이본은 베니그센의 『중앙아시아 전설과 민담』(1912년), 모스타의 『오르도스 구비문 학』(1937년)에도 실려 있다. 이밖에 낙타와 쥐가 원수가 되었다거나 낙타가 재(灰) 위에 뒹굴게 된 이유를, 오브스아이막 서사시 음송자 하이장(G. Haizan)이 읊은 「말 많은 흰

암낙타의 큰 소리로 우는 흰 새끼,라는 서사시는 위 자료의 이해와 달리 독특한 모습으로 묘사하고 있다. 즉 "먼 옛날에 비친 미친 게렐 대왕의 낙타떼에서 으뜸이 된 말 많은 흰 암낙타가 새끼를 낳으려고 무리에서 이탈했다고 한다. 소호르 샤르 테메치(눈 먼 누런 낙타치기)가 그 뒤를 찾아가 바깥바다(外海) 저편에서 그녀가 새끼 낳고 있는 것을 발견하고, 화를 내며 말많은 흰 암낙타의 발을 부러뜨리고 눈을 멀게 하고, 갓 태어난 새끼를 '너, 세 살배기 씨낙타가 되어 나를 밟아 죽일 때까지 아직 멀었다'고 저주하며 화를 돋우고(비웃고) 돌아왔다고 한다. 그러나 새끼가 성장해 어미에게 도움이 되는 식물과 감로(甘露)를 가져다 주어 치료하고, 힘을 북돋우고, 자신도 몸이 완전히 성장한 하얀 씨낙타가 되어 어느 날 비친 미친 게렐 대왕의 낙타떼로 갔다고 한다. 눈 먼 누런 낙타치기는 대왕에게 가서 저간의 사정을 말하고 목숨을 구해 달라고 간청했다. 비친 미친 게렐 대왕은 눈 먼 누런 낙타치기의 목숨을 구하려고, 그를 쥐로 변신시켜 재로 달려가게 했다고 한다. 세 살배기 흰 씨낙타가 이를 알고서 어머니와 함께, 눈 먼 누런 낙타치기를 산산조각내어 죽이려고 재로 가서 뒹굴었다고 한다. 이 때부터 낙타는 재 위에 쥐가 있을지 모른다고 하면서 그 위에 뒹굴게 되었다"고 언급하고 있다.

8. 이 자료는 1984년에 호브드아이막박물관장이자 화가인 암갈랑으로부터 채록한 원문을 여타 이본들과 대조해 정리한 통합본이다.

9. 이 자료는 1936년 이린첸(Rinchen)이 다기라자(당시 65세)로부터 채록한 것이다. 이린첸의 『몽골 구비문학』 제4권(1965년)에 실려 있다. 또한 포타닌의 『서북몽골기행』(1883년, 275쪽)에도 이본이 실려 있다.

10. 이 자료는 호브드아이막 사범대학 카토 교수의 채록집에서 뽑은 것이다.

11. 이 자료는 포타닌의 『서북몽골기행』(1883년, 270쪽)에서 번역한 것이다. 포타닌은 이를 두르부드족의 저명한 서사시 음송자 사리상에게서 채록했다고 한다. 이밖에 포타닌은 타르바가타이의 키르기즈인으로부터 야생동물의 기원에 관한 한 설화를 채록했다. 주요 내용을 옮겨 보면 "먼 옛날에 타르바가는 원래 코론바이(인명)라는 부자였다고

한다. 그러던 중 어떤 눈 먼 절름발이 가난한 노인이 물건을 구걸하자 인색하게 아무것도 주지 않았다. 노인이 불만을 품고 보르항(신불)에게 그 사실을 아뢰자 보르항은 코론바이를 풀어다가 뜯어먹고 살라고 하면서 그를 디르비기로 만들고 그의 가축때에서 양은 아르갈(야생 양), 염소는 양기르(야생 염소), 소는 암사슴, 말은 홀랑(야생 노새)과 타히(프르즈발스키 말), 낙타는 하브트가이(야생 낙타)로 만들었다고 한다." [포타닌, 『몽골기행』, 1948년, 387쪽]

12. 이 자료는 로보르가 정리한 『몽골 민담』(1969년)에서 뽑은 것이다.

13. 이 자료는 필자가 1984년 12월에 호브드아이막 보잉트솜 네그델 회원 베흐네로부터 채록한 것이다. 여우는 비록 꾀가 많은 동물이지만 사람들은 여우를 엄청나게 움직여 조그마한 먹이를 얻는 동물로 이해하고 있다.

14. 이 자료는 1984년 9월 11일에 오브스아이막 부흐무릉솜 두르부드족 서사시 음송자 조도브(1911년, 쇠돼지띠)로부터 채록한 것이다. 조도브는 '하사르 바사르'의 하사르를 '보관하다, 지키다', 바사르를 '잡다'라는 뜻으로 풀이했다. 몽골인들은 죽은 개의 입에 비계(지방질)를 물리고 꼬리를 자른다. 입에 비계를 넣는 것은 개에게 좋아하는 음식을 주어 기쁘게 하는 행위이다. 반면에 꼬리를 자르는 것은 개가 다음 생에서 사람으로 태어나기 때문에, 에를렉(염라대왕)에게 갈 때 꼬리가 있으면 부끄럽게 여겨 그리로 가지 못한다고 한다. 이 때문에 죽은 개의 꼬리를 자르는 관습이 생겼다고 한다.

15. 이 자료는 한갈로프의 『저작집Ⅲ』(1960년)에 실린 원문을 여타 이본과 대조해 번역한 것이다.

16. 이 자료는 1959년 수흐바타르아이막 할장솜 거주민 불텡(R. Bülten)으로부터 채록한 것이다. 이본이 초이롤잡이 출판한 『몽골 민담─동물담』(1984년, 247쪽)에 실려 있다. 또한 동 설화의 초반부 사건의 전개 과정은 포타닌의 『서북몽골기행』(1883년, 352쪽)에 실린 밀가루에 관한 사항과 비교해 볼 수 있다.

17. 이 자료는 필자가 1984년 9월 오브스아이막 부흐무릉솜의 서사시 음송자 조도브로부터 채록했다.

18. 이 자료는 초이롤잡이 출판한 『몽골 민담 – 동물담』(1984년, 256쪽)에 실린 원문을 할하 방언에 맞춰 그 일부를 손질한 것이다.

19. 이 자료는 바얀–울기아이막 델룬솜 네그델 유목민 모히야(A. Muhiyaa)로부터 채록한 것이다.

20. 이 자료는 이린첸 교수가 정리한 『몽골 구비문학』(1965년, 30~31쪽)에 실린 원문의 라틴어 전사를 현대 몽골어로 옮긴 것이다. 정리자는 이를 1936년에 다기라자로부터 채록했다고 한다.

21. 이 자료는 오브스아이막 우믄고비솜 소재지에 거주하는 두르부드족 노인 도브칭과 동 아이막 부흐무릉솜 서사시 음송자 조도브가 전해 준 내용을 종합해 정리한 통합본이다. 일부 이본에는 "천마리 양 중 한 마리를 먹고 살아라"라고 되어 있다. [과학아카데미 어문연구소, 「오브스아이막에 대한 조사 자료집」, 1985년] 동 자료의 이본은 포타닌의 『서북몽골기행』(1883년)과 한갈로프의 『저작집Ⅲ』(1960년)에도 실려 있다. 또한 일부 이본에는 "보르항 박시가 이리에게 너, 천마리에서 한 마리를 먹고 살라고 칙령을 내린 것을 천 마리에서 백 마리를 먹고 살라고 했다고 하면서 나왔다"고 되어 있다. 그래서 이리는 양을 덮쳐 한 마리만 먹지 않고 수 마리씩 물어뜯어 놓게 되었다고 한다.

22. 이 자료는 체렌소드놈이 정리한 『몽골 민담』(1982년)에서 뽑은 것이다. 이 신화는 어문연구소 연구원 나란토야가 1976년에 호브드아이막 도트솜 네그델 회원 저명한 서사시 음송자 초이수렝(S. Choisüren, 1911~1979년)으로부터 채록했다.

23. 이 자료는 1985년 어문연구소에서 행한 오브스아이막 조사시 채록한 원문을 여타 이본과 대조해 정리한 것이다.

24. 이 자료는 체렌소드놈이 정리한 『몽골 민담』(1982년)에서 뽑은 것이다. 이 설화의 주요 내용은 몽골판 마법의 시체 이야기(강시설화)에 등장하는 「당나귀 귀의 대왕」이라는 이야기의 사선의 선개 과정을 상기시킨다. 이 이야기는 몽골 깅시설화의 주로 제17절, 일부 이본의 제19절에 있다. 체벤 잠차라노가 1923년에 출판한 강시설화의 19절에 이 이야기가 있다.

1928년 울란바타르에서 출판된 『마법의 시체 이야기』(강시설화)의 원문에 의거해 이 설화의 개요를 소개한다.

"인도의 동쪽에 사는 타이본이라는 대왕의 아들은 당나귀처럼 큰 귀를 가지고 있었다고 한다. 대왕은 사람들에게 아들의 못생긴 귀를 숨기기 위해 아들의 머리를 빗기는 모든 사람을 죽였다. 어느 날 어떤 노파의 외아들이 머리를 손질할 차례가 되었다. 노파는 자신의 젖으로 밀가루를 개어 동그란 과자를 만들어 주었다. 아들은 머리를 빗기면서 계속 과자를 먹었다. 그러자 대왕의 아들이 '너, 무엇을 먹고 있느냐' 고 하면서 그것을 집어먹었는데 그 과자는 정말로 맛있었다고 한다. 대왕의 아들은 노파의 젖을 개어 만들었다는 말을 듣고 '우리는 한 어머니의 젖을 빤 형제가 되었다. 너, 내 귀가 당나귀 귀라고 아무에게도 말하지 않겠다고 맹세하면 너를 죽이지 않겠다' 고 했다고 한다. 아들은 집에 돌아와 대왕의 아들의 귀가 당나귀 귀라고 아무에게도 말하지 않고 마음속으로 생각하다가 그만 마음의 병을 얻었다. 그리하여 의사에게 보인 즉, 그 의사는 약을 먹어도 소용없고 생각한 바를 말하면 병이 낳는다고 했다. 그리하여 노파의 아들은 사람들 몰래 들쥐 굴에 가서 '우리 대왕 아들의 귀는 당나귀 귀다' 라고 여러 번 되풀이했다. 이렇게 하여 아들의 병이 낳았다. '우리 대왕 아들의 귀는 당나귀 귀다' 라는 말은 바람을 타고 대왕에게 전해졌다. 대왕은 그를 죽이려고 불러들여 이 말을 누가 퍼뜨렸냐고 다그치자 아들은 사실대로 얘기하고 병을 고치기 위해 들쥐 굴에만 말했을 뿐 누구에게도 말하지 않았다고 했다. 대왕은 아들을 살려 주고 '아들의 귀를 어떻게 하면 좋겠느냐' 고 물었다. 그러자 아들이 귀를 덮는 양쪽에 뿔이 달린 모자를 만들어 쓰면 된다고 했다. 그가 말한 대로 뿔이 달린 모자를 만들어 써 보니 정말로 어울리고 사람들은 당나귀 귀를 알아차리지 못하게 되었다. 이때부터 대왕들과 관리들에게 뿔이 달린 모자를 바치게 되었다고 한다. 이렇게 해서 노파의 아들은 관리가 되고 대왕 역시 그후로 머리를 빗기는 사람을 죽이지 않게 되었다고 한다."

또한 포타닌은 구전된 당해 이야기의 일부 이본을 『서북몽골기행』(1883년, 293~298쪽)에 실었다. 그는 할하, 두르부드, 다르하드, 부리야트 사람들에게서 채록한 일곱 가지 이본을 러시아어로 번역해 소개했다.

25. 이 자료는 필자가 1983년 아르항가이아이막 하이르항솜 네그델 화원 냠자브(S. Nyamjav, 1924년생)로부터 채록한 것이다. 이 이본은 포타닌의 『서북몽골기행』(1883년, 167쪽)과 한갈로프의 『저작집Ⅲ』(1960년, 23쪽)에 실려 있다. 곰이 원래 매우 큰 힘을 갖고 있는 사람이었지만 하늘이 벌을 내려 엄지손가락을 자르고 동물(곰)로 만들었다고 하는 내용은 퉁구스 등 다른 민족 설화에서도 확인된다.

26. 이 자료는 한갈로프 『저작집Ⅲ』(1960년, 24쪽)에서 번역한 것이다.

27. 이 자료는 『오르촌 민간구비문학집』(1980년)에 실린 원문의 일부 자구(字句)를 수정한 것이다.

28. 이 자료는 포타닌의 『서북몽골기행』(1883년, 167쪽)에서 번역한 것이다. 이 설화의 서술 내용은 몽골 서사시의 아버지로 유명한 칸 호랑고이(암흑대왕) 역시 텡게르에 적대하여/ 대지에 적대하여/ 곰으로 변하지 않았나 하는 관념을 연상시킨다. 이와 관련한 한 사례를 체렌소드놈의 「암흑대왕傳 이름의 기원문제에 붙여」(1984년, No.2)라는 논문에서 확인할 수 있다. 여기서 소개한 설화에서 카라브트 대왕은 곰이 되고, 아들은 별이 되었다는 내용은 곰이 북두칠성이 되었다는 관념을 보여 주고 있다고 할 수 있다.

29. 이 자료는 민속학자 바담하탕(S. Bamhatan)의 『홉스굴의 다르하드족』(1965년)에서 뽑았다.

30. 이 자료는 로보르가 정리한 『몽골 민담』(1969년)에 실린 내용을 일부 수정한 것이다.

31. 이 자료는 필자가 1984년 10월에 호브드아이막박물관장 암갈랑으로부터 채록했다.

32. 이 자료는 국립대학교 몽골어 담당교수 노로보(D. Norov)로부터 채록한 원문을 일부 수정한 것이다. 노로보는 이를 고비-알타이아이막 보가트솜 네그델의 함모트(M. Hamuut)와 우르징(S. Ürjin) 등으로부터 전해 들었다고 한다.

33. 이 자료는 포타닌의 『서북몽골기행』(1883년, 352쪽)에서 번역했다. 포타닌은 초이잠치라는 할하 사람에게서 채록했다고 한다. 몽골 기록 및 구비문학에는 땅, 물, 하늘을 다니는 전설의 동물에 관해 언급한 것이 적지 않다.

34. 이 자료는 포타닌의 『서북몽골기행』(1883년, 228쪽)에서 번역했다. 포타닌은 이를 두르부드족 서사시 음송자 사리상으로부터 채록했다고 한다.

35. 이 자료는 포타닌의 『몽골의 민담과 전설』에서 번역했다. 저자는 이를 투시예트 베이싱 호쇼의 안질(Anjil)이라는 할하 사람으로부터 채록해 러시어로 번역 소개했다. 몽골 신화에서 해와 달을 삼키는 라흐에 대해 언급하면서 두 조각으로 잘린 엉덩이 부분이 실제로 어떻게 되었는지 분명하지 않다. 마타르 이야기는 그 내용을 보충해 준다고 할 수 있다.

36. 이 자료는 과학아카데미 역사연구소 선임연구원 나왕(1925년생)으로부터 채록했다.

37. 이 자료는 초이롤잡이 출간한 『몽골 민담-동물담』(1984년, 266쪽)에서 뽑았다.

38. 이 자료는 이린첸의 『몽골 구비문학』에 실린 라틴어 전사에서 뽑았다. 이린첸은 이를 1936년에 당시 53세인 고토브(Gotov)라는 할하 사람으로부터 채록했다고 한다.

39. 이 자료는 체렌소드놈이 정리한 『몽골 민담』(1982년, 193~195쪽)에서 뽑았다.

40. 이 자료는 돈드고비아이막 에르덴달라이솜 네그델 유목민 체렌소드놈(D. Tserensodnom)이 전해 준 「24개 뿔을 가진 담홍색 네 살배기 사슴」이라는 동물담의 신화 부분을 여타 이본과 대조해 그 의미를 살려 정리한 것이다. 또한 한갈로프의 『저작집 III』(1960년)에도 이와 유사한 원앙새에 관한 설화가 실려 있다.

41. 이 자료는 자브항아이막 눔룩솜 네그델 유목민 자르갈(Jargal) 여사로부터 채록한 원문을 일부 손질한 것이다.

42. 이 자료는 초이롤잡이 출간한 『몽골 민담─동물담』(1984년, 235~241쪽)에서 뽑았다.

43. 이 자료는 초이롤잡이 출간한 『몽골 민담─동물담』(1984년, 235~241쪽)에서 뽑았다.

44. 이 자료는 한갈로프의 『저작집III』(1960년)에서 번역했다. 예로부터 야쿠트 등 몽골─투르크 언중(言衆)에서 날짐승의 대왕 독수리를 이 세상 최초의 샤먼의 전생(轉生)으로 숭배해 왔다.

45. 이 자료는 포타닌이 두르부드족 서사시 음송자 사리상으로부터 채록한 원문을 여타 이본과 대조해 그 내용을 살려 만든 통합본이다.

46. 이 자료는 포타닌의 『서북몽골기행』(1883년, 174쪽)에서 번역했다. 포타닌은 이를 로 구니 호쇼의 할하 사람으로부터 채록했다고 한다.

47. 이 자료는 바담하탕의 『홉스굴의 다르하드족』에 실린 원문에서 자구와 문장을 약간 손질한 것이다. 이 설화의 이본은 또한 포타닌의 『서북몽골기행』(1883년)에도 실려

있다.

48. 이 자료는 모스다의 『오르도스 구비문학』(1937년)에 실린 원문을 『몽골 민담』(1982년)에 실린 「박쥐는 왜 낮에 날아다니지 않은가」라는 이본과 대조해 만든 통합본이다. 동 설화의 이본은 또한 초이롤잡이 정리한 『몽골 민담－동물담』(1984년, 250쪽)에도 실려 있다.

49. 이 자료는 호드자의 『몽골 민담』(1954년, 141~142쪽)에 실린 러시아어 번역을 가담바가 몽골어로 옮긴 원문에 의거해 정리한 것이다.

50. 이 자료는 필자가 1964년에 수흐바타르아이막 홍고르솜 거주민 슈 덴데브(Shü Dendev) 노인으로부터 채록한 원문을 로보르가 정리한 『몽골 민담』(1969년)에 실린 이본과 대조해 만든 통합본이다.

51. 이 자료는 1962년 흡스굴아이막 올랑－올솜 유목민 노르징(G. Norjin)으로부터 채록한 원문을 여타 이본과 대조해 그 내용을 살려 정리한 것이다.

52. 이 자료는 초이롤잡의 『몽골 민담－동물담』(1984년, 242~251쪽)에 실린 자료를 일부 손질한 것이다.

53. 이 자료는 초이롤잡의 『몽골 민담－동물담』(1984년, 242~251쪽)에 실린 자료를 일부 손질한 것이다.

54. 이 자료는 가담바 등이 정리한 『몽골 구비문학 선집』에 실린 원문을 기타 이본과 대조해 일부 손질한 것이다. 동 설화의 이본은 베니그센의 『중앙아시아 전설과 민담』(1912년), 포타닌의 『몽골의 민담과 전설』(1919년), 블라디미르초프(B. Ya. Vladimirtsov)의 『몽골 구비문학의 형식』(1926년), 호드자의 『몽골 민담』(1954년) 등에도 실려 있다.

55. 이 자료는 우믄고비아이막 고르반 사이항 네그델 제3노동단 양치기 다바체렝(R. Davaatseren, 61세)으로부터 채록했다. 이 신화의 원문은 어문연구소 구비문학실에 보관되어 있다.

56. 이 자료는 포타닌의 『서북몽골기행』(1883년)에서 번역했다. 포타닌은 이를 다르하드인으로부터 채록해 러시아어로 번역 소개했다.

57. 이 자료는 베니그센이 정리한 『중앙아시아 전설과 민담』(1912년)에서 번역했다. 정리자는 이를 동수렝이라는 할하 사람으로부터 채록했다고 한다.

58. 이 자료는 필자가 1964년 겨울 수흐바타르아이막 아스가트솜 이야기꾼 야담으로부터 채록했다. 야담이 전해 준 「토곤 테무르칸의 전설」 등은 헝가리 몽골 연구자 로나-타쉬(A. Rona-Tash)의 『유목민의 발자취』(1964년, 264쪽)에 실려 있다. 위 설화의 이본이 한갈로프의 『저작집Ⅲ』(1960년, 28쪽)에 실려 있다. 카자흐족 구비문학에서는 이 설화를 또한 타르바가와 관련지어 언급하고 있다. 몽골의 카자흐 구비문학 연구자 카비다시(K. Kabidash)는 1984년 6월 9일 필자에게 다음과 같이 말해 주었다. "우리 카자흐족은 타르바가를 옛날에 어여쁜 용모의 방탕한 여인이었다고 여겼다. 원래 그녀는 어떤 사냥꾼의 아내였다고 한다. 남편이 사냥나가 돌아와 보니 그녀는 다른 남자와 함께 있었다. 그리하여 부끄러움을 망각한 방탕한 여자를 어떻게 할까 하고 형제간에 의논해 그녀에게 사람의 얼굴을 보지 않는 동물이 되라 했다고 한다."

59. 이 자료는 필자가 1984년 10월에 호브드아이막 부얀트솜 네그델 회원 부흐네로부터 채록했다. 부리야트 일부 지역에서는 까마귀가 360년 동안 살면서 겨우 두 개의 알을 낳는데, 겨울에 알을 낳아 얼지 않도록 하기 위해 둥지에 뜨거운 돌을 가져다 놓는다고 한다. 〔한갈로프, 『저작집Ⅲ』, 1960년, 74쪽〕

60. 이 자료는 스몰레프(Ya. S. Smolev)의 「부리야트 전설과 민담」(1901년, 106쪽)이라는 논문의 부록에 실린 원문을 다른 설화와 비교해 의역한 것이다.

61. 이 자료는 필자가 1984년에 오브스아이막 부흐무렝솜 네그델의 서사시 음송자 조도브로부터 채록한 것이다. 몽골 설화에서 산까마귀는 주로 나쁜 말이나 좋은 말을 옮기는 중싱자(中傷者)의 모습으로 등징힌다. 또한 종종 적대지의 영혼이 된 사악한 쩌을 역시 까마귀로 묘사하기도 한다. 예컨대 오브스아이막 부흐무렝솜 서사시 음송자 조도브가 전해준 「봄 에르덴네」(10만 보석)에는 "아발가의 10하르 망가스(검은 괴물)의 세 영혼의 하나를 영양(즉 가늘다)의 정강이에, 구리(銅, 즉 딱딱한) 주둥이를 가진 산까마귀"로 묘사되어 있다. 위 텍스트에서도 산까마귀가 오전에는 보르항의 지배를 받고, 오후엔 추트구르(악령)의 지배를 받는 등 이중적인 존재로 묘사되고 있다. 이처럼 까마귀는 중앙아시아 일부 민족들의 문화 영웅 모습으로 등장하는 한편, 일부 민족의 구비문학에서는 적대 세력의 영웅의 모습으로 등장한다.

62. 이 자료는 이린첸이 정리한 『몽골 구비문학』에 실린 원문을 여타 이본과 대조해 낱말의 일부를 수정한 것이다. 정리자는 이 설화를 1936년에 다기라자로부터 채록했다고 한다.

63. 이 자료는 로보르가 정리한 『몽골 민담』에서 뽑은 것이다. 부리야트인들에게는 "부엉이는 예전에 날짐승 대왕의 부인이었다. 그러나 부엉이는 배운 버릇대로 밤이면, 울어대다가 대왕에게 버림받았다"는 이야기가 있다. 이 설화는 한갈로프 『저작집III』(1960년, 29쪽)에 실려 있다.

그러나 부리야트의 일부 지파, 즉 옹긴 부리야트의 설화에서는 부엉이를 사람을 돕는 좋은 동물의 모습으로 언급하고 있다. 즉 "예전에 어떤 집에서 뜻하지 않게 아들을 잃은 뒤, 부엉이 한 마리를 키웠다고 한다. 그러던 중 다시 한 아이가 태어나 아이와 부엉이는 늘 함께 지냈다. 어느 날 여주인이 부엉이 여기 저기에 피가 묻어 있는 것을 보고서 아이에게 해를 입혔다고 생각하고 홧김에 부엉이를 죽였다. 그러나 아이를 살펴본 즉 편안하게 잘 자고 있었다고 한다. 실은 그 집에 있던 아드 추트구르(악령)가 아들을 해치려하자 부엉이가 그를 죽이고 아이의 목숨을 구했다."

이러한 내용의 이야기는 할하에도 있다. 체렌소드놈이 정리한 『몽골 민담』(1982년, 226쪽)을 보면 카자흐, 키르기즈 등 투르크계 언중(言衆)은 부엉이를 토템으로 숭배하고, 그 때문에 그들의 구비문학과 의례 중에 부엉이는 특별한 역할을 하고 있다.

64. 이 자료는 1976년 수흐바타르아이막 할장솜의 제셍(Zesen) 노인으로부터 들은 자료를 초이롤잡의 『몽골 민담-동물담』에 실린 원문과 비교해 정리한 것이다.

65. 이 자료는 삼필덴데브가 정리한 『몽골 전설』(1984년, 46쪽)에 실린 「지혜를 배우다」는 설화를 여타 이본과 대조해 정리한 것이다. 바담하탕의 『홉스굴의 다르하드족』 (1965년, 193쪽)에도 이본이 실려 있다.

66. 이 자료는 자칭(Ü.Jachin)이 아르항가이아이막 쳉헤르솜 네그델의 롤마 (P.Rolmaa, 1986년 당시 66세)로부터 채록한 것이다. 위 텍스트에서는 항가르디의 부인이 어떤 날짐승인지가 분명하지 않다. 두르부드족에 따르면 항가르디의 부인은 까치로서 게으름을 피우다가 그로부터 버림받았다고 한다. [포타닌, 『서북몽골기행』, 1883년, 183쪽]

67. 이 자료는 초이롤잡이 정리한 『몽골 민담-동물담』(1984년, 63쪽)에서 뽑았다.

V 인간과 인간 관련 동물

1. 이 자료는 가담바 등이 정리한 『몽골 구비문학 선집』(1978년, 139~140쪽)에서 뽑았다.

2. 이 자료는 이린첸의 『몽골 구비문학』(1965년, 31쪽)에 실린 원문의 라틴어 전사를 현대 몽골어로 옮긴 것이다. 정리자는 이를 1936년 7월 16일에 다기라자로부터 채록했다고 한다.

3. 이 자료는 바체크(J. Vacek)·돌람(S. Dulam)의 『몽골 신화학 자료』(1983년, 14~

15쪽)에 실린 텍스트에서 일부 자구를 고쳐 정리한 것이다.

4. 이 자료는 가담바 교수가 베니그센의 『중앙아시아 전설과 미담』(1912년)에서 번역한 것이다.

5. 이 자료는 포타닌의 『서북몽골기행』(1883년, 272쪽)에서 번역한 것이다. 포타닌은 이를 니스렐 후레(현재의 울란바타르)의 나이당으로부터 채록했다고 한다.

6. 이 자료는 바양홍고르아이막 바얀볼락솜의 수의사 야담(Ch. Yadam)이 같은 솜의 거주민 68세 센덴잡(D. Sendenjav)으로부터 채록한 것이다. 정리자는 본 자료를 돌람의 「사람의 기원 신화」라는 논문에서 뽑았다.

7. 이 자료는 포타닌의 『서북몽골기행』(1883년, 226쪽)에서 번역한 것이다. 포타닌은 이를 두르부드족 서사시 음송자 사리상으로부터 채록했다고 한다.

8. 이 자료는 어문연구소 조사단이 1985년에 오브스아이막 테스솜 네그텔의 유목민 뭐궈(B.Möögöö, 1909년생)로부터 채록한 원문을 여타 이본과 대조해 그 내용을 살려 정리한 것이다.

9. 이 자료는 문학 연구자 가담바의 「몽골비사와 문학의 관련성 문제」라는 러시아어로 된 논문에서 번역한 것이다. 그는 이 설화를 소시적부터 누님에게서 들었다고 한다. 외눈박이 랄라르 이야기는 몽골에서 먼 옛날부터 널리 유포되었다. 우리는 몽골의 기록 구비문학에서 이 이야기의 서술 내용을 두루 확인할 수 있을 뿐 아니라 고비의 일부 지역의 랄라르 오톡(옛 몽골의 행정단위)이 있었다는 사실을 통해서 이 점을 확인할 수 있다.

10. 이 자료는 몽골의 저명한 역사가 자바 담딩(Zava Damdin, 1867~1937년)이 티베트어로 쓴 『알탄 데브테르』(황금책)에서 후렐바타르(L. Hürelbaatar)가 번역한 것이다. 체렌소드놈의 「두바 소호르 전설/외눈박이 거대한 동물에 대한 언급과 관련하여」라는 논문의 부록에 동 설화의 티베트어 원문과 러시아어 번역이 실려 있다.

11. 이 자료는 치스토히(I. V. Chistohi)의 「소호르 노얀 눈 먼 귀족」(1896년, 32쪽)이라는 논문에서 발췌 번역한 것이다.

VI 종교와 신앙

1. 이 자료는 국립사범대학의 문학 담당교수 다시도르지의 자료집에서 뽑았다. 다시도르지는 이 이야기를 1963년에 자신의 아버지 다바삼보로부터 채록했다고 한다. 몽골 신화에 등장하는 바로 이 사악한 동물의 모습은 투르크계 여러 언어에 존재하는 알바스트(Albasty)라는 동물과 비슷하다. 예컨대 투바(러시아 연방의 한 공화국) 설화에서는 이 동물을 이마에 외눈이 있고, 돌로 된 코가 있다고 묘사하고 있다. 〔토카레프, 『세계의 신화 1』, 모스크바, 1980년, 58쪽〕

2. 이 자료는 가담바 등의 『몽골 구비문학 선집』(1978년, 184쪽)에 실린 「네그 튐 비이트, 호요르 튐 사할트」와 『몽골문학사』(1984년, 23쪽)에 실린 「포악한 검은 수신을 제압한 전설」을 여타 이본과 대조해 그 내용을 살려 정리한 통합본이다.

3. 이 자료는 포타닌의 『몽골의 민담과 전설』(1919년)에서 번역한 것이다. 포타닌은 이 자료를 바이랑 호쇼의 잠양(Jam' yan)으로부터 채록했다고 한다.

4. 이 자료는 곰보예프(D. G. Gombieva)가 정리한 『부리야트 민담』(1890년, 123쪽)에서 몽골어로 번역한 것이다.

5. 이 자료는 훕스굴아이막 차강 우르솜 네그델 회원 론지드(Lonjid, 1900년생)로부터 채록한 원문을 여타 이본과 대조해 그 일부를 손질한 것이다.

6. 이 자료는 베니그센이 정리한 『중앙아시아 전설과 민담』(1912년, 117~119쪽)에서 요약 번역한 것이다. 정리자는 이를 동수렝이라는 할하 사람으로부터 채록했다고 한다.

7. 이 자료는 1961년에 국립대학교 학생 다바도르지(Davadorj)가 국립대학교 직원 로동(Lodon)이라는 노인으로부터 채록한 것이다. 그후 담딘수렝은 「인도 문학과 관련이 있는 작품들」이라는 논문에 이 자료를 실었다.(담딘수렝/첸드, 『몽골 문학 개요II』, 1977년, 293쪽) 해와 달을 삼키는 라흐라는 전설상의 동물 이름은 원래 산스크리트어의 '괴물', '납치자, 탈취자'라는 뜻의 단어에서 나왔다.

이 말은 몽골어에서 라흐, 아르가, 알하 등 여러 가지로 불린다. 예컨대 부리야트 지역에서 월식, 일식을 '나란 알하 바리야(알하가 해를 붙잡는다), 사라 알하 바리야(알하가 달을 붙잡는다)'라고 한다.(샤라크쉬노바, 『부리야트 신화』, 1980년, 46쪽) 몽골 설화에서 라흐라는 전설의 동물을 여러 가지로 설명하고 있다. 예컨대 포타닌이 잠스랑으로부터 채록한 설화(1893년, 317쪽)에서는 하늘의 화살을 라흐가 알고 빼앗는다──용과 비슷한 것으로 보았다. 필자──하고, 일곱 혹성의 어떤 이름을 '삼키는 노파'라고 기술하고 있다.

8. 이 자료는 블라디미르초프의 『판차탄트라의 몽골 이야기 모음』(1921년)에서 일부 자구와 문장을 수정해 정리한 것이다.

9. 이 자료는 포타닌의 『서북몽골기행』(1883년)에서 번역한 것이다. 저자는 이를 올랑곰 부근에 거주하는 바얀차강(Bayantsagaan)이라는 두브부드 사람으로부터 채록했다고 한다.

10. 이 자료는 포타닌의 『서북몽골기행』(1883년)에서 번역한 것이다. 저자는 이 설화를 할하 사람으로부터 채록했다고 한다.

11. 이 자료는 포타닌의 『서북몽골기행』(1883년)에 실린 원문을 여타 이본과 대조해 그 내용을 살려 정리한 것이다.

12. 이 자료는 필자가 1983년에 옛 잔징 왕깅 호쇼, 즉 지금의 바양홍고르아이막 자르갈랑트솜 바이드락 농장의 할타르(M.Haltar, 1915년생)로부터 채록했다.

13. 이 자료는 저널리스트이자 번역가인 체렌라그차(Sh. Tserenragcha)가 도르노드 아이막 차강 오보솜에 거주한 어머니 다리마(B. Dariimaa)로부터 듣고 필자에게 전해 준 것이다.

VII 문화와 문명

1. 이 자료는 삼필덴데브가 정리한 「귀중한 세 개의 과일」(1985년, 3쪽)이라는 민담 선집에 실린 원문을 일부 자구를 고쳐 정리한 것이다.

2. 이 자료는 포타닌이 셍게도르지(Sengedorj)라는 할하 사람으로부터 채록한 전설(1883년, 262쪽)을 화제(火祭)의 제문(祭文)(담딘수렝, 1959년, 12쪽)으로 보충해 복원한 것이다.

3. 이 자료는 오브스아이막 부흐무렝솜 이야기꾼 주그네(Jügne)가 전해 준 전설을 『후흐 노르(중국 칭하이성 칭하이호)의 게세르傳에 대한 일화』라는 책에 실린 이본과 대조해 정리한 통합본이다.

4. 이 자료는 저널리스트이자 번역가인 체렌라그차가 어려서 들은 이야기를 우리에게 전해 준 것이다.

5. 이 자료는 가담바의 『몽골 구비문학 선집』(1978년, 141쪽)에서 뽑은 것이다. 이 이야기는 베니그센이 토르고드족 하라샤르(G.Harshar)로부터 채록(1912년, 5~6쪽)해 러시아어로 번역 소개했다고 한다.

6. 이 자료는 포타닌이 두르부드족 서사시 음송자 사리상으로부터 채록(1883년)해 소개한 것(1912년, 5~6쪽)을 과학아카데미 어문연구소에 보관된 원문들과 대조해 그 내용을 살려 정리한 통합본이다. 한갈로프가 소개한 부리야트 이본(1960년, 91~94쪽)에

따르면 술을 독하게 만들기 위해 아홉 가지 이상의 보석[독]을 넣었다고 하고, 그 보석으로서 미친 개의 침, 높은 산의 풀, 빨간 불꽃, 도둑의 날카로운 칼날, 흐르는 물의 증기, 빨리 달리는 여자의 빌톱, 미련한 양의 골, 일 잘하는 여자의 가위날, 아름다운 부인의 빨간 목덜미 등 열두 가지를 거론하고 있다.

7. 이 자료는 1983년 1월에 바양홍고르아이막 바이드락솜 농장 거주민 할타르로부터 채록한 원문을 여타 이본과 대조해 그 내용을 살려 정리한 것이다. 곰보예프의 『부리야트 민담』(1890년, 83쪽)와 한갈로프의 『저작집Ⅲ』(1960년, 32쪽) 등에도 이 설화의 부리야트 이본이 실려 있다.

8. 이 자료는 베니그센의 『중앙아시아 전설과 민담』(1912년, 42쪽)에서 요약 번역한 것이다. 저자는 이 설화를 니스렐 후레(현 울란바타르)의 아디아로부터 채록했다고 한다.

9. 이 자료는 1985년 과학아카데미 어문연구소의 오브스아이막 구비자료 조사단이 채록한 원문을 여타 이본과 대조해 만든 통합본이다. 부리야트 지역에는 호르의 기원에 관한 약간 다른 이본이 있다. 즉 한갈로프는 『저작집Ⅲ』(1960년, 40~41쪽)에 다음과 같은 자료를 소개하고 있다.
"먼 옛날에 보르항이 말꼬리로 현을 만들어 호르라는 악기를 만들었으나 소리가 나지 않았다고 한다. 그때 추트구르(유령)가 절구를 만들었으나 역시 그것을 움직이지 못했다. 그리하여 보르항이 유령을 만나 '우리 둘이 만든 것을 교환하자. 너는 내 호르라는 악기를 취하라. 그리고 나에게 절구를 주라고 했다' 고 한다. 유령도 이 제의를 받아들여 둘은 물건을 바꿨다. 보르항은 절구에 기어를 붙여 움직이게 하고 유령은 호르에 나무 기름을 발라 아름다운 소리를 내게 되었다"고 한다. 그래서 부리야트인들은 호르를 집에 오래 보관하는 것을 싫어한다. 특히 밤중에 호르를 켜면 그 소리로 숄람(악령)를 불러들인다고 하여 금기시하는 관습은 이 설화 관념과 관련이 있다.

10. 이 자료는 삼필덴데브가 정리한 『몽골 전설』(1984년, 17쪽)에서 뽑았다.

11. 이 자료는 필자가 1986년에 울란바타르의 거주민 프레브(G. Püreev)로부터 채록했다. 고대 인도, 페르시아 등지에서 술을 마시고 거짓말하는 등 범죄자의 입에 납을 부어 넣던 처벌과 유사하다. 이 신화는 고대의 무자비하고 냉혹한 형벌을 예술적 방법으로 비판하고 있다는 점에서 매우 흥미롭다.

VIII 씨족 부족의 기원

1. 이 자료는 1984년 가을 오브스, 호브드아이막에 대한 학술조사 기간에 서사시 음송자 두데(Ch. Düüdee)로부터 채록한 이야기의 단편을 갈당의 『에르데니-인 에리케』에 나오는 이야기와 대조해 그 내용을 살려 정리한 것이다.

2. 이 자료는 필자가 1984년 가을에 오브스아이막 부흐무렝솜 서사시 음송자 조도브로부터 채록한 것이다. 이 설화에서 언급하고 있는 도망간 젊은이들이 두르부드족 최초의 씨족(elken 혹은 elgen)이 되었다고 보는 듯하다.

3. 이 자료는 모스타의 『오르도스 구비문학』에 실린 원문에서 일부 방언적 성격을 띤 단어를 할하 방언으로 고쳐 정리한 것이다. 이 설화에 후대의 역사적 인물의 이름(칭기스)이 들어간 것은 나중에 윤색된 것으로 보인다. 원래 이 이야기에는 태고의 관념을 나타낸 예술적 표현이 매 구절마다 보인다. 모든 사냥동물과 맹수의 주인인 새까만 얼굴의 123세 마니노인, 더부룩한 노란 머리의 홍헤라는 깡마른 노인은 그 단적인 사례다.

여기에 등장하는 123세의 마니노인은 몽골 민담과 서사시에서 눈 먼 사슴의 주인 절름발이 노파의 모습으로도 등장한다. 이는 어떤 동물도 모두 주인이 있다는 고대적 사고의 흔적이라 할 수 있다. 일반적으로 몽골설화에서 주인공의 운명을 가르쳐 주는 점지자 노인은 매우 중요한 역할을 한다. 예컨대 서몽골의 저명한 서사시 음송자 파르친(M. Parchin)이 전해 준 『에르겔 투르겔』이라는 서사시에서 주인공이 멀리 암가이 차강 산 비탈에서 눈보다 더 하얀 머리의, 배꼽까지 다다른 수염의 새하얀 노인과 마주쳤다. 에르겔 투르겔은 이 운명의 점지자 노인이 지시한 대로 가지 않아 고통과 괴로움에 당면한다는 것으로 서사시가 전개된다. 이는 「모먕간의 기원에 관한 설화」와도 유사하다.

4. 이 지료는 필자가 1983년 1월 24일에 바양홍고르아이막 바이드락 농장 거주민 할 타르로부터 채록한 것이다.

5. 이 자료는 백조 선녀에 관한 신화를 소미야바타르(B. Sum' yabaatar)의 『부리야 트 가보(家譜)』(1966년, 223쪽)에 실린 원문과 대조해 그 일부를 손질한 것이다.

6. 이 자료는 부리야트 구비문학 연구사 발다예프(S. F. Baldaev)의 『부리야트 구비문 학선집』(1960년)에 실린 것을 몽골어로 옮겼다.

7. 이 자료는 부리야트 학자 한갈로프의 『저작집 III』(1960년, 110쪽)에서 요약 번역한 것이다.

8. 이 자료는 원래 시베리아 제민족의 구비문학 연구자인 엘리아소프(L. E. Eliasov) 가 『바이칼 전설』(1966년)에서 소개했다. 담딘수렝이 이를 몽골어로 번역해 『몽골문학 사』 제2권에 싣고, 필자는 이 몽골어 번역본을 이용했다. 〔담딘수렝/첸드, 『몽골 문학 개 요 II』, 울란바타르, 1977년, 412쪽〕

9. 이 자료는 몽골국립대학교 학생들이 1955년에 호브드아이막 제렉솜 유목민 겐덴 잠치(Gendenjamts)로부터 채록한 것이다. 담딘수렝이 이를 『몽골문학사』 제2권에서 소개했고, 위 텍스트는 문학사에 실린 내용을 재인용한 것이다.

10. 이 자료 역시 『몽골문학사』에서 뽑은 것이다. 〔담딘수렝/첸드, 『몽골 문학 개요 II』, 울란바타르, 1977년, 472~476쪽〕

11. 이 자료는 담딘수렝이 도르노드아이막 마타르솜에서 자브장(Javzan)이라는 여자 로부터 채록한 것이다. 〔담딘수렝/첸드, 『몽골 문학 개요 II』, 울란바타르, 1977년, 468~

470쪽)

12. 이 자료는 포타닌이 출템이라는 오량하이 사람으로부터 채록(1883년)해 러시아어로 소개한 원문을 번역한 것이다. 번역은 담딘수렝 등의 번역본을 그대로 이용했다. [담딘수렝/첸드, 『몽골 문학 개요II』, 울란바타르, 1977년, 464~467쪽)

13. 이 자료는 1983년에 울란바타르시 수흐바타르 라이온(區) 25구역의 겐덴필(R.Gendenpil, 1922년생)로부터 채록했다.

14. 이 자료는 필자가 1984년 10월에 호브드아이막박물관장이자 화가인 암갈랑으로부터 채록한 것이다.

15. 이 자료는 중국 사서인 『북사(北史)』에 실린 자료를 내몽골의 문학연구자 볼락(Bulag)의 번역본(1983년, 52~53쪽)에서 뽑았다.

16. 이 자료는 갈당의 『에르데니-인 에리케』에서 뽑은 것이다.

17. 이 자료는 아카데미 정회원 담딘수렝 등의 『몽골문학사』 제2권에 실린 「몽골 간주르, 단주르와 몽골문학의 관련성」이라는 논문에서 뽑은 것이다. [담딘수렝/첸드, 『몽골 문학 개요II』, 울란바타르, 1977년, 417~418쪽)

18. 이 자료는 호브드아이막박물관장 암갈랑과 오브스아이막 서사시 음송자 조도브가 전해 준 이야기를 대조해 그 내용을 살려 정리한 통합본이다.

■ 참고 문헌

저서

Erdeni-yin erike kemekü teüike bolai(에르데니-인 에리케)/Ce.Nasunbalir keblel-
   dü beledkebei/ Monumenta Historica Tom. III, Fasc. 1, UB., 1960.

Injanannasi, Köke sudur(青史), Öbür mongγul-un arad-un keblel-ün qoriy-a,
   1957.

Kökenaγur-un Geser-ün tuγuji-yin tuqai domuj yariy-a(青海湖 게세르傳에 대한
   逸話), Geser-ün tuγuji-yin cubural bicig, 1984.

Mifologiya drevnego mora(고대 세계의 신화), perevod s angliiskogo, otd. red.
   V.A.Yakobson, M., 1977.

Orchon arad-un aman jokiyal-un tegübüri(오르촌 구비문학 선집), Öbür mongγ
   ul-un arad-un keblel-ün qoriy-a, 1980.

Oyrad geser-ün tuγuji(오이라드 게세르傳), Angcinküü, Secenmöngke cuγaγulju
   emkid kibe, Öbür mongγul-un soyul-un keblel-ün qoriy-a, 1984.

Qad-un undusun quriyangui altan tobci(諸汗源流黃金史), Kökeqota, 1980.

Töbed mongγul siditü kegür-ün üliger nigedüger debter(티베트 몽골 魔法의 시체이
   야기 제1권), UB., 1963.

A.Banov, *Mify i legendy o sozvezdiyakh*(별자리 신화와 전설), Minsk, 1984.

A.Bernshtam, *Sotsial'no-ekonomicheskii stroi orkhono-eniseiskikh tyurok VI~
   VIII vekov*(6~8세기 오르홍-예니세이 투르크의 사회-경제 조직), M-L.,
   1946.

A.Grünwedel, *Mythologie des Buddhismus in Tibet und der Mongolei*, Leipzig,
   1900.

A.Mostaert, *Textes oraux Ordos*, Peijing, 1937.

A.N.Bennigsen, *Legendy i skazki tsentral'noi Azii*(중앙아시아 전설과 민담),

Sovrannye grafom A.N.Bennigsen, SPb., 1912.

A.Rona-Tash, *Po sledom kochevnikov*(유목민의 발자취), M., 1964.

B.Sum'yabaatar, *Buriadyn ügiin bichees*(부리야트 家譜), UB., 1966.

B.Ya.Vladimirtsov, *Mongol'skii sbornik rasskazov iz Pancatantara*(판차탄트라의 몽골 이야기 모음), SPb., 1921.

─────────, *Obraztsy mongol'skoi narodnoi slovesnosti*(몽골 구비문학의 형식), L., 1926.

Ce.Damdinsürüng, *Mongɣul uran jokiyal-un degeji jaɣun bilig orosibai*(몽골문학선집), UB., 1959.

Ch.Dalai, *Mongolyn böö mörgöliin tovch tüüh*(몽골 샤머니즘 약사), UB., 1959.

Coyraljab songɣun nayiraɣulba, *Mongɣul arad-un aduɣusu amitan-u üliger*(몽골 민담 - 동물담), Obür mongɣul-un arad-un keblel-ün qoriy-a, 1984.

D.Navaan, *Dornod mongolyn hüreliin üe*(동몽골의 청동기시대), UB., 1975.

D.Tsrensodnom, *Mongol ardyn ülger*(몽골 민담), UB., 1982.

E.K.Pekarekii, *Slovar'yakutskogo yazyka*(야쿠트어사전), SPb., 1917.

E.Yanshina, *Formirovanie i razbitie drevnekitaiskii mifologii*(고대 중국 신화의 형성과 발전), M., 1984.

G.D.Sanjeev, *Darkhatskie govor i fol'klor*(다르하드 방언과 구비문학), L., 1931.

G.J.Ramstedt, *Nordmogolische Volksdichtung, berbetet, über setzt und herausgegeben von Harry Halen, Ban 11*(북몽골의 민간문학Ⅱ), Helsinki, 1974.

G.Lovor, *Mongol ardyn ülger*(몽골 민담), UB., 1969.

G.N.Potanin, *Ocherki Severno-zapadnoi mongolii IV*(서북몽골기행), SPb., 1883.

─────, *Tangutsko-tibetskaya okranna Kitaya i tsentral'naya Mongoliya*(중국의 탕구트 - 티베트 변방과 중부 몽골), SPb., 1893.

─────, *Mongol'skie skazki i predaniya*(몽골의 민담과 전설), Semipaltinsk, 1919.

─────, *Puteshestviya po mongolii*(몽골기행), SPb, 1948.

G.Sühbaatar, *Mongolchuudyn ertnii övög*(몽골인들의 조상), UB., 1980.

(Gaban Sharav), *Kalytskoe istoriko-literaturnye pamyatniki v russkom perevode*(러시아역 칼묵 역사-문학 자료), Elesta, 1960.

H.L.Jukovskaya, *Lamaizm i rannye formy religii*(라마교와 초기의 종교 형태), M., 1977.

H.Sampildendev, *Mongol domog*(몽골 전설), UB., 1984.

Isdano na sredstva D.G.Gombieva, *Skazaniya Buryat*(부리야트 민담), Irkutsk, 1890.

J.Vacek/S.Dulam, *A Mongolian mythological text*, Prag., 1983.

K.Marks/F.Engels, *Sochineniya XII*(저작집 XII), M., 1968.

L.E.Eliasov, *Baikalskie predaniya*(바이칼 전설), Ulan-Ude, 1966.

M.I.Shakhnovich, *Mify o sotvorennii mira*(창세신화), M., 1968.

───────── , *Pervobytnaya mifologiya i filosofiya*(원시신화와 철학), L., 1971.

M.N.Khangalov, *Sobranie sochineniya Tom III.*(저작집III), Ulan-Ude, 1960.

N.Khodza, *Mongol' skie skazki*(몽골 민담), L., 1954.

N.O.Sharakshinova, *Mify Buryat*(부리야트 신화), Irkutsk, 1980.

P.Horloo, *Halh ardyn tuul'* (할하의 민간서사시), UB., 1967.

Rashid-Ad-din, *Sbornik letopisei, Tom. I.*(집사 제1권), M-L., 1952.

Rinchen, *Les materiaux pour L'etude du chamanisme mongol*, Wiebaden, 1959.

───────── , *Folklore mongol, Collecte par Rinchen, Asiatische Forschungen, Band 15*, Wiebaden, 1965.

S.A.Kozin, *Sokrovennoe skazanie mongolov*(몽골비사), M., 1941.

S.A.Tokalev, *Mif narodov mira, Tom pervyi*(세계의 신화 1), M., 1980.

───────── , *Mif narodov mira, Tom vtoroi*(세계의 신화 2), M., 1982.

S.Bamhatan, *Hösgöliin dathad yastan*(훕스굴의 다르하드족), UB., 1965.

S.F.Baldaev, *Buryat aradai aman zokheoloi tüüiberi*(부리야트 구비문학 선집), Ulan-Ude, 1960.

Sagang Secen, *Erdeni-yin tobci*(에르데니-인 톱치), UB., 1961.

Sh.Gaadamba/D.Tserensodnom, *Mongol ardyn aman zohiolyn deej bichig*(몽골 구비문학 선집), UB., 1978.

Sumatiratna, *Bod hor-kyi brda-yig min chig don gsum gsalbar byed-pa mun sel skron-me*(티베트-몽골어 사전), UB., 1959.

T.D.Bayalieva, *Doislamskie verovaniya i ikh perejitki u Kirgizov*(이슬람교 전파 이 전의 키르기즈인들의 신앙과 그 잔재), Frunze, 1972.

Ts.Damdinsüren, *Ardyg tejeehüi dusal nert shashidir tüünii tailbar chandmaniin chimeg*(찬드마니 치멕), red., UB., 1961.

Ts.Damdinsüren/D.Tsend, *Mongolyn uran zohiolyn toim II*(몽골 문학 개요 II), red. UB., 1977.

Ts.Haidav, *Ardyn emnelegt hereglej baisan am'tny garaltai em*(민간 의학에서 사 용한 동물 기원의 藥), UB., 1962.

Ts.Olziihutag, *Mongol ardyn tümen on'sogo I*(몽골민간수수께기 I), UB., 1966.

V.M.Nadalyaev 外, *Dverno-tyurkskii slovar'* (고대 투르크어 사전), L., 1969.

V.V.Vasyukov, *Indiskii syujet v mifologii Tsentral'noi Azii i Sibiri*(중앙아시아와 시 베리아 신화의 인도印度 기원의 테마), Preprint, Novosibirsk, 1983.

W.Heissig, *Geser Studien, Untersuhungen zu den nauen kapiteln des mogolischen Geser-Zyklus*, Westdeutcher Verlag, 1983.

논문

B.E.Mutlyaeva, Motiv chudesnogo rojdeniya geroya v Tyurko-mongol'skom geroicheskom i skazachnom epose(투르크-몽골 영웅서사시와 서사시 주인공 의 기이한 탄생 모티프), *Tipologicheskie i khudojestvennye osobennosti Djangara*, Elesta, 1978.

B.Katuu, Bum Erdene(10萬 寶石), *Mongol ardyn baatarlag tuul'*, UB., 1985.

Ch.Chistokhin, Sokhor noin/mestnoe predanie Tunkinskikh buryat(소호르 노얀/ 통킨 부리야트의 지방 전설), *Izvestiya Vost. Sib. otd. russ. geogr. o-va.*,

1885, Tom XXV, No 1~3.

D.Banzarov, Chernaya vera ili shamanstvo u mongolov(黑敎 또는 몽골인의 샤머니즘), *Suchincniya*, M., 1955.

D.Tsrensodnom, Duva Sohoryn domog/gants nüdet avarga am'tny tuhai ögüï-lemjtei holbogdoh n' (두바 소호르 전설/외눈박이 거대한 동물에 대한 언급과 관련하여), *Shinjleh Uhaany Akademiin Medee*, UB., 1983, No. 2.

—————— , Han Haranhuin tuulin neriin garal üüseliin asuudal(暗黑大王傳 이름의 기원 문제에 붙여), *Shinjleh Uhaany Akademiin Medee*, 1984, No. 2.

—————— , Genelogicheskaya svyaz' predaniya o Dyva Sokhore s mifologicheskim syujetam ob odnoglazom velikane(외눈박이 거인 신화의 주제와 두바 소호르 전설의 계통적인 관련), *Studiya Mongolika Tom XII*, UB., 1986.

Erika Taube, Drei twinische Varianten zur Sage von der Herkunft der Murmeltiere, *Studia Asuae, Festschrift für Johannes Schubert, Part 1*, Halle, 1968.

F.W.Cleaves, An Early mongolian version of the Alexander Romance, *HJAS Vol. 22*, 1959.

G.I.Mikhailov, Mify v geroicheskom epose mongol'skikh narodov(몽골 영웅서사시에 나타난 신화), *In-ta narodov Azii*, 1964, No. 83, s. 109~119.

—————— , O nekotorykh parallelyakh v mifologii buryat i tyurkskikh narodov sibiri(부리야트와 시베리아 투르크계 민족 신화체계의 몇 가지 유사성), *Mifologiya narodov Yakutii*, Yakutsk, 1980.

G.N.Potanin, Kazak-Kirgizskie i Altaiskie predaniya, regendy i skazi(카자흐-키르기즈 및 알타이 전설과 민담), *Jivaya starina*, SPb., 1916.

H.L.Jukovskaya, Buryatskaya mifologiya i eyo mongol'skie palalleli(부리야트 신화와 몽골신화의 유사성), *V kn: Simfolika kul'tov i ritualov zarubejnoi Azii*, M., 1980.

H.Sampildendev, Erdenii gurvan jims(귀중한 세 개의 과일), *Mongol ardyn ülgerüüd*, UB., 1985.

J.Dashdorj, Honiny tsatsal tsatsah yos(양의 차찰 의식), *Aman zohiol sudlal Bot'*
VII, UB., 1969.

L.Lorints, O mongol'skii mifologii(몽골의 신화체계에 대하여), *Olon ulsyn*
mongolch erdemtnii II ih hural Bot' 1, UB., 1973.

L.Lörinez, Die mogolische mythologie, *AOH, Tom. XXVII7, Fasc. 1*, Budapest,
1973.

N.Poppe, Die Schwanenjungfrauen in der epischen Dichtung der Mongolien,
Fragen der mogolischen Helden-dichtung Teil I, Wiesbaden, 1981.

S.E.Malov, Shamanskii kamen' Yada u tyukov Zapadnaya Kitaya(중국 서부 투르
크족의 샤먼의 돌 '자다'), *Sovetskaya etnografiya*, 1947 No 1.

S.M.Abramzon, K kharakteristike shamanstva v starom bytu u kirgizov(키르기
즈인들의 옛 관습에 나타난 샤머니즘의 특징에 대하여), *Kratkie soobsheniya*
In-ta Etnogr ANSSSR, vyp. 30, 1956.

S.P.Oiunskaya, Otgoloski mificheskikh predstavlenii v yakutskikh zagadkakh(야
쿠트 수수께끼에 보이는 신화 관념의 영향), *Mifologiya narodov Yakutii*,
Yakutsk, 1980.

S.P.Tolstov, Perejitki totemizma i dual'noi organizatsii u Turkmen(투르크멘인들
의 토템 유습과 이원론의 구조), *Problemy istirii dokapitalisticheskikh*
obshestv, 1935, No.9~10.

S.Yu.Neklyudov, Mifologiya tyurkskikh i mongol'skikh narodov/Problemy
vzaimosvyazei(투르크, 몽골족 신화체계/상호 관련성 문제), *Tyurkologicheskii*
sbornik, M., 1981, 183~202쪽.

S.Yu.Neklyudov/B.L.Riftin, Mifo-epicheskii katalog kak janr vostochnomogol'
skogo fol'klora(동몽골 구비전승의 신화-서사시 목록), *P.I.Kafalov i ego*
vklad v otechestvennoe vostokovedeniya, M., 1979.

Sh.Gaadanba, Erhii mergenii domgiin uchir(에르히 메르겡 전설의 의미), *Shinjleh*
uhaany am'dral, 1966 No. 3, 66~69-r tal.

──────── , Kul' t ognya u mongolov(몽골인의 불 숭배), *Issledovaniya po istorii i filologiya Tsentral' noi Azi*, Ulan-Ude, 1976, vyp. 6, str. 149~153.

──── ─── , Sokrovennoe skazanie i problema litereturnykh svyasei(몽골비사와 문학과 관련성 문제), *Literaturnye svyazi Mongolii*, M., 1981.

Ts.Tsedenjav, But-Erdene(보트 에르덴네), *Baruun mongolyn ardyn baatarlag tuul'*, UB., 1947.

V.N.Klyueva, Pochemu petukh krichit trijdy v noch' (왜 수닭은 밤에 세 번 우는가), *Murzilka*, 1951, No. 2.

──────── , Narodnye tvorchestva Mongolii(몽골의 민간 저작), *Sovremennaya Mongoliya*, 1958, No. 4.

Ya.S.Smolev, Buryatskie legendy i skazi(부리야트 전설과 민담), *Trudy Troitsk-Kyakht. Otd. russk. geogr. ob-va*, 1901. Tom. IV. Vyp. 1.

■ 번역자의 말

이 책은 1989년 몽골에서 출간된 『몽골 민간 신화』(원제: Mongol Ardyn Domog Ülger)를 우리말로 번역한 것이다. 몽골 구비문학이 소개된 것은 물론 이번이 처음이 아니다. 비록 외국어를 통해서이긴 하지만 그동안 우리 연구자들은 일찍부터 몽골 구비문학과 구전 자료에 접해 왔고, 또한 근자에는 우리말로 번역되기도 했다. 그러나 지금까지 소개된 몽골의 구전 자료는 그 양도 매우 적을 뿐 아니라 그나마도 외국어를 중역 소개한 것이 대부분이었다. 그러다 보니 자연히 물리적인 오역과 오해는 물론이고 몽골 문화에 대한 이해 부족에서 오는 잘못을 피할 수 없었다. 구비문학 전공자가 아닌 번역자가 이 책을 우리말로 옮기려고 마음먹은 가장 큰 이유도 바로 여기에 있다.

번역자는 순전히 몽골어를 알고, 몽골 사정을 어느 정도 이해하는 몽골 연구자로서의 사명감에서 이 책을 번역하게 되었다. 그러므로 이 작업은 더 좋은 연구자가 나와 몽골 구비문학을 올바로 소개하기 전까지 빈 공간을 메우기 위한 잠정적인 것이다. 번역자는 오직 물리적인 오역이 없도록 몽골어를 있는 그대로 우리말로 옮기려고 했으며 스스로 자신이 할 수 있는 역할을 여기에 한정했다. 그렇다고 잘못된 번역에 대한 번역자의 책임이 면제되는 것은 아니다. 사람이 하는 일이라서 불가피하게 오역도 있을 수 있고, 아울러 번역자의 무지에서 오는 잘못도 있을 것이다. 이런 부분은 물론 전적으로 번역자의 몫이고 앞으로 기회가 되는 대로 고쳐 나가도록 하겠다.

번역자는 처음에 이 책의 내용 중 우리 학자들과 독자들이 특히 관심을 가질 만한 내용, 즉 한국 설화와 내용이 유사하거나 혹은 모티프가 비슷한 것만을 선별해 우리말로 옮기려고 했다. 사실 책 내용 가운데는 우리에게 친숙한 것도 많고, 어떤 내용은 우리에게 전혀 생소한 부분도 적지 않다. 그럼에도 불구하고 선별을 포기하고 전체를 그대로 번역하려고 한 것은 다음과 같은 생각 때문이다. 우리는 그동안 이질적인 문화를 대할 때 지적 호기신보다는 우리와의 관련성에 많은 관심을 가져왔다고 할 수 있다. 사람의 생각이 일차적으로 자기 자신과 주변으로부터 확대되어 나아간다는 점에서 이런 현상은 어쩌면 당연하고도 자연스럽다고 할 수 있을 것이다. 그러나 우리와 다른 환경에서, 또는 다른 방식으로 살아온 사람들의 경험 역시 똑같은 인간의 역사적 체험이고, 따라서 그들의 경험도 분명히 인류 문화를 구성하는 주요한 요소의 하나임에 틀림없다. 이 책에 담긴 내용도 마찬가지다. 우리에게 낯익은 부분은 우리와 관련이 있기 때문에 중요하고, 우리에게 생소한 내용은 우리저럼 살아 숨쉬는 인간의 역사적 경험이기 때문에 또한 가치가 있다. 그리고 우리는 이러한 이질적인 문화를 접함으로써 우리 것을 통해 얻은 인식의 폭을 더욱 넓혀 갈 수 있을 것이다. 바로 이런 생각에서 번역자는 우리의 눈이 아니고 몽골인 학자가 그 자신의 잣대로 선정한 구전 자료를 여과 없이 소개하기로 했다.

원서의 제목이 말해 주듯이 이 책은 원래 몽골 신화 자료집으로 출간되었다. 그러나 이 책에 실린 자료 가운데는 분류상 전설이나 민담에 포함시켜야 할 내용도 적지 않게 눈에 띈다. 그 이유는 아마도 저자가 우주와 사람, 동물의 기원에서부터 그후 역사 과정에서 나타나는 사건과 사물도 기원 문제를 다루는 것이면 일괄적으로 신화로 분류했기 때문인 것으로 보인다.

신화 내용의 분류와 선택은 어디까지나 저자 나름의 기준에 의한 것이고, 또한 그것을 최대한 실수 없이 우리말로 옮기는 것이 번역자의 임무라는 판단에 따라 원제목을 그대로 사용하기로 했다. 그러나 분류상의 문제와 상관없이 본서(본문과 해설)에 실린 방대한 양의 자료는 우리 독자들이 몽골 구비문학을 이해하는 데 좋은 길라잡이 역할을 할 것으로 믿는다. 이 점은 본서의 저자 체렌소드놈 박사의 학문적 업적을 통해서도 확인할 수 있다. 그는 『몽골 민간 신화』 외에도 『몽골 민담』, 『몽골 구비문학총서』 등을 펴낸 몽골의 대표적인 구비문학 연구자로서, 일부 저서가 몇몇 외국어로도 번역되기도 한 역량 있는 학자이다. 아무쪼록 좋은 의도에서 번역한 책이 우리 독자들에게 조금이나마 보탬이 되기를 바랄뿐이다.

번역자는 이 작업을 하는 데도 많은 분들의 도움을 받았다. 먼저 몽골어를 익히고 공부할 수 있는 기회를 열어준 단국대학교의 장충식 이사장님과 이 책을 번역하면서 한국

어판을 위한 수정본을 만들어준 저자 체렌소드놈 박사님께 감사의 말을 전하고 싶다. 또 어려운 여건하에서도 이 책을 출판해 준 대원사 사장님과 앞뒤가 안 맞는 글을 바로잡아 준 편집진 여러분께도 진심으로 감사의 말을 전한다.

2001년 3월 31일 이평래

찾아보기

대원동서문화총서 • 23

몽골 민간 신화

첫판 1쇄 인쇄 / 2001년 4월 2일
첫판 1쇄 발행 / 2001년 4월 20일
지은이 / 체렌소드놈
옮긴이 / 이평래
펴낸이 / 장세우
펴낸곳 / 도서출판(주)대원사

140-901 서울시 용산구 후암동 358-17
전화 / (02)757-6717(대)   팩시밀리 / (02)775-8043
등록 / 제3-191호

값 12,000원

ISBN 89-369-0523-6   03210